著作权合同登记　图字：01-2017-1119
图书在版编目（CIP）数据

本雅明之墓：一场人类学写作实验 /（美）迈克尔·陶西格（Michael Taussig）著；王菁译 .—北京：北京大学出版社，2023.8
　ISBN 978-7-301-33470-6

Ⅰ.①本⋯　Ⅱ.①迈⋯　②王⋯　Ⅲ.①哲学人类学—研究　Ⅳ.① B089.3

中国版本图书馆 CIP 数据核字（2022）第 249134 号

WALTER BENJAMIN'S GRAVE by Michael Taussig licensed by The University of Chicago Press, Chicago, Illinois, U.S.A.
Copyright © 2006 by The University of Chicago. All rights reserved.

本书中文简体字版经授权由北京大学出版社限在中华人民共和国境内（不包括香港特别行政区、澳门特别行政区和台湾）独家出版发行。

书　　　名	本雅明之墓：一场人类学写作实验 BENYAMING ZHI MU: YICHANG RENLEIXUE XIEZUO SHIYAN
著作责任者	［美］迈克尔·陶西格（Michael Taussig）著　王菁 译
责任编辑	李书雅
标准书号	ISBN 978-7-301-33470-6
出版发行	北京大学出版社
地　　　址	北京市海淀区成府路 205 号　100871
网　　　址	http://www.pup.cn　新浪微博：@北京大学出版社　@阅读培文
电子信箱	编辑部 pkupw@pup.cn　总编室 zpup@pup.cn
电　　　话	邮购部 010-62752015　发行部 010-62750672 编辑部 010-62750112
印 刷 者	天津联城印刷有限公司
经 销 者	新华书店 880 毫米 × 1230 毫米　32 开本　11.75 印张　280 千字 2023 年 8 月第 1 版　2023 年 8 月第 1 次印刷
定　　　价	89.00 元

未经许可，不得以任何方式复制或抄袭本书之部分或全部内容。
版权所有，侵权必究
举报电话：010-62752024　电子信箱：fd@pup.pku.edu.cn
图书如有印装质量问题，请与出版部联系，电话：010-62756370

[美]迈克尔·陶西

Michael

Walter Benjami
Grave

本雅明之墓

一场人类学写作实验

目 录

作者导言　001

第一章　本雅明之墓：世俗启迪　009

第二章　构建美洲　047

第三章　太阳只求付出不求回报　103

第四章　沙滩（幻想）　141

第五章　体内性、信仰和怀疑：另一种魔法理论　181

第六章　越界　239

第七章　纽约警察局布鲁斯　267

第八章　花语　291

鸣谢　333

注释　336

作者导言

回顾过去十年写的文章，我认为它们的共通之处就在于热衷分析被噤声的故事，甚至是错误百出的故事。这的确是一项很怪异的癖好。对伤口的着迷、对最后一丝呼吸的迷恋，在首篇文章《本雅明之墓：世俗启迪》中就被强烈地表达了出来。我在文中试着用风景压倒历史，从而令悲剧赤裸袒露，让那些试图寻求救赎的言语分崩离析。如果我没有自己的故事，那至少也要在写作中体现出曲折离奇。因为写作就是理论，而正是那些在蜿蜒的世界中偏离的笔锋，让我们在不经意间发现思想的错误。同时，这些文章都体现了我对人类学田野调查的热爱。我爱经典人类学中所谓的原始社会，也对受旧式人类学启发的尼采和巴塔耶充满强烈的好奇，以至于马克思和弗洛伊德在我的文章中都被尼采和巴塔耶取代了。

这些文章的主题跨度很广，从西班牙与法国交界处包港的本雅明之墓,延伸至对一系列不同主题的探讨——哥伦比亚的农民诗歌、魔鬼的契约、海洋的消失、萨满身体的奇特之处、越界、纽约市警察,还有鲜花与暴力之间的关系。

为了出版此书,我重写了其中的半数文章。正是在重写的过程中,我意识到自己渴望发自内心地写作,而不想置身事外指指点点。这不是写自传,也不是有时被提及的所谓的"反身性"(self-reflexiveness)。不过,我也不能否认书中依旧存在大量的反思,毕竟人类学家不可避免地会成为被分析的现实的一部分。我的写作更像是让笔下的现实对抗写作本身,而不是反对作家本人,并要求二者公平竞争。"你学到了什么?"现实问写作,"什么是无法被同化的过剩之物?我把这个如此奇怪的自己赐予你,你将如何对待我送你的礼物?"

我们可以把人类学的田野调查暴露在读者面前,从而凸显以上问题。田野调查是一场与他者持续不断的相遇,这样的相遇往往充满误解,但相比起理解,恰恰是那些误解为我们打开了世界的大门。我在《构建美洲》这篇文章中就做了这种尝试。这篇文章讲述了一位哥伦比亚农民诗人的故事。他一开口吟诵史诗般的诗句,就打破了我能想到的所有公认的历史与社会分析框架。读者能够通过诗人与人类学家之间的平等交流,看到整个阐释工作其实十分危险,充满不确定性,而意义的不稳定又使它变得更加丰富。我为这篇文章设定的虚构框架产生了上述效果,它使文章生动活泼,也让整个相遇变得陌生。在这个场景中,人类学家被设定为完全缺席,他仿佛已死去多时。他在遥远的国度的某个档案馆中留下了一堆笔记和录音,而某些满怀善意的研究者在无意中发现了这些资料。于是,在睿智的档案馆馆长的帮助下,那些研究者带着他们的困惑与敏锐的观察力,全情投入去分析那些剩余的资料。

巴塔耶若还在世,可能会把这叫作主权性(sovereignty),意即非征服性的征服。在这点上,他是尼采的信徒。尼采曾经抱怨,我们对事实的思考不够充分,在解释未知事物时,我们太快地把它约减为已知事物。这是第一个困境。我们剥离了未知事物中所有陌生的成分,我们向它表明谁才是主宰者,这也是大学研讨课的基本规则。我们既不能忍受模糊性,也无法忍受那些不顺应常规的东西。第二个困境更为不幸。我们忘记了熟悉的事物其实也很陌生。这就是我不寻求高明的解释而追求疏远感(estrangement)的原因,而民族志和文学在疏远感方面旗鼓相当。

我在写作时对越界(transgression)这个问题相当感兴趣,就像对模拟(mimesis)和秘密的兴趣一样。我通过巴塔耶了解到越界,而巴塔耶则是从尼采那里得到的灵感。这个问题之所以吸引我,是因为我把越界看作一种应对基督教魔鬼存在的方式,它既不解释魔鬼的存在,也不解释魔鬼的作用。这里的基督教魔鬼指的是大型资本主义企业中的农民形象,这种企业有着惊人的规模,而它摧毁生命和赋予财富的能力也令人叹为观止。这些在《太阳只求付出不求回报》一文中有所阐释,该标题取自巴塔耶的《被诅咒的部分》(The Accursed Share)——被诅咒的部分指的是供奉的祭品。

巴塔耶宣称,牺牲会神圣化它毁灭的对象。跨越阈限的神圣性不亚于打破禁忌。为了让我们牢记，神圣性既会涉及右撇子，也同样会涉及左撇子。所有仪式都深谙此道，且都建立在此基础之上。我们手头就有一个金矿，里头既有旧式人类学中的"原始"社会、古代的历史文献，也有如今审查警方腐败的各项任务，这些为我们提供了绝佳的例证。这也是《越界》一文旨在展示的内容。越界不仅是人类和社会生活不可或缺的一部分，也是我们思考"思考"的方式引发的结果。这一点在《花语》一文中得到进一步阐发。该文考察的是卡通、鲜花和尸体肢解之间的关联。

在这点上，我不过是在步巴塔耶的后尘。他加入了富有开拓性的社会学学院①，该学院于1937年至1939年间在巴黎举办会议，并从"原始"社会民族志、尼采和弗洛伊德的作品中汲取灵感，将议题命名为"神圣社会学"，旨在恐怖席卷欧洲的时刻理解现代性。如今，这些词似乎对美国也同样适用，因此我们当然也可以来点"神圣社会学"。

尼采曾说，魔鬼是基督教挪用狄俄尼索斯（Dionysus）的产物。那个奇怪的神祇精神中充满了狂喜与沉醉、模仿与舞蹈、非生产性耗费与过多性（too muchness）——他的意思是说，无论是历史还是人的一生，有些重要的事情不光受规则驱使，也受打破规则的需要而驱动。

这种方式很有可能给我们带来麻烦，对我们当中那些渴望通

---

① 社会学学院（Collège de Sociologie）由一群法国知识分子组成，并不是一个组织严密的机构，该学院于1937年至1939年间在巴黎开了一系列非正式研讨会，但第二次世界大战爆发后就停止了聚会。——译者注（后文脚注皆为译者注）

过合乎逻辑的解释去征服未知的人来说更是如此。这种解释有点像苏格拉底所说的"柏拉图的玩偶"。我希望现实能够被那些和谐的、纯粹的思想同化,而不是像那条著名的"你不能踏入两次"的河流。踏入河流意味着你需要沉浸在世界的存在性之中,而这总是件麻烦事。踏入河流还意味着你需要驾驭不稳定且充满矛盾的热浪,受规则制约又需要打破规则,而这令事情变得更麻烦了。

踏入河流……每当提笔写作,我都感觉自己被传送到了笔下的现实之中。譬如,20世纪90年代末期,我在纽约写那本关于哥伦比亚太平洋沿岸的书时,我就会说"我要出发去太平洋海岸"了,而我希望读者也能感同身受。[1]

这当然是模拟巫术(mimetic magic)。在《金枝》(*The Golden Bough*)中交感巫术(sympathetic magic)概念的启发下,我们不能把模拟巫术叫作相似(like-affects-like)巫术,因为你会发现,不相似的物体也会通过一些比喻连接起来,这鼓舞人心的发现促使我们把这种巫术归类为接触(contagious)巫术。① 在接触巫术中,一种具体实在的联系能通过仪式去影响联系中的物质。经典的例子包括用一个人的头发、剪下来的指甲以及分泌物去影响某人。语言也能产生这种效果。阅读和写作都是这样的实践仪式,语言因此可以联结物质性,进入事物的事物性中,与存在之链产生联结,而非意义之链。西尔维娅·普拉斯的诗歌正因此而闻名。她

---

① 英国人类学者弗雷泽把交感巫术作为模拟巫术和接触巫术的总称,二者都建立在以下信念之上,即通过某种神秘感应,物体之间可以不受时空限制而互相作用。

使用语言的巫术,不光将你带入口头的世界,也将你带入植物的世界。瓦尔特·本雅明曾说过,超现实主义诗歌的标志之一就是它与现实的具体联系,而不是那个"机械化的意义"。尼采想要证明的也是这一点。他曾在狂怒而不自知中向读者建议,所有哲学都基于对身体的理解——或是对身体的误解。

不过,尼采是第一个指出语言具有双重性的哲学家。他认为,语言具备这种巫术,也正是由于这种巫术,语言事实上是由任意的文化习俗构成,只不过看起来完全没有人为痕迹罢了。因此,在我看来,作家的任务就是和语言的这种双重功能嬉戏,假装语言就是它指向的东西——假装它会将你带到太平洋海岸的雨林中去——同时,作家也要认识到,语言不过是一种人造物。我把这叫作神经系统,它的功能之一就是显示作家动的手脚,从而干扰那层虚构的伪装,而我们往往把那层伪装叫作真理。当然,我们也会把那叫作文化。[2]

伪装引出了秘密。秘密为形而上学添油加醋,成为后者最具说服力的观点之一。秘密给我们这样一种感觉,让我们认为现实总潜伏在一层假象背后,而背后的东西才是构成系统的真相。这种双层模型包含一层具有欺骗性的外表和另一层隐藏在更深处的真理。无论是上帝、潜意识、经济基础,还是你幻想的超自然存在,这种模型都是宗教、科学、政治和警察系统的驱动力,而这样的"智能设计"的案例也比比皆是。

尼采把这种现象看作一场伟大的博弈。深度探索者在这场博弈中获得权力,他们追逐所谓的秘密,一直追到秘密的老巢,并以胜利者的姿态出现,一把扼住这个系统瘦弱的喉咙,由此把无序变为有序。尼采宁可选择"快乐的科学"。这种科学拒绝揭下面具或剥去外衣的冲动,相反,它用变戏法的方式去对抗系统操控者的欺骗手法。这种快乐的科学和与之相应的对待现实的看法,与我所说的神经系统有异曲同工之妙。我主要是从20世纪80年代早期以来哥伦比亚的暴力事件中学到了这一点,自那以后也一直都在写作中实践这种哲学。本书中,我在《体内性、信仰和怀疑:另一种魔法理论》一文中尤其关注萨满的身体。另外,我在《纽约警察局布鲁斯》中也对此做了尝试。

总而言之,现实是一场魔术①,我们的写作也应当如此。二者在某一时刻互相交织,但时隔不久,一种新的有序的无序模式又会出现,无穷无尽……

---

① 原文中为贝壳游戏(shell game,在特定场合下也有译为政治骗局的),通常指变戏法的伎俩,魔术师或小贩把一些类似贝壳的小东西放在手或碗等器具底下,变换位置之后让看客猜东西在哪里,魔术成功与否很大程度上取决于手法的迅捷和对人心的揣测。

第一章

本雅明之墓：世俗启迪

今天，他和所有其他人一样，用的是燧石和引信点烟。"在船上，"他说，"这是最好的办法。风会把火柴吹灭，但引信就不同了。风刮得越紧，引信烧得越旺。"

——瓦尔特·本雅明，"西班牙，1932"

瓦尔特·本雅明死于法兰西宾馆,该宾馆位于西班牙和法国交界处的包港。在本雅明死后几个月,汉娜·阿伦特去那里寻找本雅明的墓地。然而,她一无所获。除了她一生中见过的最美的风景,阿伦特什么都没找到。"我找不到他的墓地,"过后不久,她就给哥舒姆·肖勒姆①写了一封信,"哪儿都没有他的名字。"不过,根据包港市政厅提供的记录,本雅明有一位名叫福豪·古尔兰德的朋友,后者于1940年9月28日,也就是本雅明死后两天,支付了75个比索,为本雅明租用了一个为期5年的"墓龛"。当地医生拉蒙·维拉·莫里诺诊断本雅明死于脑中风,但是,人们通常认为他死于服用超量吗啡导致的自杀。"他身上携带的吗啡足够让他死上好几次了。"说这句话的人叫作丽莎·菲特蔻②,她曾带着本雅明翻山越岭进入西班牙。

然而,无论有名无名,这个地方都美得惊人。

"陵园面向一个小小的海湾,正对着地中海,"阿伦特写道,

---

① 哥舒姆·肖勒姆(Gershom Scholem,1897—1982),以色列哲学家和历史学家。他是耶路撒冷希伯来大学第一位犹太神秘主义教授,也是瓦尔特·本雅明的密友。
② 丽莎·菲特蔻(Lisa Fittko,1909—2005),她曾在第二次世界大战期间帮助许多犹太人逃离纳粹占领下的法国,著有两本第二次大战时期回忆录。

"它建在由石头雕刻而成的梯台上,棺椁被推入石墙,安置其中。这是我有生以来见过的最迷人、最美的地方之一。"[1]

美景并未给肖勒姆留下深刻印象。几年之后,他似乎根本不屑一顾。在一本有关本雅明的回忆录中[2],他作了如下结语:"那个地方确实很美,但本雅明的墓是伪墓。"用这样一句话作为一段人生故事的结尾,未免有些突兀和酸楚,仿佛逝者被某种结局欺骗了,因而我们也被这个结局欺骗了,最终得到的只是一个悬念,一本缺了尾页的书。阿伦特不仅没能找到本雅明的名字,更不幸的是,哪怕找到了也是一个假名或一座伪墓。当然,这取决于你是否认为伪墓更加糟糕。至少对肖勒姆而言,那些照片清楚地显示了一个刻有本雅明名字的木制容器,上面的名字字迹潦草。在他看来,那不过是"陵园看守者的发明,他们考虑到访客打听的次数,发明了这个把戏,以确保自己能够得到小费"。就这样,本雅明的人生结束了,即便他曾被乔治·斯坦纳[①]等人誉为20世纪最伟大的批评家。肖勒姆的回忆录就是以此为结尾。即使在死后,本雅明也是一个失败者,他的墓地成为人们赚取小费的把戏。我们不妨说,肖勒姆把他的主角埋葬在世俗的审判之下,而非真实的墓穴之中。

看起来,肖勒姆似乎在尽力避免将本雅明纪念碑化,他选择用最不浪漫的方式结束了回忆录——陵墓中坑蒙拐骗的伎俩。这

---

① 乔治·斯坦纳(George Steiner,1929—2020),法国出生的美籍文学批评家、散文家、哲学家、小说家、教育家。

让人联想到本雅明的一篇文章，有关超现实主义，写于1929年，文中提到了"世俗启迪"（profane illumination）。不过，究竟启迪了什么？在本雅明构造的"世俗启迪"一词中，"启迪"带有宗教启示的痕迹，但后者已被超越。而且，在他去世前不久写成的著名的文章《历史哲学论纲》（"Theses on the Philosophy of History"）中，本雅明宣称："唯有历史学家才能在过去当中重燃希望之火，若是敌人获得胜利，**哪怕是逝者**，也将失去庇佑。"[3] 那么，肖勒姆对于本雅明之墓的评价，对那"希望之火"产生了什么影响呢？

肖勒姆何以宣称照片"清楚地显示"墓地是假的？有任何照片能够清楚地体现这一点吗？假设照片确实能够做到这一点，那守陵人为什么会公然造假，还要冒着被来访者和像肖勒姆这样研究摄影的学者戳穿的风险？以掘墓者的技术而言，根据真墓伪造一个完整的复制品，难道真的就这么轻而易举？

如果我们究其根本，又怎会相信任何一座坟墓都埋着应葬之人呢？死亡是生命中最重要的事件之一，秘密与恐惧如裹尸布一般将它紧紧包住，我们大多数人永远都不敢去一探究竟。谁知道包港的墓地中到底发生了什么？或许，没有一个墓穴埋着对的遗体；或许，根本就没有遗体？毕竟，在这个体制中，遗体与尸骨的挪移极为常见：你租了一个为期几年的"墓龛"，若干年后，如果无法续租，尸骨就会被拿出来，挪到公共墓地，与那些不计其数的无名尸骨并排放置。它们最终都会混合相融，失去所有个性的痕迹。在这里，它们在不体面的混战中相聚，而这场混战就是死亡：朋友与敌人、本地人与外国人、共和党人与佛朗哥的追随者们、大腿骨与肩胛骨，统统混杂在一起，创造并再造了埃利亚斯·卡内蒂①所谓"隐形的死者群体"。在卡内蒂看来，这个群体是宗教情感的一种重要来源。如果一切按例而行，那么，本雅明的遗体在1945年时，也就是福豪·古尔兰德支付了75个比索的5年之后，就该被挪置于公共墓地了。

但是，在本雅明死后几个月里，阿伦特居然无法找到他的墓龛，这件事又该如何理解？肖勒姆想方设法让我们知道这件事，因为他把这个戏剧性的事件当作引子，从而引出1975年的断言，即本雅明的墓是一个伪墓。阿伦特说过，"哪儿都没有他的名字"。但是，这里有一个细节可能会有帮助，而且与命名之事紧密相关：在他去世后，瓦尔特·本雅明不是以一个犹太人的身份，而是以罗马天主教徒的身份进入了官方记录（证据由包港近期建立的瓦尔特·本雅明博物馆提供）。确切地说，记录上的全称是"本雅明·瓦尔特先生"。②他就以这样的身份被埋在了天主教徒专用的陵墓中。在那里，他绝非无名无姓，而是像他的墓穴一样，成了一个伪人，身体虽在，但基督徒身份是假的，名字也是假的。

---

① 埃利亚斯·卡内蒂（Elias Canetti，1905—1994），保加利亚出生的犹太人小说家、评论家、社会学家和剧作家，1981年诺贝尔文学奖得主，代表作包括小说《迷惘》、论文集《群众与权力》等。
② "本雅明·瓦尔特先生"（Doctor Benjamin Walter），Doctor一词可以具体指医生或博士。但是，根据陶西格的说法，在说西班牙语的国家中，人们一般用doctor作为尊称，意为"先生""阁下"等，称呼那些受尊敬、有社会地位的人物。根据上下文，这里译为本雅明先生。

你会在法兰西宾馆提供的收据中看到死者的姓名——本雅明·瓦尔特。死者生前4天的开销包括5瓶柠檬苏打水、4个电话、殓尸费、房间消毒、床垫清洗和漂白费用。你也会在内科医生开出的收据上看到这个名字：本雅明·瓦尔特，旅客，注射费和血压测量费，75比索。你还会在1940年9月27日出具的第25号死亡证明上看到这个名字：本雅明·瓦尔特，48岁，来自柏林（德国——如上所注）。你可以在当地木匠向包港法官提供的账单中看到这个名字，该木匠为死者，也就是本雅明·瓦尔特先生，制作了一副衬布棺材。在同一张收据上，你还能看到付给砖匠的8个比索，他负责为本雅明·瓦尔特的墓穴封棺。而且，你可以在一张牧师出示的收据上看到这个名字：1940年10月1日，共96比索，其中6个比索用于做弥撒，"B.瓦尔特的尸体就埋葬在本镇的天主教陵墓"，75个比索则用于"支付为期5年的墓龛租金"。[4]

"若是敌人获得胜利，**哪怕是逝者**，也将失去庇佑。"本雅明在去世前不久写下了这句话。这也是《历史哲学论纲》中的一个片段。在他的历史哲学中，生命的每一个细节都不容忽视，一切都不该被遗忘，当下之于过往，有一种坚不可摧的义务。救赎的可能性日益式微，但仍像一条细线贯穿这一切。"**哪怕是逝者**。"此处在原文中为斜体字，以示强调。**哪怕是逝者**……这让我们想到，本雅明早年曾写过有关巴洛克戏剧的文章，主要关注"寓言"这个概念，并且有其独到的见解。他写道，寓言家把物体的生命抽干，供自己把玩，并把新的设计注入那些物体，从而与命运对话。

在本雅明去世十年之后,他的朋友西奥多·阿多诺①认为,本雅明的哲学凝视是美杜莎式的。这意味着,凡是他凝视过的东西都会石化。但是,阿多诺又补充道,这种凝视只是一个更加宏大策略的一部分,该策略旨在通过物化,打破加诸事物的灾难性魔咒。

我们在这里回顾这些想法非常重要。这是因为,就本雅明本人的死亡而言,那些强有力的叙述试图介入并且控制他的死亡。那些叙述,不是和他生前作品当中的思想毫无关系,就是微妙地反驳了他作品中的观点。在《讲故事的人》("The storyteller")这一名篇中,他本人不就多次提到,正是死亡赋予了讲故事的人以权威吗?在"9·11"事件的阴影下,我们都不需要提醒就能明白这一点。进一步说,我们甚至还可能断言,正是这个原因,我们既畏惧死亡,又深受死亡诱惑。死亡并不在场,但这种缺席似乎既能令故事变得完整,也能让故事支离破碎,让人永远无法讲到故事的结尾。这个故事就是一生。对于自己的人生故事,我们也想拥有那样的权威,这种渴望在阐释死亡以及尸体时最为强烈。一块墓碑或是一座纪念碑——特别是对赝品的指控——就是这样一个故事、这样一种尝试。

"我不是来朝圣的。"2002年春天,当我在包港参观墓地时,这样对自己说。确实,那时候我甚至不确定自己是否想要参观墓

---

① 西奥多·阿多诺(Theodor Adorno,1903—1969),德国社会学家,法兰克福学派成员之一,该学派的其他成员还包括了霍克海默、本雅明、马尔库塞、哈贝马斯等人。

地。我并不认为,这种犹豫完全出于对墓地的恐惧,当然,也不是出于墓地对我的吸引力。这种不确定更多是因为我感到一种对于本雅明之墓的崇拜正在萌芽,这让我很不舒服,仿佛有关他戏剧性的死亡和广义上的大屠杀悲剧,都会侵占并掩盖他谜一般的写作和个体生命的意义。直截了当地说,他的死亡比他的生命拥有更多意义。这种崇拜太过哀愁,也太过感伤,每次事件都太过命中注定——那次失败的边境穿越,那个美丽的地方,那个恐怖的时代。我对自己说,这种看上去目瞪口呆的样子,取代了知情的尊重。悲剧的战栗、低级的快感,都在那平静而惊人的美景面前充满生气。无论如何,人们都不会在伟大思想者的墓地前膜拜不休。但恰如其分的姿势又当如何?死亡是一件让人伤脑筋的事情,纪念也是。

管理死亡必有一定准则,然而,死亡也在考验那些准则。人类学家罗伯特·赫尔兹(Robert Hertz)研究死亡的集体呈现。在如今已成经典的那部写于1907年的作品中①,他指出,伴随着每一个生命的消亡,社会本身也一点点死去。但是,社会的死亡究竟意味着什么?对于现代知识分子而言,死亡令他们伤透了脑筋,他们曾经反对传统、对抗传统,到头来却往往发现自己被传统横扫而过。参观本雅明的墓地,或仅在包港边缘徘徊,小心翼翼地靠近本雅明之墓力场的最外围,然后来到那个巨大的火车站的分

---

① 这部1907年的作品是《对于死亡集体性呈现研究的一点贡献》(*A Contribution to the Study of the Collective Representation of Death*)。

流场，看着一条条隧道通往若隐若现的山林，在那里稍做停留，犹豫着是否要继续前行，就像我做的那样，思考着如何前行——这一切本质上意味着一种对待死亡的无能为力。我们需要重塑某些程序，来承认这种本质上的无能。尼采曾徒劳地替那些历史学家求情，认为他们能够将历史写得如同亲身经历一般。我们也需要用同样的方式对待我们的逝者。本雅明也说过类似的话。他提醒我们，真理并非曝光，用于摧毁秘密；真理是一种启示，给秘密以公道的评价。本雅明引证的是柏拉图《会饮篇》中有关真理的讨论。柏拉图探讨了从爱人的身体到灵魂的过程中，真理的作用何在。死亡也恰恰提出了同样的问题。

本雅明会是第一个自杀式炸弹袭击者吗？这个念头在我脑海中一闪而过。当时，我正坐在列车上，一路向北，前往包港。报纸上，头版头条就是以色列反击自杀式炸弹袭击者，以色列士兵开着装甲车和阿帕奇直升机，入侵巴勒斯坦的城镇和难民营。士兵们用眩晕弹和催泪瓦斯阻止记者们靠近现场，至少有两名记者当场中弹。以联合国为首对以色列在西岸城市杰宁的战争罪行进行的调查也在以色列的反对下胎死腹中。美国总统和美国媒体都坚持认为，巴勒斯坦人必须为他们的暴力行为负责。事实上，没有人试图去理解巴勒斯坦人这么做的动机，也没有人去报道他们在难民营和监狱里的日常生活。巴勒斯坦人未经审判就被以"行政拘留"的名义关押在那些监狱中。相反，周日杂志中长篇累牍的报道，描述的都是以色列精英突击队狙击手的痛苦心理。但是，可曾有一期周日杂志关注过巴勒斯坦人内心的痛苦？他们生活在一个类似种族隔离的关卡制度中，非法的以色列定居点每天都在侵蚀他们的土地。巴勒斯坦人的土地变得四分五裂，地界变得如同蛛网般纠结，而这个制度还在不断限制着他们的流动。人们会说，历史是胜利者书写的，但以色列的书写方法似乎史无前例。无论如何，巴勒斯坦人似乎都不能发声。他们不仅不被代表，而且不能被代表。或者，按照果尔达·梅厄[①]曾说的那样，他们并不存在。他们像本雅明一样，注定失败。真理本身在接受审判，边界定义真理，并重新界定真理。我坐着当地列车，从巴塞罗那向北部缓慢前行，列车在每一站都会停靠，北至包港，最终到达60年前本雅明未能跨越的边境。

　　一位年轻男子坐在车厢的另一侧，在我前方隔了几排座位。他不会讲西班牙语，显得惴惴不安。他把一个造价便宜的黑色大包放在身边的座位上，以防其他人坐在那里。该男子一直四处张望，好像一头笼中困兽。在巴塞罗那阴暗的桑兹火车站等车的时候，我第一次注意到了他。当时，他走向一位中年妇女，从手势来看，他似乎是在问她前往边境的列车何时进站，而他是否应该搭乘即将进站的那班列车。在火车上，他拿着车票向我走来，车票上印着塞尔贝尔，那是与包港毗邻的一个法国小镇。"法兰西？法兰西？"列车每次一靠站，他就反复用西班牙语说着法国的名

[①] 果尔达·梅厄（Golda Meir, 1898—1978），又称梅厄夫人，以色列首位女性总理，以色列创国者之一兼第四任总理。

字,并且睁大双眼,一脸哀求地看着我,想知道他是否该在这一站下车。我猜他来自北非,很有可能是非法入境者。他闻上去就像很久没有洗过澡一样。一个逃亡的男人。在法国,反犹反穆的勒庞打着反移民的竞选纲领,刚在大选中击败社会党竞选人若斯潘,斩获了将近18%的选票。在包港下车时,我朝这个拎着黑包的男子挥手告别,做了一个胜利的手势。他无力地朝我笑了笑。当年,本雅明则是从另一个方向到达此地,停留在了边境。但是,时过境迁,当然不可同日而语。

如果你顺坡爬上墓地,就会看到山上绿意盎然,山崖陡峭入海。四月末,漫山遍野开满了黄色的野花。小镇就位于你身后那深湾的凹陷处。小镇冷冷清清,不太友好,总感觉有什么不对劲。几个当天往返的游客,从法国赶来,在这里漫无目的地游荡,试图找些东西瞧瞧。这儿的餐厅不允许你使用他们的卫生间,而唯一一家营业的滨海餐厅看上去黑暗幽深,和我在巴塞罗那车站出发时看到的餐厅没什么两样。而且,那儿的消费还高得惊人。镇上鲜有年轻人的身影,只有老人和几个孩子。超市里卖的主要是廉价酒水。这难道是充满走私者的边境小镇吗?但是,西班牙现在已经是欧洲的一部分了,他们还能走私什么?既然这样,为什么整个镇子的气氛这么紧张? 1987年,我们开车从法国穿越西班牙,途经此地,停车买了一杯咖啡,又继续上路。当时,我记得小镇上也是这种紧张的氛围。那时还没有本雅明的纪念碑,只有这么一个镇子。在我看来,整个小镇就是本雅明的纪念碑——阴冷,让人生厌，充满神秘气息。

我想起了芝加哥的丽莎·菲特蔻。20世纪80年代中期，我从芝加哥大学一位人类学家朋友的妻子芭芭拉·萨林斯[①]那儿得知，那位帮助本雅明穿越国境的女士就住在几个街区之外。刚知道这个消息，我就从公共电话亭给这位女士打了一个电话。"哦！你在打听那个公文包的下落！"这是丽莎在电话中说的第一句话。我心中一沉。她难道没有意识到，有人可能出于相当单纯的理由找她聊天，而那个失踪的宝贝只会阻碍这种对话的顺利进行吗？相比起一个失踪的公文包，我寻找的珍宝更为无形。那一刻，我只是对它有一种模糊的感觉。当时，狂风大作，我站在芝加哥南部一个街角处，在一个用玻璃和金属架搭起来的公用电话亭中，拨通了那个电话。现在回头看，我忍不住想说，或者忍不住怀疑，那难道不正是我无意识中踏上朝圣的第一步吗？而这第一步，不就是我所觅珍宝的雏形吗？那是一种欲望，渴望从一个死去的男人、一位圣人身上吸取点什么东西。不管那是什么东西，都还固执地保留在那位多年以前带着他翻山越岭、偷偷越境的女人身上。所有这一切在我脑海中飞速掠过，快到还没来得及说出口，我就已预感到，无论对她说什么，我都已经迷失了。那个公文包——公文包的想法也好，公文包的意象也罢——都已经变成了一个惊人的遗物，因消失而更有影响力。

[①] 芭芭拉·萨林斯（Barbara Sahlins），著名人类学家马歇尔·萨林斯（Marshall Sahlins，1930—2021）的妻子。

当年，我打完电话，稍坐片刻，就赶到了她的住处。她跟我说，她曾经告诉罗尔夫·泰德曼（Rolf Tiedemann），本雅明在翻越比利牛斯山脉时，拖着一个沉沉的黑色公文包，他说自己最重要的作品就在那个公文包当中。"我绝不能丢了这个包，"本雅明当时说，"里头的手稿一定要留住，它们比我的生命还重要。"当泰德曼从她那儿得知这个消息时，变得异常兴奋。当时，泰德曼正在德国负责出版本雅明的作品合集，他立即出发赶往包港和当地的首府，寻找那个公文包的下落。他通过当局，上天入地，四处搜寻。如果我记得没错的话，他们甚至把镇上的地下墓穴也搜索了一遍。不过，我也可能记错了，毕竟记忆不时会和尘封已久的过去开玩笑。不管怎样，他们一无所获。没有公文包，没有绝妙的手稿，就像没有本雅明本人的遗体一样。

这事儿别有蹊跷。根据本雅明去世时法官记录的资料来看，确实没有提到任何手稿。但是，资料中提到了一个大手提包，那是他唯一的行李。所有物件都分项记明：一只怀表和一根表链，连手表上的铭文也都被仔细记录了下来；一张 500 法郎的纸币，一张 50 美元的纸币，一张 20 美元的纸币（这些纸币的序列号也如预期记录在案）；一本护照（编号为 224），由美国国务院签发，内附一张在马赛签发的西班牙护照；一份社会研究所颁发的证书，该研究所之前位于法兰克福，目前已流迁至纽约，并通过某种方式附属于哥伦比亚大学；六张照片；一张在巴黎签发的身份证；一份 X 光片；一支烟斗，烟嘴看起来像是用琥珀制成，还有一个烟盒；一幅镍制镜架的眼镜和眼镜盒；几封信和一些报纸。但是，没有手稿。

不过,丽莎·菲特蔻记得,那只手提包异常沉重。可是一只表、一支烟斗、一副眼镜和几张纸能有多重?"我们得拖着那个大家伙翻山越岭,"她说。他们沿着李斯特路(Lister Route)上山,西班牙内战期间著名的共和党将领曾带领他的军队走过这里,这条小路就是以他的名字命名的。当时,那是一条走私者抄的小道,离海岸线有一段距离。在丽莎的回忆录中,她注意到,本雅明"气喘吁吁,但从不怨天尤人,甚至不曾叹气,他只是不断斜望向那个黑色手提包"。中途某一刻,他停下脚步,弓着腰,从一池死水中汲水来喝。池水是绿的,发黏发臭,她警告他不要喝,说那可能会让他染上伤寒。"确实,"他回答说,"我有可能感染伤寒。但是,你看不到吗?我如果在跨越边境之后才死于伤寒,那才是最糟糕的。盖世太保抓不到我,手稿也会到达一个安全的地方。我向您道歉。"他总是那么彬彬有礼。

可是,丽莎·菲特蔻特别指出,本雅明缺乏"适应能力",这是她对各式各样无能表现的委婉说法。这种现象在当时那些逃亡知识分子当中极为常见,他们缺乏我们今天所说的"生存技巧"或"街头智慧"。放眼当今学术圈,我们很难理解这一点。大多数人似乎都掌握了各种生存技巧,如果那些也可以被称为技巧的话。在菲特蔻的评价中,甚至还有一丝鄙夷。一部分由她带领过境的知识分子,不乏自私幼稚之人,他们普遍无法面对现实、脚踏实地。逃亡路上的人们似乎并不能展现他们最好的一面。但本雅明维持了他的尊严,哪怕是在她看来极其可怜的情况下,也从未怨天尤人；用她的话来说，本雅明就是那种连怎么拿一杯热茶都需要指导的人。这就不光是我们所谓的"不切实际"了。身处这个世界，本雅明的缺乏"适应能力"意味着无助乃至绝望，而一杯热茶只不过是一种象征性的说法而已。

"人不应该能够下意识地做出反应吗？"一次，理查德·海尼曼在采访中这样问她。

"他做不到，"菲特蔻回答说，"我觉得，他只有先发明一个恰当的理论，才能捧起一杯热茶。"[5]

根据我的推测，她护送的许多知识分子都有着类似的家庭背景——通常，仆人或者妻子会负责照料日常琐事，而他们则潜心绘画、雕塑，写小说、诗歌、剧本、书评，或是做类似的事。哪怕贫困缠身，就像本雅明从20世纪30年代早期的状况那样，他们也会住在一个廉价的宾馆，吃喝全靠餐馆。就算他们对日常生活中许多现实问题有所关注，也还是会忽略家务劳动中的迫切需求。比方说，谁负责为本雅明打字？

"这些人当中很多人都没法应付原始的生活条件。"1939年末，丽莎的丈夫汉斯·菲特蔻（Hans Fittko）第一次入狱，被关押在鸽子体育场（Stade Colombe），那是巴黎郊外专门收容外敌的战俘集中营。他告诉丽莎："他们不知道怎么遮风避雨，不会晒衣服，不知道怎么拿一只盛满热咖啡的锡碗而不烫到自己的手指。经常会有人从长凳上掉下来，摔断一两根骨头。"[6]

汉斯·菲特蔻在讷韦尔附近的维苏赫监狱遇到了本雅明。那个冬天，法国还未投降。他告诉本雅明，如果有机会南下马赛，就联系丽莎。当时，他震惊地发现，本雅明几乎没法适应监狱生活。他原来抽烟抽得很凶，经常一支接着一支地抽，但在监狱中，他突然就戒烟了。汉斯跟他说："这并不是一个戒烟的好时候。"但本雅明解释说："我只有把心力集中在一件事上，才能忍受这个集中营的状况。对我而言，戒烟就是这么一回事，因此也就成了我的救赎。"[7]

除了戒烟，狱中还有其他娱乐活动。比如，本雅明和另外几个囚犯创办了一份文学杂志，旨在向这个国家展示，他们到底把什么人作为"法国的敌人"关押了起来。[8] 编委会成员会爬到本雅明在楼梯下用于睡觉的帐篷中开会，由一个年轻的囚犯负责放风。"圣人在他的洞穴中，"汉斯·萨尔①评价道，"一位天使在替他放哨。"在本雅明的洞穴中，他们会喝一点"天使"从法国士兵那儿走私来的杜松子酒。其他时候，本雅明还会为"高级班学生"提供课程，学生们则需支付三根高卢香烟或一个纽扣作为学费。[9] 如果没有"天使"的守护，哪怕有这些活动，本雅明也撑不了多久。30年后，萨尔写道："他让我清楚地意识到，思想与行动间存在悲剧性冲突，再没其他人让我有如此强烈的感受了。"

在本雅明身上，这种冲突让人尤其震惊。其实，当我们反观他的理论，就会发现那些理论与他所说的"物的世界"和"模仿行为"无比协调。从某种程度上来说，模仿行为也就是他所谓的"嵌入性知识"（embodied knowledge）的精髓所在，或者按照

---

① 汉斯·萨尔（Hans Sahl, 1902—1993），德国犹太裔诗人、小说家、批评家。

我的理解，那就是丽莎·菲特蔻所指的"适应能力"。"人必须自助，"她说，"一个人必须知道如何帮助自己，在溃败中找到一条出路。"这也就意味着，人要知道如何"购买伪造的粮票，为孩子们偷点牛奶，获得一些或任何一种通行证——总之，就是能够做点什么或者获得那些官方渠道中不存在的东西……但是，本雅明显然没有这样的自助能力"。[10] 她笑了，回想起本雅明一次失败的偷渡经历。那次，本雅明伪装成一个法国水手，和他的朋友弗里茨·弗兰克尔医生一起登上了一艘货轮，试图跨越边境。可是，他那憔悴的外表和一头乱糟糟的银发出卖了他。他的模仿能力也不过如此。

本雅明对现代主义的热爱，尤其是对蒙太奇、寓言和片段的偏爱，似乎都在让人变得更有"适应能力"，更能适应新奇的环境。面对现代生活的种种冲击，本雅明难道不是"厚脸皮"理论家吗？用弗洛伊德的话来说，"厚脸皮"就是拥有一道"应激屏障"，增加表皮的厚度来应对现代生活的冲击。此外，本雅明于1932年至1933年间在伊比萨岛写的那些信件和文章，都洋溢着他对物质文化的热爱，这也是他对自然极具鉴赏力的明证。但是，如果他连一杯热茶都拿不起来，那这一切又有何用？

当然，他还有自杀的能力，这还在他力所能及的范围之内——缺乏"适应能力"的背后仿佛有一种特定的伦理原则，确切来说，那种原则就是不去适应。

丽莎·菲特蔻把本雅明带过边境之后，她和她丈夫受雇于一位名叫瓦里安·弗莱（Varian Fry）的纽约作家。弗莱讲着一口流利的法语和德语，他代表美国"紧急营救委员会"，帮助被纳粹迫害的知识分子、艺术家、政治家和工党领袖逃离法国。几乎就在本雅明不可挽回地进入西班牙的同时，弗莱带着 3000 美元现金和一份营救名单到达了马赛。他发现丽莎有能力把本雅明带过边境，就把她和她丈夫都招揽到了营救计划当中。起初，这对夫妇有些迟疑。弗莱有多少能耐？他们不应该尽快逃离去追求自由吗？后来，弗莱为他们取了一个代号。那条丽莎曾经走过的走私者之路，原本叫作李斯特路，现在被命名为"F-路"——F 代表菲特蔻。

弗莱坚持了整整 13 个月，直到他被遣送回国。根据他的详细说明，他们的任务颇为成功。在头几个星期中，但凡名单上的某个逃亡者找到他，他就会借机打听其他人的下落。情况不容乐观。恩斯特·魏斯（Ernst Weiss），捷克小说家，当德国人进入巴黎时，他在自己的房间里假装服毒自杀。厄马加德·丘恩（Irmgard Keun），德国小说家，也在德国人进入巴黎时自杀了。瓦尔特·哈森克莱瓦（Walter Hasenclever），德国剧作家，被关押在距离马赛不远的勒米勒斯（Les Milles）集中营，服用大量安眠药结束了自己的生命。卡尔·恩斯坦（Karl Einstein），与乔治·巴塔耶（Georges Bataille）合作办了著名的艺术杂志《文献》[①]，同时也是一位原始艺术专家，在西班牙—法国边界跨境未遂，上吊身亡。威

---

① 《文献》（Documents）是乔治·巴塔耶参与创办的超现实主义杂志，1929 年至 1930 年间在巴黎出版，共出版 15 期，时间虽短，但对超现实主义发展影响深远。

利·莫赞堡（Willi Münzenberg），工党领袖，一度担任德国共产党副主席，被发现吊死在格勒诺布尔的一棵树上。"我一个接一个地把这些人从名单上画掉。"[11] 由此可见，本雅明的自杀绝非个例。而且，人们偏爱采用过量服药的方式自杀。

根据弗莱的说法，逃亡者们会在他们背心口袋中放着小瓶装的毒药，"以防万一……"阿瑟·库斯勒（Arthur Koestler）宣称，本雅明曾在马赛给了他大量吗啡片，"以防万一"。[12] 我相信，最能说明问题的，还是弗莱记录的无数有关逃亡者精神瘫痪的例子。哪怕有现金和签证在手，那些逃亡者还是在恐惧的挟制下，无法付诸行动。"一想到留下来，他们就惴惴不安，"弗莱说，"但一想到离开，他们又恐惧到无法动弹。你帮他们准备好了所有的护照和签证，一个月之后，他们还是坐在马赛的餐厅里，等着警察过去逮捕他们。"[13]

翻过小镇外的山坡，你就抵达了公墓。现在，所有的遗体都长眠于此。以前，这里只能埋葬天主教徒。大海在你左边百米左右的下方，你顺着蜿蜒曲折的山路攀登，来到一个小高台，穿过一个矗立的拱门，就进入了公墓。在入口前方大约 10 米处，在靠海的那一侧，有一个像弯曲的手肘一样的物体，从山脊上兀自凸出。那是一个奇特的铁制三角形结构，呈深褐色，至少高达 3 米。

在这个三角形的底部，有一块锈迹斑斑、1.5 米宽的铁板，一直延伸到了马路对面。"这可真特别。"我心想，对那块铁板的颜色和完美构造惊叹不已。

我踏上铁板向公墓方向走去，听见身边的阿尔贝托倒抽一口冷气。他正转头望向左边那个凸出的铁制三角形。忽然之间，我们看到那个三角形构成了一条地下通道的入口，通道与斜坡平行，内部均由同样的褐色铁料打造而成，那些台阶也是铁质的。顺着台阶往下看，一直到肉眼所及之处，有一个完美的矩形，圈起一方海景，海水正在不断拍打礁石。那一瞬间，一切都自内向外翻了出来。一条绝妙的通道开山通海，似乎把汹涌的海景直接带到了我们的脚下。这就是特拉维夫艺术家达尼·卡拉万①为本雅明设计的纪念碑，建于公墓之外，于1994年落成。

有些人认为，本雅明是一位马克思主义者，或者说，他是带有超现实主义色彩的马克思主义者。其他人认为，本雅明结合了马克思主义和犹太教的卡巴拉（Kabbalah）神秘主义。这些解读都有一定道理，但我个人倾向于把他看作普鲁斯特式的马克思主义者。他是一个边缘人，淹没在他那个时代的先锋派和飞速变动的政治场景之中。《单向街》中有这样一段话，暗示了他的这种边缘性。他写道："假设这种理论是正确的——感情并非在大脑中产生，当我们用感官感受到一扇窗、一片云、一棵树的时候，它们并不在我们的大脑中，而在于我们所见之处。若这种理论果真如此，那么，当我们注视着被爱者的时候，我们也位于自身之外。"

这句话也完美地总结了我在那一刻望穿山体的感受。下面，大海波涛汹涌。

---

① 达尼·卡拉万（Dani Karavan, 1930—2021），以色列雕塑家、艺术家，以设计纪念碑出名。

我们逐级而下。行至半路,铁制的天花板消失了,广阔的天空取而代之,但我们仍有那种在地下通道中前进的感觉。在最后几级台阶上(我们被告知共有87级台阶),有一块厚厚的玻璃平板,像一扇门,挡住我们的去路。平板上用德语、西班牙语、加泰罗尼亚语、法语和英语镌刻了如下内容:

无名者的记忆比知名人物更难留存。
历史的构建应致力于无名者的记忆。

题字下方写着"G. S. I, 1241",我猜这指的是本雅明的《德语文集》(*Gesammelte Schriften*),编辑就是罗尔夫·泰德曼和赫尔曼·施韦本豪斯(Hermann Schweppenhäuser)。

我们在玻璃板附近的台阶上坐了下来。海浪在脚下翻涌,透过玻璃,若隐若现。那几行题字则随着海浪时隐时现,忽前忽后,字在水中,字在天上。我们试图去理解这些题字的含义。为什么要强调无名者?我思绪飘荡,恍如神游。突然,我被一段对话吸引了。讲话的是桑德拉和克里斯蒂娜,她们和阿尔贝托一样,都是来自巴塞罗那的人类学家,正是他们三人把我带到此处。她们在热烈地讨论公共墓地——埋葬在公墓也就意味着,哪怕你下葬时还有名有姓,随着时光流逝,你终将成为无名者。我感到我们也正在迅速进入一个公墓,墓地在那个被山体包围的铁梯尽头。而她俩所指的公墓,正在我们眼前拓展,那其中——你懂的,我说的是在我们的想象中——包括佛朗哥执政期间的集中营和万人坑,那里埋着囚犯的尸体,还有那些试图跨境进入法国的流亡者的尸体。她们向我保证,哪怕是在维希政府之前,法国的边境地区也有专门处置流亡者的集中营。例如,比利牛斯山脉的格尔斯(Gurs)集中营就是其中之一,那里曾关押过丽莎·菲特蔻。

2001年8月末,一位久居美国的巴斯克朋友贝戈尼亚·阿莱特萨加(Begoña Aretxaga),给我发了一封邮件,描述如下:

> 比利牛斯山脉是一道介于生死之间的边境,人们会在那里遇见死亡。20世纪70年代至80年代,巴斯克地区的状况就是那样,当然,内战末期也一样。我在那样的现实中进入了青春期,眼看着现实变成了政治神话。在那个空间中,纪念死亡的方式多种多样,既有谣言,也有故事,还有不同形式的歌曲、纪念碑,以及之后的电影。我可以给你讲讲逃离的故事,还有那些遭遇死亡的离奇故事。所以,本雅明的边境神话是与其他挣扎和逃亡的神话交相呼应的。

"西班牙到处都是墓地,"随后,我在西班牙主流报纸《国家报》(*El País*)上读到,"尤其是在路边的沟壑当中。"据报道,一个墓地中埋葬了多达500具尸体,都是被西班牙国民警卫队射杀的。在历史记忆恢复协会的推动下,越来越多人开始参与挖掘遗体的运动。正如那则新闻所说:"为了这一刻,这些遗体已经等待了60年。"

这些死者的遗体等待了整整 60 年。这种说法可真奇怪！遗体就像童话中的公主一样，等待着王子的亲吻。"为了让现在触碰过去，二者之间不能存在任何连续性。"这就是本雅明当年写下这句话的用意吗？在他看来，这样的触碰——或者说，亲吻——是某种意象的唯一结局。那些意象如同陨落的流星，重新开启赎罪的过程，将历史带上一条新的轨道。但说到底，它们会瞬间挥发，才刚出现，就会消失。我相信，这恰好是纪念碑的对立面。

接着，2001 年 9 月，一位住在巴塞罗那的朋友在一封邮件里评论道：

> 我忘了告诉你，在读到你[有关本雅明之墓]的文章时，它让我想到了最近在意大利读到的一则消息。据说，在西班牙又发现了几个"**公墓**"……不在公共墓地里，而在灌木丛中和人迹罕至的地方，人们在那些地方杀人、隐藏尸体，那些死者都"消失"了……回到西班牙之后，我发现没人听说过这个消息。至今为止，在西班牙都没有人讨论这些事。与此同时，目前坐在西班牙政府首脑宝座上的那个人，就是当年主管佛朗哥政府宣传部门的一个头目的孙子。说起来，佛朗哥还真是个人物。没人谈起他，也没人说起他的那些罪行。这种沉默似乎使他的阴影存活至今。

现在，我们就能理解小镇上的阴冷氛围了。无论正确与否，那里就是给人这种感觉，存在这种社会现实。人们感到，秘密如无名墓穴般满地遍布，而边境小镇很可能就是那些惨案现场，也自然成为令人焦虑、无法忍受的地方。无名意味着大规模的秘密与失踪案件。但是，哪怕名字所属的那具尸体失踪了，有些名字还是众所周知，比如本雅明·瓦尔特，或者瓦尔特·本雅明。就算保密工作做得再好，也只能掩盖一部分秘密——这也使掩盖秘密的行为愈发邪恶。正如我朋友描述的那样，"那种沉默似乎使他的阴影存活至今"，而公开秘密也在精心营造之下，变得隐形。扪心自问，难道这种隐形状态，不正是我们能想象到的最重要的纪念碑吗？无论是用石头还是玻璃制成，或是刻有人名还是崇高的文学典故，有什么实体纪念碑能和隐形的纪念碑相提并论呢？

当我们转身准备顺着纪念碑的阶梯回到入口时，我又大吃一惊。我们在楼梯尽头看到一个透光的矩形，和我们初次进入通道见到的矩形如出一辙。只不过，那时俯瞰大海，此刻仰望晴空蓝天。我们在公墓内部，在这个献给无名者的纪念碑中，从海洋走向了天空。

随后，我们在真正的陵园中寻找一些有关本雅明的标记。我们找到了一块齐腰高的卧地石。它未经石匠雕琢，只有一块牌子，上头刻有选自本雅明作品的另一段文字。他的文本似乎充满各种妙言警句，都适合镌刻在墓碑和纪念碑上。不乏作家为了达到一些幽玄深奥的效果，在他们的文章里粘贴上那么一两句。可怜的本雅明。他珍珠般闪光的语句就这样四处散落。如今，石头上写道："任何有关文明的记录，都是有关野蛮的记录。"

那时，我们以为卧石就是他的墓碑，石头下面埋葬的就是他的遗体。之后，我意识到我们太过天真。我们没能想到，这样小而沉重的纪念碑是一块假碑，下面没有遗体，坚硬的石头上确实镌刻着一个名字，但那个名字也能像纸片一样，在起风的街道上，任凭时光的突发奇想，毫无目的地四处飘荡。然而，陵园的存在至少保证名字与遗体看起来直接相关。这种相关性也是语言存在的基础，词语和意义捆绑在一起，仿佛一方直接依附在另一方身上。真的，如果本雅明还在世，他会是那些最先欣赏这种魔法形式的人之一。

确实，这种魔法是本雅明最基本的能力之一，也是他最丰富的宝藏。这种能力在他1933年的文章《论模仿能力》（"On the Mimetic Faculty"）中发挥得淋漓尽致。该文写于他在伊比萨岛停留期间，伊岛像包港一样，也是加泰罗尼亚历史文化重要的组成部分。不过，二者相距甚远，从我们目前所在的包港出发，还要向地中海东南部乘船行驶8小时才能抵达伊岛。本雅明在伊比萨岛上度过了两个夏天，《讲故事的人》这一名篇的构思也在那里诞生。1932年4月19日，正值春天，与我们造访包港的时间几乎一样，本雅明就在那天登上伊岛，而他当时穷困潦倒、无家可归。岛上的野花和美景令他震撼。有些时候，对他而言，伊比萨岛就像一个史前乌托邦，他纵身一跃，就能跳回遥远的过去，回到欧洲文明的起始点。

有关本雅明的照片相当罕见，这也是为何你总是在各种书籍封面上看到同一张阴郁沉思的脸。照片上，他有时抽着烟，有时不抽烟。能看到他的沙滩照还真让人喜出望外！[14] 那是夏天。他在伊比萨岛！在一些宽幅照片中，本雅明和一群人在一起，他们身后是宽阔的大海和沙滩，还有一些崎岖的礁石。但奇怪的是，当他的两位男伴穿着白色背心享受阳光时，瓦尔特却穿着衬衫、打着领带，在他的沙滩躺椅上正襟危坐。他的右拳习惯性地托着下巴，目光并没有投向沙滩和大海，而是转向阴暗的室内。

然而，本雅明的照片档案中还有一个秘密，没有人——我是说没有一个人！——产生过任何怀疑。那是在1933年的5月，我们在照片上看到，四个男人美美地躺在一艘船上晒太阳，掌舵的是一个快乐的本地渔民，他的名字叫作托马斯·瓦罗（Tomás Varó，昵称Frasquito）。你可以看到，船帆边缘紧绷，水面浪花翻滚。当时，与瓦尔特并肩的赤膊男子是英俊的法国画家让·塞尔斯（Jean Selz），他身边还躺着画家保罗·高更的孙子。他们很有可能都吸了大麻，正在兴头上。[15]出版本雅明选集的美国编辑们居然受到这张照片的启发，把它命名为《作为生产者的作家》（"The Author as Producer"），这又如何理解？我把这张照片复制下来，贴在自家卧室门外，这间卧室同时也是我的书房。

烈日当空，本雅明被晒得发晕。之后，他写了一篇幻觉性的文章，题名为《阳光之下》（"In the Sun"）。他把这篇文章当作情书，寄给了在柏林的一个挚友。"他会满怀惊异地回想起所有民族——犹太人、印度人、摩尔人——都是在同一个太阳下建立起他们的宗派。但对他而言，日光暴晒之下，无法产生任何思考。"[16]阳光炙烤着大地，犹如化蜡一般塑造着地形。一只大黄蜂拂过他的耳朵。空气中弥散着树脂和百里香的芬芳。他思考着名字和事物之间的关系。比方说，岛上有各种无花果，它们有17种不同的名字。伴随这种思考,他的感知方式改变了。年轻气盛时,本雅明曾写过一篇说教式的文章,题为《论语言本身以及论人类语言》("On Language as Such and on the Language of Man")。时隔多年,他又一次回到这个问题。他在大自然的观察中发现,虽然事物不断发生变化,但那些名字,即使经由他唇形的塑造突然出现时,也没有发生变化,就像那些从海上升起的岛屿,尽管状如大理石雕塑,岛名也并未发生改变。

这个岛屿不但能变出故事,还能变出事物的名字。第一次从德国前往这个岛屿,本雅明搭乘的是一艘不定期蒸汽货船,前后历时11天。旅行中,本雅明开始构思有关无聊和讲故事的人之间的紧密关系,思考讲故事的人如何在百无聊赖中,通过讲故事传递有关生存的实践智慧。船一起航,故事就源源不断,讲到船上的机器和航海地图,讲到奴隶贸易时期的航运公司历史。"对话缓慢进行,但就像一根导火索,"他说,"烧到最后总能碰上一段冒险,或听到一个故事。"[17]

"大部分故事,我都没法复述。"他说,"但在启程之前,我走下舱梯和船长攀谈了几句,每一个词语都在我的想象中激发出了一个名字、一种意象。"[18]

本雅明试图通过写作来消解词语和它们所指的内容之间的空间。在这一点上,西奥多·阿多诺在本雅明去世多年后特别指出:"凡是经由本雅明笔下审视过的事物都发生了改变,仿佛那些事物都经历了一场辐射。"这是因为"思想紧贴着思考的对象,竭力去触碰它、嗅它、品尝它,因而改变了思想本身"。[19]

包港的陵园也经历了这样一场改变。名字和遗体沿着不同方向逐渐分离，它们拔出语言的锚，使如何标记死亡成为一个日渐紧迫的问题。这种变化与本雅明的语言理论并行不悖。《柏林纪事》(*A Berlin Chronicle*)是本雅明孩提时代的回忆录，其中也有一部分写作于1932年在伊岛居住期间。本雅明在回忆录中写道："语言清楚地表明，记忆并非探索过去的工具，而是过去上演的剧场。记忆是体验过去的媒介，正如大地是埋葬死亡之城的媒介。"人们不断地在这片土地上挖掘，在四散的泥土中细致地搜寻真正的宝藏。"那些意象与之前的所有联系都被割断了，就像收藏家画廊中那些珍宝或残肢一样，陈列在后人理解的普通房间里。"[20] 这些文字同样适用于公共墓地。

一道高大的白色围墙将陵园圈在其中，墓地本身呈梯田式，与山势轮廓走向一致，也与海岸线保持平行。一座座洁白的墓墙顺着那些轮廓线逐级排列，每一面墙都高大约3.6米，墙内摆放着所谓的墓龛。在陵园最高处，矗立着一个带有尖顶和几扇绿色木门的白色小礼拜堂。在陵园中部，砖石铺成的阶梯将墓地一分为二。当你拾级而上，左右都是盛放墓龛的白墙。我走上台阶，却无法进入礼拜堂，那里大门紧闭，彰显了它神圣的地位。相比之下，陵园外本雅明的纪念碑则不然，通往铁皮通道的入口对外开放。

于是，我回头顺阶而下，在最低处停了下来，看到一座满是墓龛的白墙，它构成了陵园最底部的围墙。我转身仰望，瞥见阶梯顶部那座礼拜堂的尖顶和绿色木门。刹那间，我感觉自己又回到了本雅明纪念碑的台阶上。这两者的理念完全一致,阶梯也几乎一模一样。在陵园里,那些阶梯从坟墓向上延展,最终抵达礼拜堂;在本雅明的纪念碑前,那些台阶则指引着人们从汹涌的海浪走向开阔的天空。

但是,这两者真的一模一样吗?好吧,并不尽然。纪念碑通过完美的形式,表现了本雅明有关"世俗启迪"的超现实主义理念。陵园和纪念碑形式类似,几近相同,但陵园传达的是一种传统意义上的神圣启迪,而纪念碑却通过模仿,表现的是有关海洋和天空的另一种启迪。陵园的墓龛上镌刻着葬在其中的死者姓名。若之后从墓龛里挪走那些遗骸,那么,他们会被封葬在一扇铁制的小型暗门之后,同公共墓地中的无名大众会合。但是,世俗启

迪获得力量的渠道不同，它会通过空旷的空间、海洋和天空等无名的开放式表达来获得力量。这是一场声明，真正强调并肯定了无名逝者在这个世界中的分量。

肖勒姆对伪墓的判断可能没错，但他提供的证据不足，而且，他似乎忽视了包港的埋葬制度。根据包港规定，遗体在几年之后会从墓龛被挪到公共墓地。如果在游客打听之下，掘墓者为了顺应他们的要求，自行树立了一个纪念碑，难道我们能指摘掘墓者那么做是对死者的不敬吗？谁又能说那么做不符合回忆与历史记录的要求呢？若要归咎，我们是应该怪罪掘墓者还是那些游客？二者不属于同一种文化，游客们也并不了解重葬系统的运作。在重葬过程中，个体的尸骨会重新融入代代累积的死者大军，卡内蒂把这叫作"隐形的死者群体"。肖勒姆希望在陵园的土地上看到一个真实的墓穴，遗体与名字对应无误。但在我看来，这与本雅明对寓言的热衷相去甚远。就本雅明的哲学与美学视角而言，我们不仅要从看似运作顺畅的象征标志去发现这个世界的意义，就像在字典里阅读那些符号一样，也要从符号与它们所指对象之间不得体的搭配中发现意义，尤其当那些符号都围绕死亡这个对象时更是如此。

如此看来，本雅明的身后事就是他最后的文章。我们无法指向任何尸骨，没有真实的墓碑，没有防腐的尸体，也没有一绺绺发丝。他的姓和名被倒置，宗教信仰也被篡改。他生前就鲜有照片留世，身后留给我们的视觉影像更是少之又少，这也使验尸报告中他的私有物品清单显得弥足珍贵。我们注意到，单子上有一只带有表链的怀表、一副镍框眼镜和一支配有琥珀吸嘴的烟斗。但那些真正的东西呢？尤其是那个神秘的手提包，搅得人心神不安，它似乎不仅变得比遗体更重要，而且大有取代之势。它是否历经辗转，消失在了记忆犯下的神秘错误中，抑或流失在包港或地区省会的某个地下档案馆中？我们紧紧抓着那张清单，就像抓着有形的物体一样，但围绕在我们身边的东西其实才有无限价值，那就是他那些精彩的文章以及随之产生的作品。他更多是形而上而非形而下的存在。正因如此，他死亡的地点及方式把我们引向了一场最深刻的精神之战。人们在这个国家失踪，他们受到的虐待以及大量秘密的行刑，都通过本雅明跟我们联系在了一起。而本雅明自杀所在的西班牙边境就是这样一个有力的提醒，更别提德国和波兰的那些集中营，以及反恐战争以来我们感受到的恐怖了。在我写这篇文章时，反恐战争下新的紧急状态正在以可怕的速度发展。想想关塔那摩湾（Guantánamo Bay），想想那些被美国监禁在阿布格莱布（Abu Ghraib）监狱里如同幽灵般的囚徒，再想想被美国"外包"给埃及和叙利亚等其他国家的囚犯，就让人不寒而栗。[21]

阿伦特告诉肖勒姆，她遍寻不到本雅明的名字。但她发现，无论有名还是无名，本雅明本该下葬的地方实在美得惊人："这是我有生以来见过的最迷人、最美的地方之一。"

我认为，从某种意义上而言，阿伦特对地点和空间的强烈感受是**寓言式**（allegorical）的。在前文中，我已引用过阿莱特萨加的评论,她描述了20世纪70年代到80年代之间比利牛斯山脉的政治神话,她本人就是在巴斯克地区的政治环境中成长起来的。"在那个空间中,纪念死亡的方式多种多样,既有谣言,也有故事,还有不同形式的歌曲、纪念碑,以及之后的电影。"我希望把她的感受融入阿伦特在20世纪40年代记录的对美的敏锐感受中。两相对照,阿伦特的感受确实有点过分精致了。另外,我希望你能注意到,迷人的自然美景的呈现,与一种缺失混合在了一起——那是一个名字的缺失,本雅明的名字。

正是面对这种混合着美、死亡与无名的场地感和空间感,我才要引入本雅明的**寓言**概念,他在阐释理解的艺术时用到了这个概念。在死亡和恐怖的魔咒之下,人类世界被冻结且自然化,成了我们所谓的**静物画**或**风景画**。在生命的最后几年里,本雅明写了一篇以隐晦奇崛而闻名的文章,题为《历史哲学论纲》。在这篇文章中,他把这个想法应用到了他所谓的**紧急状态**上。在他看来,这种状态不再是例外,而成了常态。[22]这就好比如下情景:历史由于可怕的动乱,拥有了狂奔的动力。但突然之间,一切归于静止,冻结在时间当中,死一般的沉寂攫住了狂奔的历史,而我们则在其中等待着末日审判和弥赛亚的降临。此情此景,就像末日来临前的永恒状态,也像是我们的领导人以反恐战争为名制造的恐怖文化。我们对现实的解读方式从本质上改变了,变得影像化。本雅明曾经断言:"过去的真实意象——掠过。过去只能当作意象被捕获,它会在闪现的那一瞬间被识别,之后永远也不会再出现了。"危险激发了这些转瞬即逝的图像出现,随着灾难愈来愈近,它们让过去和未来都暂停了。不过，同样的危险也将动乱凝固成了一幅静物画。多么奇怪的场景：一方面，图像飞驰而过，转瞬即逝；另一方面，风景完全静止，凝固成画。

在本雅明逝世多年之后，他的朋友西奥多·阿多诺提醒我们，置身于当下这个历史时代，我们在智识和精神上都需要去追随或至少认识本雅明的批判性实践。这种实践需要把一切"转变成物，从而打破事物的灾难性魔咒"。[23] 阿多诺写道："本雅明不仅仅致力于唤醒石化物体中凝固的生命——就好像对待寓言那样——他也在审视活着的事物，让它们将自己古老的、'原－历史的'（ur-historical）一面展现出来，从而突然释放它们的意义。"[24] 请注意，阿多诺对魔咒中的"咒语"表示赞同。正因如此，如果我们不摆脱静物画，不摆脱这种**已死的**自然，不离开墓地——或者说是作为假墓的"墓地"——所在的这片风景，就无法与本雅明之墓作别。

若如本雅明所示，死亡赋予讲故事的人以权威，那么，这种权威性还要受制于不断地复述和反复地猜测，本雅明自己的死亡故事也不能幸免。我在本文中就是这么做的，开始一段对话，在故事的小径中来来回回。丽莎和汉斯·菲特蔻当年也是那样，来回奔走，引导流亡者跨过边境。一开始，纪念碑可能会成为这片风景的中心，并将其固化，正如本雅明的纪念碑那样。但是，这个魔咒随后就会被一个更强大的咒语打破，而施咒的正是同一片风景。

论美，这片风景当之无愧。它不只美丽，还雄伟壮丽，甚至超然神圣。汉娜·阿伦特为我们呈现过其中一面。在她之前还有丽莎·菲特蔻：丽莎曾被关押在格尔斯集中营，出来以后，她抵达法国边境上的班努（Banyuls）小镇，身为社会主义者的镇长收容了她，还给她的妯娌伊娃和伊娃的孩子提供食物。镇长的善意和他给予丽莎的安全感起了作用。当丽莎站在跨境小道上俯视整片地区时，她说，**仿佛这辈子第一次**看到——"海水蓝得令人难以置信，群山蜿蜒，漫山的绿色葡萄园缀着点点金光，天空也如同海水般蓝得出奇"。

"你无法用语言描述，"她写道，"必须目睹才能体会。"[25]

丽莎拽着本雅明和他的手提包，在福豪·古尔兰德的儿子的帮助下，攀过了一片近乎垂直的葡萄园。葡萄藤上沉甸甸地挂满了即将成熟的班努葡萄，又黑又甜。这是丽莎第一次走这条路，本雅明是她帮助的第一个流亡者。他们一起开辟了这条路线，瓦里安·弗莱把它命名为F—路，取自菲特蔻的首字母，意思是菲特蔻路。自此之后，更多流亡者选择这条路径跨越边境。但在第一次尝试中，丽莎迷路了。他们沿原路返回，然后找到了通往山顶的路。"那片壮观的景象出现得太突然了，有那么一瞬间，我以为自己看到的是一片海市蜃楼……那片朱红海岸（Vermillion Coast），那道秋日风景，那些不计其数的红色和金黄色，让人几乎喘不过气来——我从来没见过那么美的景色。"[26]

她的丈夫汉斯过来接应。汉斯戴着一顶巴斯克式帽子，穿着拖鞋，活脱脱一个本地农民的打扮。那是最好的伪装。他可以趁日出以前混入工人当中，在官员的眼皮底下把流亡者带走。事成之后，汉斯会在一片延伸入海的悬崖上连续坐上几个小时。海浪会抚平他的紧张心情。在 1940 年 11 月 1 日的日记中，丽莎·菲特蔻写道："他过去常常在梦中发表长篇大论，但现在他真的再也不说了。"[27]

或许，这就是本雅明所说的意象之一。那些转瞬即逝的图像，在危机中产生，形成一种辩证的意象。前一分钟还是让人头疼的危险和骚乱，后一分钟就是在岩石上的调整和休憩，而悬崖下方，海浪正翻涌而来。让我们坐在海边的崖壁上，望着海浪，哪怕只是那么一小会儿，让自己慢下来，开始思考，想象同那个坐在崖壁上的男人做伴，陪着那个年轻女人书写她的日记。那也是一场纪念、一种纪念碑，一场慢下来去思考的纪念。菲特蔻夫妻俩那时还很年轻，他们无数次冒着生命危险，与恐怖作战，帮助他人逃离苦海。当时，从柏林到布拉格，从布拉格到巴黎，再从巴黎到当时的西班牙—法国边境，恐怖席卷了整个欧洲。

边境的风景纵横交错，寓于自然，存于故事。我认为，这片风景才是向本雅明致敬最恰如其分的纪念碑，同时，它也在向历史上无名的受害者们致敬，他们的名字被刻在了包港陵园山坡的玻璃板上。如果我们用纪念碑一词来称呼这片风景的话，那么，这个纪念碑能证明，本雅明带着强烈的好奇心，通过孜孜不倦的努力，创造了他所说的"辩证意象"（dialectical images），人类历史在这些意象中以史前文明的形式浮现。

狂风在山间怒号。它也有自己的名字——特拉斯蒙塔纳（transmontana），意思是"跨越高山"。特拉斯蒙塔纳有自己的个性、神秘的起源和存在的理由。在春秋季,风力尤盛,能把人掀倒在地。人们说,这风能让人抓狂。我们能想象,任何一个国家、宗教或社区,为了纪念,会有足够的勇气或疯狂,把风叫作纪念碑吗?但是,有何不可?既然我们人类总是带着自我优越感和受制于语言的意识,何不就给这风起一个名字?哪怕它把人吹翻,还让人抓狂,我们还是可以赋予它姓名,把它纳入我们的理性和记忆当中。说到底,它确实有一个名字。而且,它会像汉斯·菲特蔻一样在睡梦中怒吼,效仿着这片土地和海洋上的人民。

今天,他和所有其他人一样,用的是燧石和引信点烟。"在船上,"他说,"这是最好的办法。风会把火柴吹灭,但引信就不同了。风刮得越紧,引信烧得越旺。"[28]

第二章
构建美洲[*]

---

[*] 这场哥伦布 500 周年演讲在波哥大举行,面向两百余位参会者。演讲的西班牙语版本以《构建美洲:关于哥伦布的人类学》("La construcción de las Americas: El antropólogo como Colon")为题,发表于 *Cultura y salud enla construcción de las Americas: Reflexiones sobre el sujeto social. Primer simposio internacional de cultura y salud: La cultura de la salud en la construcción de las Américas/VI Congreso de Antropología en Colombia*, edited by Carlos Ernesto Pinzón Castaño, Rosa Suárez Prieto, and Gloria A. Garay (Bogotá: Universidad de los Andes, 1993), 175—202。非常感谢与我共同演讲的人类学家克拉拉·雅诺,尤其感谢她对于诗歌的出众演绎。

他说，长期以来，历史都受制于历史书写的冲突。

——托马斯·萨帕塔（Tomás Zapata）

它会使用一种秘密的语言，并且留下用悖论而非箴言写成的文献。

——雨果·保尔[①]，《逃离时间》（*Flight out of Time*）

---

① 雨果·保尔（Hugo Paul，1870—1940），美国文艺批评家，其代表作《逃离时间》是达达主义运动的早期主要文学作品之一。

第二章 构建美洲

1992年是欧洲入侵美洲500周年。作为纪念,哥伦比亚人类学协会邀请我们去波哥大参与有关"美洲构建"的讨论。我认为这是一个很好的选题,因为它抓住了此次500周年纪念仪式的机会,采取与以往惯例不同的方式,反思我们在做什么、为什么这么做、做到了什么程度、用什么方式在构建美洲,以及美洲在何种程度上构建了我们——我们各种身份的多面体现,还有我们认识世界、解读世界及生产知识的不同方式。当然,这里有一个根本性难题:我们如何去理解构建我们的构建之物?尤其是,各位请注意,什么构成了此次500周年纪念活动?在这些构建中,记忆承担何种角色,纪念仪式的作用又何在?

在我看来,在美洲的构建中,有两种重要的叙述方式。在对哥伦比亚西南部人类学的审视中,对这两种力量的关注占用了我们的全部精力。该地区从太平洋沿岸的安第斯山脉,一直延伸到亚马孙盆地东部山脚下。在两种叙述方式中,一种以印第安人为中心,另一种则聚焦黑人。这也得益于欧洲对二者的想象和需求移植到了美洲。

这里,我们有许多线索需要跟踪,也有很多头绪需要厘清,但其中有一条惊人地占据上风。印第安人被赋予了代表原初美洲的角色,组成了伟大的美国故事的起源,以及故事真伪的认证印章（这在当下印第安人社会运动和全球关注热带雨林的背景中显得尤为突出）。而那个伟大的美国故事中，黑人则被当作事端挑起者和导致社会分裂的祸首，甚至被看作毁灭美国的威胁势力。

你只要审视人类学本身，就能看到利用这个基础性的专业工具把印第安人拜物化的过程。人类学将学科专业性的光辉与田野调查的浪漫相结合，利用印第安人创造了一种对社会和历史的认知，并将二者看作自洽自明的结构——包括所谓的神话结构，所谓的亲属结构、生态结构，以及毁灭与怀旧的结构。这是一个真正意义上的有关结构本身的结构，一种新的世界秩序和宏大的叙事方式——如果有的话。

与之相比，人类学对在新世界中黑人的兴趣少之又少。人类学工作至今所取得的成果，显然动摇了各种关于结构的说法，也动摇了那些结构性说法所宣称理解世界的方案。比如，人类学家无休止地企图变出一列无尽的数据，展示加勒比地区的家庭"结构"，但由于缺少清晰可辨、规整划一的亲属关系，他们在许多——并非所有——地方都没有找到神话或是宗教的"秩序"，这种缺乏反倒使人类学家们产生了一种愈发强烈的执念。我记得列维-斯特劳斯的一位法国学生原先计划在西非做研究，后来，在1970年还是1971年左右转向了哥伦比亚的太平洋沿岸。她在回到波哥大后抱怨说："那些黑人没有神话！"转而决定研究印第安人，因为他们肯定拥有神话。这个故事提醒我们，这些研究和当代社会运动，往往致力于在新世界的黑人社区中寻找非洲遗迹。因为通过这种方式，叙述才能顺畅地流动，那些错位、分裂和终极虚无的威胁就算不能被阻止,也能得到缓和。

事实上,无论出于何等复杂的历史原因,并且借助怎样繁复的、充斥着大量政治因素的表象逻辑,直至今日,新世界的黑人既承受着权力带来的重负,又接受了权力施予的好处。他们持续不断地打破套在白人与印第安人身上的对比模式,扰乱它们,颠覆它们,以取笑它们为乐,从不让它们得到片刻安宁。我姑且把这称为美洲的解构,当然,它也相当美洲。

布拉格档案

我们今天为了 500 周年的纪念项目,在这场学术性的纪念仪式上齐聚一堂。根据上述言论以及这一目的,我想请各位把注意力转移到一位老人对史料编纂的理论和实践上。他叫托马斯·萨帕塔,他垂垂老矣,又黑又瞎。他出现在一堆日记、文章、照片和录音带中,而这些物品均属于一位身份不明、从英国和澳大利亚旅行归来的年轻白人男子。我们只能在录音带中听到这位男子的名字叫作米盖尔。档案显示,1969 年底,也就是托马斯·萨帕塔去世前两年,米盖尔抵达哥伦比亚西南部的考卡省(Cauca),并在一个叫作特哈达港(Puerto Tejada)的小镇住了下来。从那些纸质记录推断,尽管这位米盖尔起初来到此地是为了书写有关暴力时期[①]的历史,但这位旅行者后来留居了将近两年(显然在那之

[①] 暴力时期(Violencia),指 1948 年至 1958 年间哥伦比亚的内战,交战双方为哥伦比亚保守党和自由党,战役主要在农村发生,至少夺去了 20 万人的生命。

后还经常重访）。那是因为他对本地奴隶的解放史及其后果产生了浓厚的兴趣。后来，他消失了，但他那些有趣的记录留存至今。因此，我称他为"记录者"。

这些文件虽然存在许多未解之谜，但其中大量内容都是带着喷涌而出的能量写下来的，其中还有不少错字。不过，瑕不掩瑜，它们的人类学研究价值显而易见。一旦这些录音带被放在合适的人手中，就会显示出它们的特殊价值。它们将时间倒回至 22 年前，把小镇居民的各种声音保留了下来。4 年前，这些材料在布拉格一个不知名的拉美研究档案馆中被发现，档案馆馆长非常好心地将其对外公布，我就不在这里——赘述财政与管理上的困难了。

小 镇

从政府人口调查和记录者的笔记来看，1970 年的特哈达港大体上是一个由贫穷的雇佣劳工构成的小镇。那些劳工在附近甘蔗种植园里劳作，而种植园占据了绝大多数的农场。然而，在那之前一两代人的时间里，据说该镇曾是小农经济繁荣的中心，主要作物有可可、咖啡和芭蕉。将近三分之一的农民家庭由女性掌管，在管理农场的能力上她们丝毫不输男性。那些农场就像是热带雨林的翻版，高大的卡擎波树① 开着红花，为可可树遮阴，而可可树与宽叶芭蕉共同荫蔽着更为矮小的咖啡植株。这些"森林农场"

---

① 卡擎波树（Cachimbo tree），学名 Platymiscium pinnatum，大型热带植物，最高可达 30－40 米，木材可用于制作高级家具等。

诞生于 19 世纪中叶，当时，被解放的奴隶们在当地被叫作"黑森林"（monte oscuro）的地方，沿着曾经作为奴隶制庄园的帕罗河和派拉河流域，开辟了独立的农场。直到 20 世纪早期，咖啡才加入种植行列。这种热带雨林式的农业十分和谐，它能抑制杂草生长，从而节省劳力，还能平衡高温和雨水交替带来的影响。树网能够抵御烈日暴晒，也能保留夏天雨季的暴雨带来的水分。自生自长的芭蕉在播种之后每年都能产果，而其他经济作物一年到头每两个星期就能收割一次。咖啡丰收时，可可产量很少；反之亦然。由于整年都有农产品可以收割，而且树木也总是各归其位，农民不需要很多劳力、资本或精力的投入，也不需要向银行借贷，更不会长期无所事事。

然而，随着农商业的到来，负面效应随之而来。首先是 20 世纪 50 年代的甘蔗种植园，随后是 20 世纪 60 年代后期的"绿色革命"（green revolution），在美国的启发下，国家开始鼓励农民使用化学农药和机械。在记录者的笔记中，我们注意到一个小小的、红白相间、如同棋盘式样的商标，该商标的拥有者是美国农业企业的旗舰品牌 Ralston-Purina 公司，总部位于密苏里州圣路易斯市。我们看到，那个小小的商标突然大量出现在赤贫村庄的商店土墙上。"他们能让母鸡下出方形的蛋来！"一个帕伊萨人[①]如是说。这个帕伊萨人和他魁梧的兄弟向当地农民兜售化肥、激素和

[①] 帕伊萨（Paisa）指的是哥伦比亚西北部的一个地区，也指来自这片地区的帕伊萨人，通常被认为是一个少数民族，目前分布在美洲各处。

除草剂。那一年，他们的经销量超过了当地所有代理商，因而获得了一次免费参观该公司圣路易斯总部的机会。几个月之后，他在店里因一起债务纠纷被枪杀。"任何人都可能碰到这事儿，"记录者写道，"但这似乎预示着一种新的暴力，一种有关化学剂和引进技术的暴力，而研发那些药剂和技术的富裕农民，都生活在完全不同的气候和生态环境下。"随之毁灭的是一整套农业文明。务农的男人们亲手砍倒了他们小农场里的可可树和咖啡树，除了用于种植甘蔗，其他农田都被这样扒光，暴露在烈日和洪水之下。清除后的几周之内，杂草丛生，又贵又危险的除虫剂和除草剂被大量使用，污染了水源，打破了昆虫与植物的病理平衡。长时间的等待、对雇佣劳动力和银行的依赖，取代了过去两周一次的收割。总体而言，女性农民都反对这种改变，拒绝让她们的儿子砍倒树木。"虽然它给得很少，但它总会给我点儿什么。"她们那么说着自己的农场。直到疫病横行，农场被毁于一旦。农民们并不知道如何应付新的技术经济，只能被不断扩张的甘蔗种植园吸收为雇佣劳动力。一个新的世界形成了。这个故事并不陌生，相较以往，却更为严峻。当记录者到达小镇时，这个故事才刚刚开始。请注意，当他在那里开始工作时，现在习以为常的环保批评并不存在，记录者对森林农场智慧的评价还是相当新颖的。他批评了农业科学、政府投资的农业项目。当然，他还批判了洋洋自得、规整完好的种植园产业。该产业致力于将森林砍倒，建立一个如同欧洲和北美那样的开放式系统。如果农民们继续维持热带雨林农业系统，你就很难见到约翰·迪尔牌拖拉机或是卡特彼勒和沃尔沃牌挖掘机在哥伦比亚大卖特卖了。

1970年，特哈达港的人口大约是1.1万人。从布拉格的档案来看，似乎绝大多数居民——大约95%——是非洲奴隶的后裔。自18世纪以来，直至1851年的废奴运动，他们当中的许多人都在砂金矿场工作，或在阿沃莱达（Arboleda）家族名下的哈皮尤（Japio）、拉·波尔萨（La Bolsa）和昆德罗（Quintero）等"地产"（haciendas）[①]上工作。那些地产位于安第斯山脉之间，占据了平原和林地一部分风景优美的区域，东西距离长达约40千米（25英里），顺着深蓝色的山脊延伸，最后消失在神秘的云端。及至1970年，许多非裔也从遥远闭塞的太平洋沿岸搬到了小镇上。他们不是在甘蔗地里工作，就是在附近的城市做佣工。

记录者与历史的疯狂

据我推测，那个勤勉地做笔记、录音的记录者只在拉美待了两个月，就开始采访托马斯·萨帕塔。那时，记录者用西班牙语对话的能力还不够，而他对本地生活与历史的知识也几乎可以忽略不计。他的采访没有耐心。当他的采访对象们看上去开始东拉西扯时，他会中途打断他们，不让他们随心所欲地述说。多年以后，在我们看来，采访对象会因为那些中断，把有时看似非比寻常的想法卡在喉咙里，没有说出来。记录者似乎倾向于剔除那些

[①] Hacienda 是一种拉美常见的地产统称，源于西班牙帝国殖民时期，最初形似罗马庄园，主要是农场和牧场，后来包括种植园、矿区和工厂。

模糊不清的关联、断断续续的想法，还有组织结构不合逻辑的回忆。但是，人在讲话时难免东拉西扯，老年人尤其如此。现在，我明白了这个道理，开始好奇记录者如何获得那些看似简洁和谐的文本。除此之外，我不得不问，如果回忆过去的言语变成了文字，文中充满跳跃与偏离，更何况还有那些因错误的开头与岔开的话题留下的废墟。那么，这在普遍意义上对于表象意味着什么，在具体意义上对于历史的书写又意味着什么？

同时，我也在怀疑，记录者当年是否事先准备了一份精心编排的讲稿？可是，他似乎也在努力让对话显得自然，使人们的声音具有激荡的重量，回应着过去，也使对话像抢救出来的资料那样真实。你会发现，这将我们带到了历史问题的核心——拨开厚重的迷雾，清除过去的细枝末节，揭开历史的秘密？揭示它的意义？释放它的力量，让那些不好的历史让位？发现好的故事应有的脉络？……哦！哦！看呐，现在是谁在东拉西扯！或许，这里的问题基于一种假设，即我们认为，人可以充分游离于历史之外，提出问题，并获得一些可疑的回答与暗示——然而，更确切地说，我们应该赋予历史以主角地位，记录者并非主角。我们须把历史学家看成历史的产物，也把我们自己看作被过去的执念奴役的化身。我们通常向这些执念屈服，不时也会挣扎，但总体上很少能够逃离这些执念。如果我们想要试着在这场动乱中喘口气，或者从中逃离，书写历史是唯一的选择。

如今，我们理解的历史正试图美化这种执念的疯狂，为其寻找冠冕堂皇的目标，例如寻找"意义"或设计——鉴于历史就是研究的对象,这些目标的主要功能,就是确保我们还存有自我赋能的幻觉,以为自己能够自由地凌驾于历史之上。相反,历史即疯癫,病人最终能够离开心理咨询师的沙发那一刻,就是这种疯癫的终点,这是因为,病人已与当下实现移情,日常实践不成问题。

当然,我明白马后炮的道理,事后批评记录者非常容易。正因如此,布拉格档案馆馆长敦促我,希望我在批判时保持克制。否则,我也不过是重演记录者的不耐烦,而忽视消失的历史的历史。

哲学家

很早之前记录者就在那个贫穷的镇子上找到了那片最贫穷的地区。年长的雪茄制造商欧塞比奥·坎宾多把他介绍给了自己的邻居托马斯·萨帕塔。从记录者当晚的笔记判断,托马斯·萨帕塔是一个身材魁梧、文质彬彬的瞎眼老头,时年80岁。他坐在一个小小的水泥阳台的角落里,晒着太阳,发抖的双手搁在一根拐杖上。他说起话来声音洪亮,微微颤抖,还带着唱诗班的音调。他的女儿和几个孙子孙女为这位不寻常的来客清理出了一块地方。

"他是一位哲学家。"在录音带中,欧塞比奥·坎宾多的声音带着一丝崇敬,但后来还是表现出了恼怒的情绪。比方说,这种情绪在记录者正在询问堂托马斯[①]有关土匪塞内西奥·米纳的传说时就显露出来了。千日战争期间,塞内西奥·米纳曾以陆军上

[①] 堂托马斯(Don Tomas)是对托马斯·萨帕塔的尊称,Don 在西班牙语中有"大人""阁下"的意思。

将的身份于20世纪初活跃于这片地区。保守党取得胜利之后，要么把黑人"流浪汉"从大地主们的领地上驱逐出去，要么迫使他们缴纳地租。于是，那些支持保守党的大地主纷纷回到了这片地区。他们来自波哥大和博亚卡地区，有男有女，都来自该地区曾大量蓄奴的富有的白人家庭。但是，黑人长期以来就是自由党的支持者。1851年，自由党解放了黑奴，此后黑人不时为此浴血奋战。在19世纪后半叶，黑人还在一直担心地主们会试图恢复奴隶制度。假如黑人们心中不安，那我们也不该忘记，贯穿19世纪后半叶的还有白人们的担忧。根据旅行者们的记录，白人担心海地的情况会在这里重演，"黑人部落"（black horde）会从黑森林中一窝蜂地涌出来，席卷城镇和他们坐落于考卡山谷的地产……

提起塞内西奥·米纳，堂托马斯说："从某种意义上来说，他是一个超人。从另外一种意义上来说，他是……传播者，因为他会写作，会把他的文章四处散布。他是个超人，他比法律还聪明，他欺骗法律。这个男人什么都会，什么都有。因为，我们这一代人里头，和过去的那些人当中，也是什么人都有。他们模样不同，能力也不一样，比方说那个……（他停顿了一下）毕达哥拉斯的作品。"

"好了！不好意思，请原谅我小小地打断一下。"欧塞比奥插话了，"我们还是不要提那些历史告诉我们的圣人了吧，什么柏拉图、毕达哥拉斯或者其他伟大的圣人……让我们回到跟这个男人有关的事实，就事论事，讲讲他是一个什么样的人，他的聪明才智，他的诡计多端……还有你知道的那些，那些他在政治上的神机妙算。"

偏离与流动

至少那天,当堂托马斯思考着普通人、超人和上帝的差别时,他的心思却在别处。他在不同的文化脉络中穿梭,一会儿是西方经典中类似毕达哥拉斯的作品,一会儿则是本地历史中复杂的叙述。记录者是这么看的,他认为堂托马斯在不同文化的极点之间出其不意地来回摇摆。不过,正是在这个过程中,那些极点也消失了。知识的混合和流动变得比不同文化间的边界更为强大。在他的笔记中,记录者把这个过程叫作"流动与混合""流动与偏离",但他看起来被这些过程搞糊涂了。档案馆馆长以笨拙的幽默著称。他指出,如果你去读记录者的著作,你会发现他的写作也变得如同这个过程一样,流动、混合,偏离、流动。至此,我也开始有点糊涂了。

他们就那个土匪改造自身的魔法又讨论了一会儿,堂托马斯接着说了下去。"举个例子……为了研究上帝的语言,我们必须要往回走,回到最初的那个地方……希腊神话告诉我们,英勇的宙斯爱上了湖泊另一边的勒达,他把自己也变成了一只天鹅……宙斯是太阳,勒达是大地;空间是……我该怎么跟您解释这件事儿呢?最后,他和勒达共同进入了神圣的极乐之境,从那以后,就出现了众神。"他的声音慢慢减弱。"比方说,"他接着说,"我和一个什么都不信的男人聊过天。他什么都不信!有时候,他还能明白我说什么,可其他时候,他就会把自己封闭起来,跟我说只有一个天堂。我告诉他,不!怎么可能只有一个天堂!不!"

"打扰了,堂托马斯,你是在说希腊神话吗?"欧塞比奥问。

"是的,先生。没错,先生。"托马斯回答。

"好吧!明摆着嘛,希腊神话只不过是神话而已,神话嘛,就是胡闹的把戏。"欧塞比奥指责托马斯,认为他不拣自己熟悉的情况汇报。"你就试着回忆一下,"他敦促托马斯,"你就稍微试一下嘛。小米盖尔[记录者]想知道米纳是一个什么样的人。他是聪明的、狡猾的、残忍的,还是宽宏大量的?他心里都想着些什么?在战场上,他打仗老实吗?还是他改信了党派,多少不那么实在?小米盖尔就是想让您老帮他分析分析,毕竟您年纪比我大,和那些事儿也近一点儿。"

就这样,谈话转到了米纳身上。米纳如何让一个政党与另一个政党对着干,自己从中获利。他如何把自己变成动物和植物,逃避敌人的视线。这些对话平铺直叙、实事求是、毫无浪漫可言,完全不像20世纪80年代以来知识分子与学生的做法。他们将米纳供上神坛,作为抵抗的象征。在这种偏离与流动的过程中,欧塞比奥眼中的闹剧成了事实,报告取代了神话,二者永远混杂在一起,令欧塞比奥感到绝望。

老人和先贤

我在听录音的过程中就意识到,这个偏离和流动的过程大多要归因于堂托马斯本人的高寿,再加上衰老也对记忆动了手脚。堂托马斯会自己停下来,遗憾地说他的记忆已经被枪毙了。但你之后就会看到，他对于仪式化的演说和诗歌的记忆近乎完美。而且，我不得不考虑要是没有衰老对记忆动的那些"手脚"，是否有可能更有启发性。对过去的执念可能就是需要依靠这些"伎俩"，才能让记忆保持流动。

我们还想到，这位老人通过"进入"精英式的西方传统，试图给受过教育的外国人、也就是被称作英国绅士的记录者留下深刻印象。比如，这位年老的农民在他字里行间点缀一些古老的希腊哲学家，难道不就是为了炫耀，通过对先贤阿谀奉承从而背叛哲学吗？难道他不就是在鹦鹉学舌，模仿城里的那些知识分子、上层人士和欧洲旧贵族吗？

可以肯定的是，你会意识到，托马斯对于先贤们确实怀有极大的敬意，还带有某种爱慕的熟悉感。这时，你的怀疑就会减弱。但是，一旦想到模仿的论断，还有它的弦外之音，你就会意识到两点。首先，从某种意义上而言，所有思想都是衍生物；其次，在当时的特哈达港，这样的情形并不罕见。根据记录者的笔记，傍晚时分，你会时不时在街角遇见那些休憩放松的中老年男人（他们肯定上过几年学）。他们因为苏格拉底或柏拉图争论不休，熟得好像这些人就住在拐角处似的。而且，人们会以完全不同的方式利用那些先贤的权威。抬出先辈并非意味着满足于现状。举例来说，伟大的革命理论家卡尔·马克思是受到亚里士多德的启发，才得以区分几个关键的经济学概念，比如使用价值和交换价值的区别，而他在《资本论》中也不时引用先贤。贝托尔特·布莱希特则把他对于史诗剧场和戏剧剧场的基本区分归功于亚里士多德的《诗论》。这些都是当代欧洲的理论家,他们面向的不是过去,而是未来。

同时,你不得不想到,模仿的论断其实没有什么实质内容,因为被模仿的知识分子或上层阶级本身也不是铁板一块,他们提供了不止一种模式或一类经典,往往有几种甚至是互相敌对的模式以供模仿。那么,我们该如何理解欧塞比奥·坎宾多和托马斯·萨帕塔截然不同的思维方式呢?很有可能,欧塞比奥也正在努力给英国人留下深刻印象,但他遵循历史记录的方式与阿谀先贤的方式大相径庭。或许正是因为这个原因,他对堂托马斯那种不遵循历史记录的做法不甚耐烦。由此,你能说这两种截然不同的思维方式是对记录者的存在的同一种反应吗?且慢,那种存在又意味着什么呢?

故事讲述者、历史学家和哥伦布

本雅明在一篇名作中说道,我们可以把故事讲述者理解为站在某个节点上的人,旅人回归那个节点,回到了那些从未离开故土的人身边。[1] 这就不仅突出了那个故事讲述者,还强调了当时的处境。故事从拥有不同轨迹的人们相遇开始,将远方带回了此时当下。我假定记录者的存在受缚于这个节点,受其界定。他在这个节点上与历史相遇,使得这个节点变得更为复杂。在这场相遇中,历史化身为一位失明老人,成为智慧的象征,代表了过去的模糊性。我听着录音带,研究那些笔记,想起了馆长的困惑。那位老人在这个位置上可能会做何感想?(那是因为我们把馆长也放在一个相似的处境中吗?)

这一点在早期的某一段录音带中就生动地体现出来了。托马斯对记录者和欧塞比奥·坎宾多说:"好!在说其他事以前,我要先澄清一下哥伦布的历史。我看得出来,你们并不理解我。我要告诉你们:我说的那些事儿是存在的,但只在私底下存在。哥伦布来了,这件事就成了历史。它再也不是个人的事了。现在,它已经被写进史书了。这也是米盖尔[记录者]要做的事。他要抓住那些私事,把它们写进历史。有关哥伦布,我想告诉你们的就这么多。"[2]

"太多事都被忘记了,"欧塞比奥作了句点评,"所以我们才找这么一位老人,给我们总结一下,跟我们讲讲过去的事儿都是什么样子。"

"是的,先生。因为那些故事先是口头流传,后来才写进了《圣经》那样的书里头。人们把这叫作先贤的传统,一位长者告诉另一位长者……米盖尔就是在这个传统里学习历史。"

欧塞比奥说,要在一天之内讲完所有事太累了,他和记录者改日再来拜访。"丑话说在前头,"欧塞比奥说,"我们做的事不会有任何危险,不能有一点儿社会危险。"

"没有!我知道他是什么样的人。"

"那些事……很显然,米盖尔正在计算这个国家的前世呢,替黑人算算总账……奴隶制时期,黑人从他们的主人那里受到了什么样的待遇,如果你的父亲或者祖父母是奴隶的话……"

"我懂,"托马斯肯定地说,"他是一个调查员,我没看走眼。比方说,你不能对一个调查员撒谎,一定要说真话。"

根据书本内容

根据馆长提供的田野笔记，记录者独自回访多次，并录下了他和堂托马斯之间有关奴隶制和废奴制的对话。记录者似乎已经认定，眼前的这位老人知道一系列的口述传统。因此，录音会持续进行，就像你把一卷磁带系在一根铅垂线上，把它丢进历史的深渊，拖上来的时候，湿哒哒的磁带上黏着滴滴坠落的言语。正如堂托马斯亲口所说，记录者正在试着恢复"先贤的传统"，也就是像《圣经》这样的书籍出现之前的传统。

但是，托马斯会搅乱这种期待。他说，他的故事源自书籍，而非口述传统。这是终极的双重约束：口述传统的权威性要高于文字记录。

他会说："我会根据书本内容给你讲故事。接下来，我要根据书本内容，跟你讲讲我是怎么理解的。独立战争之后，保守党、自由党和牧师聚在一起瓜分土地，变成了土地的拥有者。打仗时，那三派结成联盟——他们联合起来反对西班牙人。可是，一旦取得胜利，他们就让穷人受冻，把土地都分给了那些要人和有钱的牧师。穷人呢？他们抛弃了穷人！什么都不给！所以穷人就开始反抗，他们追随的人叫作何塞·希拉里奥·洛佩兹[①]。那帮富人听说穷人为了土地造反，就开始用政治手段，让穷人不能团结一心。就这样，政治来了，人和人之间的仇恨也来了，谁也没法得到土

---

① 何塞·希拉里奥·洛佩兹（José Hilario López, 1798–1869），哥伦比亚政治家、军事领袖，曾于1849年到1853年担任哥伦比亚总统一职。

地了!"

"独立之后,有一个男人出现了,我还研究过他呢……您还在听吗?"

"在听。"

"那个男人支持何塞·希拉里奥·洛佩兹和穷人的权利。"

"没有土地?"

"是的,先生。拿破仑·波拿巴出现了。这个男人打仗很厉害。"

"这儿?在哥伦比亚?"记录者问。

"是的。他仗打得不错。"

"这儿?"

"是的。"

"还是在欧洲?"

"就在这儿,哥伦比亚。那个时候,宗教协定依然存在。协约规定,牧师和市长的权力一样大,所以教堂的法律比民法有更大的权力,他们把很多人都关进了宗教裁判所。后来,拿破仑·波拿巴胜利了——这是在西班牙——并成功地毁掉了其中一个监狱。在这些监狱里,他们把圣母玛利亚的塑像和那些法官关在一起。这些监狱会没收一个人的所有家当,然后让那个人慢慢衰亡,因为这些都是地下监狱。他们还会命令你去亲吻圣母。当你沿着那条路走向圣母,圣像会动起来,睁开眼睛;你去亲吻她的时候,她会张开手臂,你就被切成一块一块,掉在地上。那些手臂可都是刀啊。所以啊,拿破仑胜利之后,就让那些法官都去亲吻圣母。他们都尖叫着不肯去,但是他强迫他们那么做。然后,他又放了一根炸药棒，把宗教裁判所那栋房子给炸翻了，因为拿破仑打仗就是为了毁掉宗教协定。有商量才有协定，即两派不同的人就一件事达成协议。尽管拿破仑大大削弱了协约的力量，但还是没能完全毁掉它。你没法毁掉它，因为它组织得太好了……"

在我看来，虽然堂托马斯把拿破仑这段历史的地理位置搞错了，但他说得很精辟，让馆长和我都哑然失笑。我和馆长坐在布拉格档案馆里，阳光透过未经清洗的窗户，形成了点点光斑，投射在我们身上。我们难道没有感到一丝不自在？难道不曾想过，兴许那阵笑声不是冲着我们来的，兴许坐在审判席上的我们就在那阵笑声中，看着我们自己的审判基础正在受到审判？

在堂托马斯的世界中，讲故事的艺术方兴未艾，书面文字也被赋予了极高的威望。他能够唤醒过去，把过去浓缩成精彩而诡异的图像碎片，作为评论与建议。或许，他正巧位于这种故事讲述者和书本之间的交叠地带，因而获得了这种超凡的能力？

诗人或历史学家？

老人经常用吟诗的方式来回答有关过去的问题。他极为自然地吟诗，加上他平常说话的方式，二者相辅相成，以至于记录者一开始并没意识到，老人在用诗句回答他的问题。我们在录音带中发现了这一点。那段录音的开头是一个十分典型的场景，记录者正不懈地询问废奴之后的土地使用权和婚姻制度的问题。"自由结合要比结婚常见多了。"托马斯说："但是，后来战争就爆发了。"

"什么战争？"

"千日战争[3]。仗打完了，人们说缺男人，所以［总统雷耶斯就下令逼迫］那些自由结合的人去结婚。"

> 情人们气极了雷耶斯
>
> 因为他立的法太无情
>
> 法律逼着情人们结婚
>
> 如果五月底不做出决定
>
> 管你是自由还是保守党
>
> 都丢到普图马约去流放

"是的，先生。普图马约就是一片丛林。那可不是闹着玩的，谁敢抗旨拒婚，就会被流放到普图马约。"

当时，布拉格在下雪，档案馆里冷得要命。馆长和我试图想象托马斯和记录者坐在尘土飞扬的种植园小镇里，那里烈日炎炎，下水道畅通无阻，老人不住地颤抖，记录者在焦急地等待下一个问题的答案。

"堂托马斯，您还记得四月九日发生的事吗？"

托马斯谈论的事肯定是千日战争，因为"四月九日"就是臭名昭著的"暴力时期"的代名词。内战始于1948年那个不堪回首的日子，民粹主义者、自由党领导人豪尔赫·埃利赛尔·盖坦于正午遇刺身亡。这导致追随两党的农民互相仇杀，持续了十年以上。其间，保守党控制了政府、军队和警察。

堂托马斯的回答简单干脆。"是的，先生！"

"您能跟我讲讲吗？"

"好的，先生。"

我把这首诗翻译如下，但没法保持它原来强烈的韵律与节奏感。

  上帝保佑，桑布拉诺政府还能有什么指望？
  我们已经像两只野兽，弟兄相弑。
  桑布拉诺来了，小镇开始发抖，小镇开始战栗。
  我们被扫荡一空，连根针都不留；
  我们手无寸铁，因为就在四月九日，
  先是刀，后是枪，大步向我们走来。
  天呐！咱们黑人过着什么日子！

  枪就抵在门口：
  "把手举起来，傻蛋！
  懦夫。
  你们的胆子都去哪儿了，吓得不敢战斗！
  去他妈的黑人，去他妈的自由党。
  劳雷亚诺·戈麦斯[①] 阁下万岁！

[①] 劳雷亚诺·戈麦斯·卡斯特罗（Laureano Gómez Castro，1889—1965），哥伦比亚保守党领袖之一，1950年到1953年任总统一职。

选出来的哥伦比亚总统!

我们要把你们统统除掉,连个鬼影都不留。"

楚拉维塔们[4]昂首阔步,平静地接管了军警队。

他们破门而入,砸了路标,叫嚣着战争口号。

他们在街上碰到平民百姓,

就用弯刀刀背把人吓得屁滚尿流,就只差宰人了。

这事发生在堂安塞尔莫·切特罗身上;

凌晨五点,他去上班,他们逮住了他。

狄奥尼西奥·马尔卡多身上也发生了这事——他的弯刀被没收

他们朝他开枪,把他丢弃;

他的双唇紧闭,身体被摧毁。

至于堂曼纽埃尔·皮萨罗,军警抢走了他的四百比索。

这个男人走投无路了。

他直接找到[桑布拉诺]镇长,镇长跟他说:

"从这儿给我滚出去,你这懒鬼,不然别怪我给你一枪!"

这个男人意识到,他失去了自己所有的积蓄。

他能做的就只是不停地说:"上帝保佑圣母玛利亚!"

还有菲利克斯·玛利亚·阿考萨,军警探视了他,

于是,他卡车上的钱瞬间消失了。

一天晚上,楚拉维塔这帮人出发了。

哦！他们在卡车上多么开心！

但车在拐角处抛锚了，于是他们就去骚扰奥斯皮纳的女儿们一开始没得逞，他们就放弃了，跑到约瑟法那儿休息了一会儿，那是个声名败坏的家庭。

他们像疯子一样怒吼着，逮住了奥斯皮纳的女儿们，往她们嘴里塞满了屎。

他们进门就对曼纽埃尔·贝多亚说："一个贼进来了，我们是来抓贼的。"

听到这话，贝多亚回答："没人进来过，只有我住在这儿。"

"承认吧，你的屋里头藏着贼。如果你不让我们进去，以上帝的名义发誓，我们就用喷雾器了！"

"不，我不开门，这家店是我的！"

"不管谁敢碰一下我的门，我就把他开膛破肚！"

一阵枪林弹雨之后，好家伙，他们还是得到了想要的东西。

贝多亚只有一个人，可他们有四十个人。

他们制服了贝多亚，把他投进监狱，带到了桑布拉诺跟前。

"你得付我两千比索，不然的话，我们马上就宰了你。"

为了获得自由，他把手伸进了口袋。

"这里！拿去，别再这么小题大做了。"

后来，他们盯上了赫苏斯·吉拉尔多。

"我们奉桑布拉诺的吩咐，来这里带两个朋友。"

"你们为什么带我走？我谁的债都不欠。我在这个办事处等我的人过来。"

"你现在就跟我们走,不准带任何代理人。
如果你想逞能,看我们不踢死你。"
于是他只能在弯刀的逼迫下跟他们走了,
在监狱里受尽了枪托的暴打折磨。
"你想获得自由,就得给我们两千比索。
如果你不给,那就去见上帝吧!"
就这样,他为了不再悲歌,
这位可怜的公民,也乖乖向他们纳贡。
说到逞能,桑布拉诺有了这么一个主意。
"我要去趟里卡镇,带上我所有的人马。"
结果,政府武装发话了。
"如果您要去里卡镇,我们跟您一起去,先生,
如果那些黑人敢动手脚,我们就开火,让他们去见鬼。"
他们爬进吉普车,向里卡镇进发,
对彼此说:"哦!我们会把钱带回来的!"
但是,事与愿违。因为,
黑人们看到士兵来临,
他们像鬼魂一样钻进了可可丛林,
直到吉普车陷进了一道田沟,把里头的乘客都甩了出来。
"那些黑人在朝我开火,我就像一头受伤的狗熊。"
"跑啊!快跑!同志们!这个黑人要杀我。"
"跳啊!跳到吉普上!哦,好痛!我被射中了。
看这儿,看这道伤口!我们得赶紧离开这儿,不然就全玩完了。"

> 就这样,那些主角们脸色惨白,回到了特哈达港。
> 可爱的黑人弟兄们,你们让多少人负伤离去!
> "我告诉你,桑布拉诺,我的老朋友,
> 再不,绝不,永不,我再也不能跟着你了。
> 我已经走得太远,生命太过珍贵。"
>
> 现在他们肯定会杀了我,因为我总是讲实话,
> 因为哪怕我不再想证据,我的笔仍旧不停地在写。
> 如果,敌人因我的写作蜂拥而至
> 我会感到充满力量;并不仅仅是因为这次警告。
> 对了,我必须告诉你,我从来没有拜过师;
> 但是,正如你能从虎纹了解一只老虎,
> 你也可以通过作品的样子来了解一个人,
> 我亲笔写下的诗句就到此为止。
> 马克·波罗·桑布拉诺的政府就这样来了又去。

他在这里停下了。直到后来,在听了不同的录音带之后,我才意识到这首诗还有其他章节,每一节都和那时镇上的某一任军长有关。而且,无论是在体量还是在形式上,我都无法用英语将原诗的节奏或韵律表达出来。面对这种失败的翻译,我不免感到沮丧。我的翻译体现不出诗人的聪明才智和创作技巧——这个清醒的评断必然要求我们更加谨慎,对以记录者为代表的人类学家的任务更为关注。可怜的人,他的失败是注定的,他

所进行的实践笼罩在差异的对比之下，而他却绝望地寻找一种调解的语言。

一周接一周地过去了，老人越来越频繁地用诗句来回答记录者有关过去的问题。从问及过去到谈及过去，再到用一系列佳言美句**讲述过去**，与开头相比，这种结局是多么不同！问及过去带有一种审讯过去的意味，也有在审问报告人的感觉，它以一种神奇的方式假定研究主体和对象之间需要保持距离，也有保持距离的能力，由此确保某种对象化认识主体（objectified knowing）的存在。**讲述过去**则友好地绕开了这些一厢情愿的设想。出于某些原因，诗歌恰恰提供了这种认识论上的闲庭信步，一旦放开，它就四处泛滥。哦！诗歌何其多！致母亲的诗，致亡妻的诗，致20世纪30年代土地纠纷的诗。

> 好好听着，我的朋友，听听我要吟诵的诗。
> 对待穷人们的敌人，你绝对不能遮遮掩掩。
> 这个案子性质严重，很多人的利益都牵涉其中，
> 尤其是唐利桑德罗的朋友们，他们之后会说这不过是个小案子。

就这样，诗人继续吟诵。诗中包括边界线的精确计算，还有法官、被告、原告、证人的名字，他们每个人都用自己的声音讲述着。诗人如此设置场景，使得整首诗就像一个剧本，从法庭转向土地、监狱，囊括了国家法律系统所有的贪污腐败。

"看在你都把录音机带来的分上，"托马斯说，"我想吟诵一

段历史,劳雷亚诺·戈麦斯阁下的告别。[5] 我将要吟诵这篇作品,这样我们说不定就能理解,不是所有文字记录都是确定无疑的。我在研究世界史时遇到一个男人。他说,历史上或这或那的错误都被纠正了……他必须纠正这些错误,因为之前写得不好。他说,长期以来,历史都受制于历史书写带来的冲突。"他停顿了一下。"我从来不认识劳雷亚诺·戈麦斯阁下本人,"他继续说,"但我在照片里见过他。"

随后,他吟诵了戈麦斯阁下的告别诗《再见了,黑暗笼罩下的哥伦比亚》(Adiós, Colombia, the Benighted),诗中记录了被废黜的领袖的驱逐史、奥斯皮纳·佩雷斯①的崛起,还有罗哈斯·皮尼利亚②将军领导的政变,以及这场政变对自由党重振旗鼓的意义。诗歌中,每个人都会用自己的语气说话。结尾充满不祥的预兆,因为劳雷亚诺·戈麦斯宣称:"好吧,现在我得离开哥伦比亚了,可我肯定会回来,回来时我就是总统,我会拥有永恒的权力。"但这首诗之后,紧接着就是《保守党之死》(The Death of the Conservative Party)。这首诗围绕尸体埋葬的画面展开。尸体代表保守党,葬礼由政要主持,履行他们的仪式职责。"是的,它死了,保守党,现在它正在入葬/读到这些诗句的人们呐,永远不

---

① 奥斯皮纳·佩雷斯(Opsina Pérez, 1891—1976),哥伦比亚政治家、保守党成员,于1946—1950年间担任哥伦比亚第十七届总统。
② 罗哈斯·皮尼利亚(Rojas Pinilla, 1900—1975),哥伦比亚政治家、军人、工程师,1953年6月13日,时任陆军总司令的皮尼利亚发动政变,推翻独裁政权,于1953—1957年间担任哥伦比亚第十九届总统。

会忘记这一幕。"该诗以死亡开头,以诞生收尾——自由党重获新生,活力四射。

> 这个孩子多么美丽,看着就像一个奇迹,
> 这就是自由党的诞生,罗哈斯·皮尼利亚亲手为他接生,
> 这些诗句出自一个卑微的诗人,
> 写诗时,自由党不过还在嗷嗷待哺。

诗人结束吟诵时,周围的人发出一阵大笑。这位自由派诗人既嘲弄了自由主义,也揶揄了他自己。他让新生命从保守党敌人的死亡中重生,但也避免了过度戏剧化。

当记录者询问诗中的 P. M. 意味着什么,堂托马斯答道:"警察,军事警察。"然后,他一刻也没停顿,就开始了另一首诗。那首诗和警察无关,但他用一种嘲讽式的严肃语气,半圣经体、半口语化地开始讲述穷人的故事,讲述他们为何更容易成为盗贼的目标,讲述所有种族的穷人联合起来的必要性,讲述他自己——托马斯·萨帕塔,一个黑人——如何利用充满诗意的笔为正义的事业发挥作用。这首诗就这样一直持续到结尾。以下就是诗歌结尾:

> 众多被我的笔惊艳的人们啊,
> 你们想要知道我的名字,
> 我就是托马斯·萨帕塔·戈麦斯。
> 如果你想要回应我,

> 你必须明白,我没有后天习得的能力
> 这能力源自摇篮,与生俱来……
> 他们到处说:"这黑人真是个恶魔!
> 要是我们知道他是怎么写的,我们绝不会犯下那些罪。"
> 哥伦比亚总是有不计其数没有良知的人,
> 他们抢劫任何能抢的东西,
> 我的经验如是说。
> 因此,让我们联合起来,我们都是穷人,不管肤色如何。
> 只有那样,我们才能从战斗中解放自己,
> 只有穷人们才一直受苦受难。
> 托马斯·萨帕塔·戈麦斯。

作为贝托尔特·布莱希特的仰慕者,馆长非常喜欢这首诗。他拿出了一份约翰·威利特①的《情境中的布莱希特》(*Brecht in Context*)副本,开始读其中一篇文章。该文考察了吉卜林②对布莱希特的影响。威利特注意到,两位诗人都浸淫在《圣经》与赞美诗的语言中,也深受贺拉斯③和其他拉丁诗人的影响。相比其他类

---

① 约翰·威利特(John Willett, 1917—2002),英国学者,第一个把贝托尔特·布莱希特的诗歌翻译成英语的翻译家。
② 鲁德亚德·吉卜林(Rudyard Kipling, 1865—1936),生于印度孟买,英国作家及诗人,主要著作有《丛林奇谭》《基姆》。
③ 昆图斯·贺拉斯·弗拉库斯(拉丁语:Quintus Horatius Flaccus, 前65—前8),罗马帝国奥古斯都统治时期著名的诗人、批评家、翻译家,代表作有《诗艺》等。

似阿拉贡①、贝希尔②和聂鲁达等"社会主义"诗人,吉卜林和布莱希特"基本上是非文学的"——威利特写道——这两位诗人更关注的是人的行动方向,而非他们的情感品质。吉卜林和布莱希特旨在行动,他们的作品都以其"通俗的形式、清楚的语言、粗糙的节奏和'手势般'或切分式的换行符"著称。[6]

馆长继续念威利特引述吉卜林的那段话:

> 不过,我们需要一种更强大的才智,来进行人民歌曲的创作。总有一天,一个男人会出现在伯蒙德赛或堡区③,他不乏粗野但目光清醒,坚强却充满无限温柔的幽默感,他说着人民说的话,过着他们过的日子,用大摇大摆、激励人心、振聋发聩的诗句告诉他们,说出不善言辞的他们想要表达的想法。他会为他们写歌!那是怎样的歌啊!所有假装歌颂人民的小诗人都会像兔子一样夹着尾巴溜走。[7]

在威利特看来,布莱希特后来的目标十分接近这段建议。

---

① 路易·阿拉贡(Louis Aragon,1897—1982),法国诗人、小说家、编辑,法国共产党成员、龚古尔学院成员,代表作有爱情诗《艾尔莎》等。
② J. R. 贝希尔(J. R. Becher,1891—1958),德国诗人,反对第一次世界大战,拥护俄国十月革命,1919 年加入德国共产党,1933 年希特勒攫取政权后,贝希尔流亡捷克、法国,1935 年到苏联,直至第二次世界大战结束。
③ 伯蒙德赛(Bermondsey)位于英国伦敦南部,属南华克伦敦自治市,第二次世界大战期间曾遭到严重轰炸。堡区(Bow)则位于英格兰伦敦东区,属于哈姆雷特塔伦敦自治市。

然而，馆长也扫兴地指出，堂托马斯绝不会像吉卜林一样，写出一首"当荷马摔断了他美妙的七弦琴"①那样的诗，因为那是对荷马和其他先贤的不敬。这需要由一位来自受教育阶层的诗人，把这句诗塞进一位没受过教育的人民诗人的嘴里。布莱希特和吉卜林发现的"日常语言"，某种程度上也是一种他们自己创造的语言，那是一种充满活力的克里奥尔语②，穿插混合着不同的阶级要素，以此对抗那种极为不同的、装腔作势的文学语言。

人民的声音

这些诗句来自边缘的贫困地区，那里的农商业方兴未艾，而知性诗意的一面还鲜为人知。这些诗句十分诱人，我们不能仅仅把它们当作人民的灵魂。的确，记录者所说的"流动与混合、流动与偏离"，就是把本地历史与西方传统中柏拉图、毕达哥拉斯等人相提并论，或者使本地历史与神话中的勒达、宙斯等人物两相契合。这种方式足以抵御那种下意识的怀旧情绪和真实性，而这种感觉经常被投射到"拉美农民""非洲奴隶后裔"之类的人们身上。混合与偏离反映的远非某种不间断的传统，甚至不是一种新

---

① "当荷马摔断了他美妙的七弦琴"的原文是"When 'Omer smote 'is bloomin' lyre"。
② 克里奥尔语被广泛定义为一种稳定的自然语言，通过两种其他语言的混合而产生。当今世界大约有一百多种克里奥尔语的存在，其中不少是基于英语、法语和葡萄牙语。

的传统，它影射着一种中断的艺术，那是一种文化和时间上的蒙太奇艺术。

下面，就怀旧情绪和真实性的诱惑力这个问题，我想来谈谈我的想法，揣度一下我们对这种情感的需求，以及它们为何会成为与人生密切相关的一部分。我想指出，堂托马斯的声音为美洲的构建做出了非常重要的贡献。正因为这是来自"人民"的声音，它用自己的方式，在被人尊重的基础上，重塑了西方经典。这场重塑尤其引人注目的是对穷人需求的一再强调，庄重而不失讽刺，诚恳但也充满戏谑，它强调穷人们需要联手起来，反抗那些阶级。后者自诩与那些经典的关系最为密切，是经典活生生的体现，也是那些经典的未来传承者（波哥大被称为"美洲的雅典"并非空穴来风）。

同时，在贫困的哥伦比亚农民、非洲奴隶后裔和西方经典之间，存在着一些重要的相似之处，这可能是共谋的结果。显然，托马斯相当尊重先哲、希腊神话和其他类似的传统，他能理解那些经典，也非常享受经典带给他的愉悦。但事实上，他的个人风格——富有尊严、幽默自信、坦白直接——与一种贵族式的、然而非权威性的习惯产生了共鸣。当我们讨论高尚的品格时，有可能会提及这种人格。这样的人往往出身卑微但自信可靠，他们脚踏实地、直截了当，相比起效用，更关注结果。从哲学角度，乔治·巴塔耶把这种性格定义为**主权性**（sovereignty），与**征服性**（mastery）相对。[8] 我认为，主权性就是非征服性的征服。或许，这可以被有效地改写：这位老人具有一种与过去博学的精英阶级相似的贵族式风格，他批判当下的权贵，以及他们赖以生存的法律和财产制度。

你会发现，商业化的大众文化对当下拉美的影响甚大，其影响力的本质与那些所谓的发达国家相比，有过之而无不及。你会在城市公交车上，看到乘客们津津有味地观赏屏幕上那些极度暴力、充满色情的电影，他们也对此习以为常。你还会在世界可卡因之都麦德林发现，那里的贫民区充斥着毒品和谋杀，重金属音乐的亚文化界定着那里年轻男性的理想。只有当我们看到了这些现象，再反观堂托马斯的思维方式、生存状态、着装打扮、待人接物的方式、风度仪态和肢体语言，才能衡量他已落伍到何种地步。不仅如此，如果我们对比乡村和城市的贫民，会发现堂托马斯的生活方式似乎与过去的精英文化有更多相似之处。

然而，除此之外，还有更多。与其说老人在模仿精英文化，不如说他更多地站在农民文化的角度发声。农民文化中存在一种高度正式化的说话方式，这种说话方式总是不紧不慢，富有节奏感。农民文化中的人对道德立场的不平等和荣誉背后的花招都极为敏感。堂托马斯诗歌中的道德世界，就是这个既高度正式化又对人敏感的世界。这种理想范式存在于言语中，尤其在我称之为"称呼的言语"（speech of address）中，词语被用来跟人打招呼、表达观点、陈述事实或回答问题。称呼的言语将他人绑在词语的脚手架上，这是诗人试图创造的效果，也是他字里行间蕴含的隐形的力量。在某些方面，这种言语的黄金时代已不复存在，但通过这种形式保存下来的记忆可能依然强大。或许，这么说并不牵强附会,过去的记忆还有一部分存留在当今青年团伙的武士精神当中,导致当今哥伦比亚青年团伙犯案杀人比率高达85%左右。

过去的声音

馆长和我都被老人的记忆力惊呆了,每次吟诵诗歌,他都能持续二十分钟左右。根据记录者的笔记,在这个小镇上,我们所说的的集体记忆其实发生在很短的时间段内。因此,我们怀疑如果没有这些史诗,历史是否还能被铭记——当然,我们假设的前提是诗人有一些真正意义上的听众。记录者看到,人们似乎沉浸在现实生活中,这一直让他感到十分诧异。过去他总天真地以为,历史对于人类生活而言是必不可少的。他也以为,一个拉美农村小镇——在《百年孤独》的阴影下——作为"过去的一部分",肯定有很强的历史意识。我们可以从他后来的笔记中,从那些巨大而潦草的字迹中,感受到这种巨大的冲击。他在笔记本上写下了尼采的这句话:"**如果没有遗忘,任何真正意义上的生活都是不可能的。**"[9]

我曾想过,老人是否经常背诵那些诗歌,或者,他曾经孤独而迷茫,直到那不同寻常的一天,命运让他和记录者相遇。我开始怀疑,如果没有记录者来到这个小镇,诗人很可能在人生的最后一年继续保持沉默。邻居们对他虽有敬意,却也默默忽视他。那是怎样的场景啊,两位孤独的历史学家面对面坐在洒满阳光、水泥铺成的阳台上,脚下还有粗布麻袋和鸡屎。这两位历史学家，一位是年迈的、双眼失明的黑人，距离死亡只剩一年的时间；另一位则是手持录音机的年轻白人、"英国绅士"。老人会不会其实独自生活在某种扭曲的时间当中，在脑海里用诗句与自我对话呢？

我顺着这个思路，就这些问题与馆长展开讨论。我在想，记录者和萨帕塔是否共同创造了某种"位于疾病与真实生活之间"的"游乐园"——弗洛伊德在1914年的文章《回忆、重复与修通》("Remembering, Repeating and Working Through")中，将"位于疾病与真实生活之间"这个概念用于描述移情（transference）场景——在这个游乐园中，你几乎可以完全自由地不断重复，直到回忆最终成为一种理解的力量，甚至是改变的力量。

诗人和记录者是否共同创造了这样一个非常特殊的空间呢？这是一个由诗歌构成的跨文化移情的空间，诗歌作为记忆和语言的游乐园，受到形式上的韵律与韵脚重复的制约。直觉告诉我，正是通过这种仪式般的重复，诗歌提供了一种有助于记忆而非阻碍记忆的重复形式。

这个"游乐园"绝不是一种神经质的重复，因为它并不建立在通过移情空间被暴露所产生的阻力之上，也远非分析师聆听疯癫者讲述的那种实践。这个游乐园是一条双行道，街道上有两位分析师或两个疯癫者，无论你怎么看，他们或同时存在，或交换位置，共同创造一个移情空间。与其说这个空间属于这两个人，不如说它属于两种世界历史。在这里，两种世界史在一小段特定的时间内偷偷交叠。记录者的意外到来提供了这样一个跨文化空间，诗歌在其中反复出现。这种诗歌的重复美学，一以贯之，经年不变。20世纪哥伦比亚的农村生活中，暴力、动乱和千变万化的情景构成的神经系统，造就了这个文化存在体的紧张感。诗歌的重复美学则提供了一种出路，让人民就算一时不能以智取胜，至少也尝试着与这种紧张感共同生活。

失明与写作

诗人的失明一直在我心中挥之不去。他的失明显然是老年白内障造成的。这似乎有种离经叛道的浪漫。但我想，在某些方面，失明不是加强了他的记忆力，就是增强了他努力回忆的需求。失明将老人放逐到过去的内在世界，回忆成为一种肥大的感觉器官或情感工具，用来弥补视力的萎缩。然而，我也开始意识到，与其强调向内观望的视力，更重要的是突出老人因视力障碍而产生的表达需求，以及他对表达方式的选择，例如诗歌。

假如我对记录者笔记的解读正确无误，那么在这方面让记录者深感不安的，是他自己心中对于诗人不断强调写作和阅读的困惑。这位诗人作为"口述传统"的化身，一首接一首地吟诵着诗歌，同时却强调写作和书籍——他指的是自己的写作、史书和《圣经》——才是灵感和正当性的来源。"根据文字记载……"他总是以这种方式开始叙述。然后，他会跟踪所有参考文献，直至笔力不及之处。他会说自己除了继续写作，没有其他选择，诸如此类。

令人惊讶的是，记录者似乎从未记录过老人可曾真的写下过那些诗歌。我认为，田野调查也容易导致失明。不过，我发现老人虽然没有上过一天学，但他确实知道如何阅读。在波哥大的哥伦比亚国立图书馆里，记录者曾经找到过两份精彩的报纸，我不知道老人可曾读过那些报纸。那两份报纸发行于 1916 年，据说都来自特哈达港。当时，托马斯·萨帕塔正值 26 岁。一份报纸叫作《白丝带》(Cinta Blanca)，那是一份"符合大众口味的双周刊"，另外一份看来是《白丝带》的竞争对手，名为《鞭子》(El Latigo)，一份"流行刊物，不熟悉本国的流行文化，在你偷偷打探的时候，这份报纸就送上门了"。

当时，镇上的成年人口刚刚超过 2000，离它最近的城市是卡利，两地之间由土路和竹筏连接，可能很大一部分居民都不

识字。[10]

区区一个小镇竟然能出版两种这样的报纸，这修正了我们对拉丁美洲农村印刷和文化发展的所有偏见。更让人震惊的是，《鞭子》的封面上印着鲜明的木刻版画，展示了尖锐的反教会卡通画，**底下居然是押韵的诗句！**

孩提时代，托马斯特别渴望读书。他告诉记录者，有一天，他向继父要了三个雷亚尔①，想要去买本书，可继父抽了他一顿，还说读书是女孩儿才干的事。后来，他自己偷偷攒钱，赶到桑坦德省每周一次的市集，在那里找到了一个卖书的男人。

"你有《曼迪罗》(*Mantillo*)的第一册吗？"我问。

"有。"

"多少钱？"

"三个雷亚尔。"

"卖我一本，给我上第一课吧。"

"我给了他三个雷亚尔，他把书给我，然后从 abc 开始教我，那是我这辈子第一次读书。然后就是第二次、第三次、第四次。后来，他把我留在那儿，自己到处晃荡卖书去了。所以我就只好自己努力，只要想不起一个字母，我就回到市集，让他教我那个字母。"

---

① 雷亚尔（Real），哥伦比亚旧式货币单位。1837 年，比索（Peso）取代了雷亚尔，成为法定货币，当时兑换率为 8 雷亚尔 =1 比索。

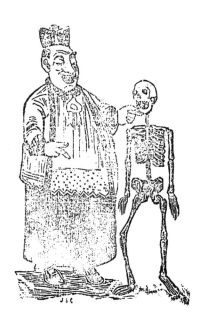

当我们在一卷标记着"1970年1月"的录音带结尾处听到老人的诗歌时,我忍不住想起他这段了不起的童年经历。在录音带中,他把那首诗叫作《为一个小女孩第一次上学创作的诗》。

> 再见了,亲爱的孩子,你即将离开家门,
> 明天,当你走出家门,不要哭泣。
> 因为前方有个新世界,正在知识的门口等待你,
> 当你的灵魂升华时,
> 你的小妹妹阿黛拉还在家里,无人安慰。
> 她正在向上帝祈祷,为你祈福。
> 明天,当你回到这个亲爱的家,

请你带回需要播撒的种子。

你的妹妹，阿黛拉，会在那儿帮助你。

跨过山谷，越过高山，我们必须走出自己的路。

耶稣基督就是犹大支派的老师，

无论谁当此重任，都必须播撒知识的种子。

这首诗确实多愁善感，但同时也是一份准确的声明。无论堂托马斯如何描述他的父亲，他的诗都体现了当今哥伦比亚农村对正式教育的重视。学校承诺，通过教育让灵魂升华。我们不禁要承认，这种对教育如此慷慨的褒奖，只可能来自一个从未上过学的人——但这个观点在哥伦比亚农民当中深入人心，他们对本地学校怀有无限的崇敬之情。除此之外，馆长和我本人也在思考，诗人对文字与诗歌世界的态度，是否只是这种误判、慷慨褒奖和理想主义的结果。

农耕与史诗

诚然，托马斯虽然爱看书，但从未上过学。作为农民，他一脚踏入市场经济，另一脚踩在自给自足的小农经济中。这种边缘地位与国家、经济和文化的正式机构互相对照，难道不就形成了托马斯在高雅与流行文化之间混合与偏离、流动与混合的"结构性境况"吗？对国家和市场而言，这种边缘性混杂着痛苦与欲望、失明与洞见，因这种矛盾颤抖不已。难道不正是这样的边缘性构成了史诗的精神源泉吗？史诗作为一种诗歌形式，见证了形式化的现实效果——形式化包括思想、身体、社会和经济生活的合理化。

诗歌在填补这个冲突地带的同时，不可避免地会带上法律的印记，毕竟法律是国家形式化的强有力工具。我们在托马斯·萨帕塔的诗歌中能很清楚地看到这一点。托马斯的诗歌讲述了无休无止的民事诉讼，包括土地管辖权、凌驾于法律之上的警察、诉诸暴力的镇长以及逼迫自由恋爱者结婚的总统。当然，我们可以根据罗伯特·菲茨杰拉德①一针见血的点评，把《奥德赛》看成"有关一个男人爱着他的妻子、并想要回到妻子身边"的故事。[11]但是，一种更具有历史意义的解读是把这个故事置于有关表象的哲学问题中去考察，并将其嵌入现代理性的神话基础中去理解。我们可以看到，《奥德赛》作为前苏格拉底时期一个有关认知的模仿形式的古老故事，也臣服于没有人情味的资本和现代国家的统治。史诗用诗歌的形式把世俗细节中的颗粒质感表现出来，而在以征服自然著称的世俗进步的宏大叙事中反其道而行之（无疑，这个宏大叙事依然是菲茨杰拉德所说的那个故事，有关一个男人爱着他的妻子、并想要回到妻子身边的故事）。

这就是霍克海默和阿多诺在《启蒙辩证法》(*Dialectic of Enlightenment*)中对《荷马史诗》的解读，此书特别有助于理解农民诗歌。我们若要谨慎地为"诗意"下一个定义，那么，它就是模

---

① 罗伯特·菲茨杰拉德（Robert Fitzgerald，1910—1985），美国诗人、翻译家、文学批评家，最出名的作品是对古希腊语和拉丁语的翻译。

仿性的表意艺术，它以联结声音与意义、自然与文化为乐，并将这种关系推向极致，使符号在展露的技巧创造的脆弱和力量中徘徊。这也是人们喜爱韵律的原因之一，但我们在翻译中却难以传达这种诗意，因为押韵体现了语言作为人造模仿品的本质，也体现了我们理解现实的方式。如果诗歌是语言的一种间接表述，它不也是一种交感巫术吗？诗歌作为一种接触性的交感巫术，让相似的事物互相影响，思想在交感链上通过应和，变成强大的存在，从而超越甚至主宰现实。①

在这一点上，馆长提醒了我。瓦尔特·本雅明是馆长最喜爱的文艺批评家之一，本雅明通过对夏尔·波德莱尔的抒情诗研究指出，应和②在波德莱尔的作品中至关重要，诗人试图借此来构建一个危机防御机制，保存人类经验。但是，面对现代性的冲击力，这种危机防御机制已然崩塌，诗歌则建立在对失败的欣然接受之上。[12] 基于这些观察，每每想到美洲的农民记忆，或是以机器和化学为主的农商业的大规模发展，还有环境破坏、大规模失业、法律和警察体系的崩塌、强制性的城市移民，以及年轻人参与暴力团伙数量的现象级增长，都让人倍感心痛。

---

① 交感巫术（sympathetic magic）是英国人类学者弗雷泽（1854—1941）在《金枝》中提出的巫术概念，包括顺势巫术和接触律巫术。顺势巫术又叫模仿巫术，指的是接触过的两种东西，分开之后还能产生影响力，比如衣服-人体等。接触律巫术指的是从人体分出去的部分对人体能产生影响，比如头发等。
② 来自波德莱尔著名的十四行诗《应和》(Correspondances)，其中一句为"Les parfums, les couleurs et les sons se répondent"（芳香、颜色与声音在互相应和）。

作为史诗的历史

这些诗歌为历史书写打开了一系列的可能性，也带来了不知名的威胁与危险。出于同样的原因，这些诗歌也振奋人心。假如历史学家通过置身事外获得力量，那么这位史诗诗人的力量则来自内在的体现——这种体现富有诗意，具有自觉的表演性，它十分接近语言的断层地带，也紧靠言语的激发性力量。正因如此，这种体现成了一个游离于时间内外的移动场所。你还能看到，这引发了一场奇怪的反向运动；诗歌表达了某个特定时刻，并声称它与这个时刻具有深刻的亲缘关系，通过这种方式，诗歌能够从那个时刻抽离出来，并且侵蚀其瞬时性。

"专业历史学家"是一个不祥的称呼。我认定，他们将在史学意义上把这些诗歌当作历史。他们会小心翼翼地拥抱这些诗句，把它们当作来自过去的原始资料，而现代历史学家拥有营业执照，可以分析、搜刮、挪用那些资料，从中寻找"具有说服力的细节""过去的声音""验证的封印"，甚至是"错误的意识"。专业历史学家把这些材料划归为战利品（别名"数据"）。显然，他们是在绝望地试图否认这些诗歌的力量。诗歌会将历史学家的任务陌生化，历史学家因此把诗歌归类为艺术，而非科学。这里，我们不禁想到了尼采。在他看来，有一种奇怪的文化力量总是流向那些以评判过去为业的人们。在《历史的使用和滥用》(*The Use and Abuse of History*) 中，尼采写道："作为判官，相比于那些审判对象，你必须站在更高处；出于同样的原因，你也必须晚点出场。"[13] 他接着说："那些最晚赴宴的客人理应坐在最靠后的位置；而你会坐在首席吗？如果你坐了上去，那就做出一些伟大事迹吧——哪怕你最晚赴宴，那个位置就是为你保留的。"[14] 说起伟大事迹，如果我们的历史学家们足够机智勇敢，且精通语言与图像，何不也摒弃文化上矫揉造作的客观性表演，不再追求那种完美，而为我们吟诵诗歌——那些诗句与真理的装腔作势一同嬉戏，何其欢乐！

海登·怀特① 回顾了19世纪伟大的历史学家，这也意味着他也反思了19世纪以来所有历史写作的尝试。怀特认为，那些历史作品的地位"作为历史叙述和概念化的模板，最终还是取决于历史学家视角的前概念性，尤其是那些视角的诗意性本质"。[15] 鉴于不少人对怀特的观点抱有严重的抵触情绪，我认为还是有必要再次从两方面将史学作为诗歌进行考察。一方面，怀特对诗意的定义精准且具有包容性，他把诗意定义为历史文本的美学基础。另一方面，我们需要从更直白的定义出发，像堂托马斯那样用诗歌形式表达的文字或口述史，都应囊括在历史写作之中。然而，哪怕我们考虑到这一点，又有谁能说堂托马斯的诗歌就等同于历史写作呢？

对于档案馆馆长而言，托马斯·萨帕塔的诗歌不光是审美上的修饰，更是将过去记录在案的一种方式。事实上，馆长坚决反对

---

① 海登·怀特（Hayden White，1928—2018），美国历史学者，1973年出版的《史元：十九世纪欧洲的历史意象》是其代表作，也是第二次世界大战后西方史学理论界的代表性著作之一。

将美学独立于其他因素进行考察的想法。他坚持认为，将美学剥离现实，就是一种彻头彻尾的资产阶级观念。对堂托马斯回答问题的方式，他感到尤为震惊。那些有关过去的问题其实旨在引出**事实**，比如，像婚姻风俗、土地私有财产的发展、暴力内战等历史事实。面对这些问题，堂托马斯却自然而然地用**诗歌**作答。另外，馆长还对这种答复针对的对象倍感兴趣。这种自发性、爆发式、以诗歌作答的方式，针对的是一个外来者、陌生人——用馆长某一时刻的说法，这个对象就是一个**调查员**。托马斯·萨帕塔把此次相遇看作一次对真理的诉求，这种诉求正如我们之前讨论的哥伦布"发现"美洲那样，引起了一场伟大的、近乎宇宙性的转变，即使历史知识从私人领域转向了公共领域。在这两种不同类型的历史学家相遇中，一位是调查员，一位是唱诗人；前者寻找报告人，后者则搜寻听众。我们能够断言，在这场转变中，无论是诗歌的重复还是历史书写的重复，都发生了新的质的变化吗？

这使我们用一种不同的视角去理解本雅明的文章，而且我感觉要比本雅明的原作更为全面。在原作中，两个相遇的个体或多或少来自相同的阶级，拥有类似的文化背景。他们之间尽管存在差异，但作者依然预设了两个前提，一是他们都拥有交流经验的能力，二是他们之间存在广泛的共同文化参考系。比如，在本雅明的原文中，工匠或佣工在城市工作几年后，回到村庄，与极少离开故土的农民相遇，并讲述他们的故事。

不过，在现代世界历史中，同样重要的是两位极为不同的叙述者——像诗人与记录者那样——相遇的这个事件。或许这样的相遇并不常见，他们的差异也不尽相同，这就要取决于你选择的评判标准了。譬如，当格林兄弟发表他们的故事时，他们在资产阶级和农民阶级之间达成了一种有效的沟通，把能够想到的各种崇高的"普世价值"都往农民身上堆砌，有效地净化了农民的形象。同样地，在本雅明写到故事讲述者的艺术时，他事实上并不是在写农民或工匠发表的作品，而是在写前现代时期农民和工匠如何被写进尼古拉·列斯科夫① 的作品。列斯科夫是一位作家兼商业旅行家，换句话说，他就是一个销售员。随着列斯科夫的声音在一定程度上调解了俄国工匠和农民的世界，故事讲述者的艺术也就出现了。此外，本雅明自己也站在同样的立场上，写下了他搭船出海去伊比萨岛旅行的故事，以及岛上农民和流放者的生活。

自从1872年爱德华·伯内特·泰勒② 的开创性作品《原始文化》(Primitive Culture)问世以来，人类学家就一直致力于理解资产阶级和农民阶级之间发生的故事，而两个阶级间的沟通则是这些故事的关键。或许，这只是因为在田野中（这个词听上去多么洪亮），不论是有关"亲属关系""神话""经济"，还是任何其他的"信息"，都是通过故事（有时也会被叫作"案例"），传达给像

---

① 尼古拉·列斯科夫（Nikolai Leskov, 1831—1895），俄国记者、小说家，主要作品有《莫桑斯克的马克白夫人》《图拉的斜眼左撇子和钢跳蚤的故事》以及《神职人员》。本雅明作品标题即《讲故事的人——论尼古拉·列斯科夫》。

② 爱德华·伯内特·泰勒（Edward Burnett Tylor, 1832—1917），英国人类学家，著有《原始文化》及《人类学》。

记录者那样的调查员。而调查员的工作就是把这些信息转述，传播给资产阶级的读者。人类学的自身实践高度依赖于讲述他人故事的艺术，但人类学家往往对此视而不见，而且还把故事讲得很糟糕。人类学家把那些故事当作科学观察的结果进行分析，他们认为那些故事是从"报道人"而非故事讲述者收集而来。

我们还可以就此引申，之所以这种沟通对现代性至关重要，是因为农民和原始人的角色正是用来支持现代意义上的"文字性"——这种文字性具有一种体验性本质，能使比喻发挥效用。现代性中的农民发挥了将古人带入生活领域的功能，正如现代性中的原始人把身体带入了心灵的疆域。符号和所指对象之间存在着一种虚构的身体联系，语言本身就建立在这个看似透明却必不可少的虚构之上。在世界历史的发展进程中，从乡村到城市的运动造就了不同阶级形式的历史，进而建立了这种虚构的联系。

经历过，往回看

馆长和我不断回到同一个特征。起初，这个特征看似一个纯粹的技术性问题，一点都不重要；但之后我们发现，它十分复杂且关系重大。这个特征事实上就是，堂托马斯表述的是当下的生活经历，而记录者却把它当作了历史。

但是，随着时光流逝，修史者会渐渐变老，走向死亡，这份关于当下生活的记录也会年岁渐长。它会跨过当下的堤坝，汇入时间的溪流，成为历史的一部分。它会作为数据进入历史，同时也成为一种历史。这并不仅仅是文字的混淆——历史就是过去，历史就是对过去的记录——正因为有了这样的混淆，才使这份记录具有一种特别的力量，即既能由内至外、又能由外向内地就事论事。它既是一种历史的表达，又是对历史的点评。

一旦当下进入历史，编年史及其相关的史诗形式便会获得一种潜质，由此实现弗洛伊德在心理分析中强调的有关记忆的主要特征。1893年，弗洛伊德刚踏入心理分析这个领域，他与约瑟夫·布罗伊尔[①]一起写下了对歇斯底里症做出的诊断。1921年，面对经历创伤性神经症和休克病人不断重复的症状，弗洛伊德分析了这种重复的含义。他认为，分析师必须让病人去"重新经历一部分他已经遗忘的生活，但另一方面也必须保证病人与那些经历保持适当的距离，因为这会让病人意识到，无论当下如何，那些现实其实只是一段被遗忘的过去的反射而已"。[16]我在这儿想要强调的就是这种双重行为，它既是某件事的一部分，又与那件事保持距离；一方面沉浸在某种体验式的现实当中，另一方面又游离在那段经历之外。我认为，公允地来说，过去的"过去性"只有在重复中才能被理解。毕竟，这种"过去性"并非过去本身，不过是一种记忆，它就好比一张照片，既属于过去，又关于过去。

确实，弗洛伊德在他后期作品中，认为重复不只是压抑的表征，其本身就是一种目的。重复是一种难以克制的欲望，它的目

---

① 约瑟夫·布罗伊尔（Josef Breuer, 1842—1925），奥地利心理医生，曾与弗洛伊德一起工作，他试图用催眠来减轻病人的神经官能症。

的性如此深刻，甚至超越了对愉悦的追求，相当于对死亡的倾向，同思想与灵魂一起，弥散在人类之外、无机的尘世生活之中，那里没有历史，至少没有人类历史。对受到严重惊吓乃至休克的人来说，重复经常以噩梦的形式出现。弗洛伊德暗示，噩梦或许是为了创造惊吓发生时并不存在的焦虑感——他认为，焦虑感是防止惊吓导致休克的应激性防护机制，也就是说，焦虑感可以预防精神内爆，使身心机制免于崩溃。在有关历史意义的讨论中，我们发现这样一个奇怪的现象。这套应激性防护机制——作为现代性的标志——竟然由一种极易适应快速处理刺激的意识构成，这种意识既破坏了记忆本身，也摧毁了体验的能力（在德语中，*Erfahrung* 还包括被体验改变的能力）。

这让你开始思考诗歌中重复的作用——理解诗歌可以从朴实且流行的押韵诗歌入手，词语、语法节奏和意象，这三者在其中将言语变成了歌曲。在押韵诗歌中，现代性的高雅文化与大众流行文化产生了真正的冲突，而这也是堂托马斯的诗歌最容易引起怀疑的地方。且让我们听听，这位音乐家弗朗西斯科·巴利拉·普拉泰拉①如何自信地在他1911年的未来主义宣言中，藐视押韵诗歌，支持"自由诗歌"。"自由诗歌是唯一的选择，"他宣称，因为"它不受节奏的限制，也不受单调重复的口音制约，不会被禁锢于有限的形式之中。"在我看来，普拉泰拉正确地强调了

---

① 弗朗西斯科·巴利拉·普拉泰拉（Francesco Balilla Pratella，1880—1955），意大利作曲家、音乐学家、散文家，是意大利音乐未来主义的主要倡导者之一。

押韵诗歌的节奏是一种**舞蹈节奏**——也就是说，词语化身舞蹈。下面，让我们来看看他如何用轻蔑的语气，摒弃那些舞蹈的词语。

> 舞蹈的节奏：单调、有限、破旧、野蛮，必须打破它的复调规则，让位于一种自由的复式节奏过程。[17]

普拉泰拉和波德莱尔的态度也颇为相近。在《巴黎的忧郁》（*Paris Spleen*）一书的前言中，波德莱尔问："我们何人不曾梦想创造奇迹，创作出一篇诗意的散文或乐章，**没有节奏，没有韵律**，柔和而坚强，足以适应灵魂抒情的冲动和遐想的起伏，足以忍受良知的嘲弄？"[18]

很明显，堂托马斯的诗歌与这个版本的现代主义鲜有相似之处。现代的休克体验导致了光晕的没落，本雅明曾把未来主义和波德莱尔的诗歌定义为光晕没落的现场。[19]但与未来主义和波德莱尔相比，难道堂托马斯的诗歌不也是一种休克体验吗？

稳定且无休止的节奏和简单韵律的功能之一，不就是为了重复而创造重复吗？当我们将某种诗歌定义为史诗时，还增添了另一种重复，那就是诗句中对于过去的重复。均匀的语调体现了某种情绪的平淡，不时的诙谐、风趣和讽刺，并不反对噩梦的重演，而是重拾噩梦，改变它着力的方向，引导作为应激性防御机制的焦虑感，从内至外、由外向内地理解过去。

我把托马斯·萨帕塔的诗歌定义为史诗，并思考着它作为史学的地位。思考过程中，我想起本雅明在故事讲述者的文章中曾提到过，记忆女神摩涅莫辛涅①是希腊史诗艺术的缪斯。史诗构成一种创造性母体，各种截然不同的形式都由此诞生——故事、小说以及我们如今所谓的历史。这些形式都将过去变成文字并记录下来，本雅明的这个观点促使我们去思考形式之间的相似性并不输给差异性。在此，我想回顾一下海登·怀特对历史书写形式分析的贡献。怀特对年鉴、编年史和史学的现代形式做了区分。其中，史诗形式令人着迷，是因为它在某些方面具有超乎寻常的现代主义精神。由于史诗与年鉴及编年史关系密切，我们通常会轻易认为它早已过时。其实，史诗不仅能被视作记忆术的一种体现，而且还是现代社会适用于休克美学的记忆。20世纪当中，布莱希特最为清楚地揭示了这一点，无人能及。他选择将诗歌和戏剧创作转向他所谓的"史诗剧"——这种形式在被理解之前就已经被"接受"了。正因如此，我们还需给予布莱希特应得的评价。这位"在黑暗的时代"②的诗人在此处将自己与终极的双重约束捆绑起来，诗人在剧场里重复着耳熟能详的历史，剧场成了幻觉的暗房，用于展示幻觉的制造。人们经常提到的"间离效应"可以通过许多方式达成，但在本质上，间离效应意味着通过展示一系列奇特的效果，间或穿插一次休克效果，强烈但不至于压倒智性，而是扰动智性，使我们能够在生活经历内外来回穿梭。

---

① 摩涅莫辛涅（Mnemosyne），希腊神话中主管记忆的提坦女神，所谓提坦神就是原始神之后出现的古老神族。
② 《在黑暗的时代》（"In the Dark Times"）为布莱希特1938年在丹麦农村流放时书写的诗歌。

暴　力

堂托马斯对暴力时期的回答让我诧异，也构成了写作这篇文章的动机。这是"人民的声音"，也是受害者的声音，来自那些受压迫的人们。这是"从里面"发出的声音。那是怎样的沉默，怎样无法用言语形容的痛苦，这声音将填补多少痛苦的空白！

然而，我发现的并不是一个隐秘的声音，而是一个公开的声音。我以为会有情感投入，不料却越发疏离。我以为会是一个悬念骤升继而谜底被揭晓的故事，结果却找到了一个或多或少永无止境的故事。这个故事有一个充满讽刺的盛大结局，诗人兼故事叙述者再次进行自我介绍，自称为"没有悲剧的英雄"。

>　　我肯定会被处决，因为我道出了真相
>　　我的笔不断地写着，哪怕正当我试图思考
>　　我再也无法忍受，难怪笔下文如泉涌
>　　我的文笔如此有力，这世界即将经历混战
>
>　　我感到充满力量，但以上并非唯一理由
>　　作为旁白，我得告诉您，我从未有过老师
>　　虎纹不止一道，若您能根据众多斑纹认出老虎
>　　您也能根据他文笔的力量认出这个男人
>　　我写下了这些诗句，此处就是结尾
>　　马克·波罗·桑布拉诺的统治也就这样结束。

您在此处读到的故事,并不是那些拉美和加勒比海的魔幻现实主义作家写下的故事。他们将这些故事看作农民的幻想,并踩在这些幻想的脊梁上,攀登至星光闪耀的高处。您读到的也远非那些由国际特赦组织等机构撰写的如临床诊断般精确的报告,更不是有关暴力时期的考卡河谷北部那些情感泛滥的第一人称叙述,类似的叙述包括阿尔弗雷德·莫拉诺①颇具感染力的《从军岁月》(Los años del tropel),该书的副本经过大幅修改。[20]与之相反,在堂托马斯笔下,史诗是出于对记忆需求的自发性反馈,用于清除多愁善感的情绪——那些情绪源自暴力时期的真实恐怖,也来自战后数十年间哥伦比亚和其他地方有关内战的讨论与书写。

堂托马斯导演了一场戏,演出的是演出本身。不同于专业历史学家笔下的历史,托马斯的写作同时从现实内部和缺席的现实出发,这也决定了这种写作得以实现的模式。他不但表明了他个人的"价值观",而且完成了一项更为重要的曝光任务。语言本身就是思想的媒介,而他的任务则是把这种媒介的现实构架和丰富的灵魂当作外骨骼暴露出来。堂托马斯的曝光让我们看到,所有作品和任何对于过去的解读,都建立在想象的基础之上。他的作品是一件杰出的艺术品。我们注意到,它本身就是一种艺术、一项仪式。他的作品与自我嘲讽鞭策我们时刻牢记,历史都是编造

---

① 阿尔弗雷德·莫拉诺(Alfredo Molano,1944—),哥伦比亚记者、社会学家,他的著作《被剥夺的人》和《可卡因王国的忠诚战士:毒品、骡子和枪手的故事》已被翻译成英文。

的，而休克从某种程度上也能被消解——虽然休克的爪子看似吓人，其实只是在盲目打转，你只要不断重复可预测的韵律和稳定的节奏，就能用幽默将它翻转过来，挠它的肚皮。当今世界，哥伦比亚式的暴力不再局限于哥伦比亚农村的穷人们，它在众多层面上都成为一种全球现象。在"美洲的构建"上，这种艺术形式是一项尤为特殊的重要贡献，一点都不比"由美洲构建"的500周年纪念这种对历史的执念（obsession）逊色。

然而，这种史诗的艺术形式不仅值得拥有听众，而且还预先设定了它的听众。那么，谁才是听众呢？没有任何记录显示，托马斯在特哈达港的邻居们面前背诵过这些诗篇。哪怕设想他曾做过，我们的脑海中还是会时不时浮现出这样一个场景：托马斯孤独地坐着，诗歌在他脑袋里嗡嗡作响。我们明确知道的是，20年后在世界的另一个角落，无论如何短暂，我们在某一刻成为他的听众——这还要感谢那位神秘的记录者一路的磕磕绊绊，以及那个虚构的布拉格档案馆中那位不存在的馆长的美妙建议。我虚构出了布拉格档案馆和馆长，使自己能够与材料保持必要的距离。通过构建一个档案馆，我创造了一个封装记忆的现场。这篇文章为现场提供了舞台布景，而文章写作则基于馆长发掘的片段——那些一小段一小段的磁带、零落分散的笔记，还有黑暗的案卷中闪闪发光的时间片段。在这个现场，过去与现在之间发生了移情效应（借用弗洛伊德意义上的精神分析方法术语）。这里允许"在近乎完全自由"的情况下不断重复，只有这样，那些驱动历史的执念才会"在每一点上都便于我们的介入"。[21] 用历史的天使①的话来说,"历史是某种结构的主体,该结构所在之处并非同质的、空旷的时间,而是充满了当下存在的时间"。[22] 只要你承认这一点,你就能介入历史的执念。天使热切地希望能排除万难,纵身一跃,跳进过去,进入"露天的历史"剧场,而不是一个统治阶级发号施令的舞台。我在尝试的过程中为了让这纵身一跃成为可能,发现有必要构建一个封闭的档案空间,其中堆叠着过去的废墟。这个空间无论从什么角度都很像农商业发展中日益边缘化的农民生存空间。我们必须认识到这种空间的存在,并且把它拖进构建的方程式,从而理解我们如何在塑造过去的同时,也被过去所塑造。

---

① 本雅明在《历史哲学论纲》中提到的"历史的天使"(the angel of history),最初形象来自保罗·克利的画作《新天使》。

第三章

太阳只求付出不求回报[*][1]

---

* 本文早期的版本最初发表在 *Comparative Studies in Society and History*, 37, no. 2 (April 1995)。

那是20世纪40年代，尽管我当时还只是一个孩子，我依然记得我的母亲像个技巧纯熟的珠宝商一般，打包好作为礼物的食品包裹，从阳光灿烂的澳大利亚寄到战后伤痕累累的维也纳，寄给她留在那里的母亲。我记得，那些礼品包里总是装有几磅重的黄油。而且，母亲每次都会在吐司面包上涂上一层厚厚的黄油，还愉快地承认这种过量摄入是不健康的习惯，而我总是对此惊讶不已。1970年，我在哥伦比亚西部一个炎热的蔗糖种植园小镇住了下来，镇上既没有饮用水也没有足够的污水系统。直到那时，我才意识到，原来黄油还可以成为一种特权的象征。它金色的乳状质地介于固体与液体之间，除了要依赖冷却系统，还要仰仗高品质的奶牛、奶制品产业和良好的温带气候。

那时，我听说了魔鬼契约。

他一旦与魔鬼定下了契约，就必须尽可能多地挣钱。但是，他只能把钱花在奢侈品上：黄油、太阳镜、时髦衬衫、酒……如果你买下了或租下了一个农场，农场里的树木就不会再结出果实。如果你买了一头猪，想把它喂肥，那猪就会变瘦，最后死掉。他们用的词是"干涸"（secar）。干涸，就像一棵苍翠的树木因缺水而慢慢干涸，在无情的阳光下被彻底地晒干。同样的词也能用在牲畜上，猪变得越来越瘦，瘦成了皮包骨头。干涸。太多阳光。

在魔鬼契约中，为什么只能购买和消费奢侈品呢？黄油、太阳镜、时髦的衬衫、酒……这真是一份奇怪的购物单，单子上的黄油让我感到困惑。这是一个新的符号，向我发出危险的信号——一方面体现了我与崭新的第三世界的生活之间的不同之处；另一方面，这张单子的存在跨越时间和记忆，与另一场移动勾连起来，那是我父母逃离欧洲的历史，他们从未向我提过只言片语。那段历史仿佛从未发生过，欧洲似乎也从不存在。"我们对待过去的方式向来如此，"普鲁斯特写道，"那些重温过去的尝试皆是徒然：我们的智识做的所有努力都被证明是徒劳无功的。过去隐藏在智识领域之外的某处，智识触碰不到它，它位于某些物质实体当中（存在于物质实体给予我们的感觉当中）。至于我们在死亡之前是否能遇到它，这就要看运气了。"

但是，一个人在对的时间遇到对的事物仅仅是凭运气而已？瓦尔特·本雅明会说不。那是一种错误的说法。时代总是在阻止这样的事情发生。历史本身已经转向，人们越来越无法通过体验的方式去吸收这个世界的数据。回忆的能力陷入重围，因为在这个患有战争休克症的世界，体验的能力早已萎缩衰退。本雅明认为，普鲁斯特体积庞大的八卷作品就是明证，证明了一位故事讲述者试图在现代性中恢复体验的努力。即便历史发生改变，普鲁斯特的作品仍然是一场独特的胜利。普鲁斯特提出一种有关"非意愿记忆"（involuntary memory）的说法，它由某一物体触发，或许出于对某种美食的偏爱，也有可能是出于对某种过量的偏好。在这个说法中，那个物体的触发能力也是历史的产物，历史作用于人类的体验能力，因而也作用于人类的回忆能力。很久很久以前，世界是否很不一样？本雅明显然这么认为：

> 但凡谈及严格意义上的体验，个体过去的某些内容都会与集体过去的物质实体相结合。仪式上的典礼和节庆很有可能在普鲁斯特的作品中并未被记起，一遍又一遍地不断将记忆的这两种元素混合。它们在某些特定时刻触发回忆，并留存成为一生的记忆把手。通过这种方式，意愿和非意愿记忆失去了互相之间的排他性。[2]

节庆是一场被认可的越界（transgression），涉及过量的消费和过量的给予，包括挥霍浪费和放飞自我。现在，让我们来做两个前提假设。一，假设我们认同仪式中的酒神式（Dionysian）元素，包括重复、更新、欺骗、神性、祭祀、交换、赠予、暴力和愉悦。二，假设节庆的越界对混合记忆的两种元素起决定作用，且非意愿性记忆并不少于意愿性记忆。如果这两种假设都成立，那么我们该如何理解与魔鬼相关的仪式？这是否意味着越界性契约也创造了一种同等程度的慷慨，在要求人们消费奢侈品的同时也导致了死亡与贫瘠？我们可以将此契约置于现代性的门槛前。本雅明正想在这道门槛上画一道线，区分出那些能够唤起记忆的物体。而这个魔鬼契约是否凌驾于一切仪式之上，抹去了本雅明所说的"严格意义上的体验"？若果真如此，那么有关魔鬼契约的故事本身是否也发挥了惊人的助记功能？这种助记术能将记忆切除，或至少能把那些与"严格意义上的体验"相关的记忆切除？有关魔鬼契约的故事，普遍存在于世界各地，再加上它强烈的戏剧效果，人们说起来会变得滔滔不绝，层层叠叠地重复，讲述失去的感受，讲述获得的贪欲。人们讲的不是失去什么东西，仅仅是失去本身。

这让我们触及乔治·巴塔耶[①]对20世纪思想史产生奇特贡献的中心思想。巴塔耶将过剩（excess）与越界交织，创造了一种截然不同的政治经济学、资本主义和共产主义的历史学。他关注的不是生产而是消费，重点考察他所称的"非生产性耗费"（unproductive expenditures）：奢侈品、战争、各种崇拜、修建奢侈的纪念碑、游戏、奇观、艺术、有违常理的性行为……但是，在我们这个时代，经济已经取得自然的地位，成了稀缺性的科学与形而上学的基石。在讲述更多有关魔鬼——伟大的模仿者（Great Imitator）——以及他强大的契约之前，我需要先向你描绘一下他所施法的热带地区。[3]

[①] 乔治·巴塔耶（Georges Bataille，1897—1962），法国哲学家，被视为解构主义、后结构主义、后现代主义先驱，著有《眼睛的故事》《色情》等著作。

太 阳

> 太阳能是生命蓬勃发展的源泉。我们财富的来源和本质都是太阳通过辐射给予的,它分配能量——财富——但不求回报。太阳只求付出,不求回报。
>
> ——乔治·巴塔耶[4]

确切地说,我是 1970 年在哥伦比亚西部、考卡河谷南端的蔗糖种植园里,通过一帮做厨师的女性朋友,第一次听说了这个魔鬼契约。当时,我在伦敦大学的赞助下研究这片地区的废奴运动,住在一个大约 1.1 万人的小镇,镇上绝大多数都是黑人。该镇位于安第斯山脉两道山脊间一道长约 200 千米(125 英里)的河谷最南端。镇上既没有污水系统,也没有饮用水。当时,三处数千公顷的大型私有种植园正在迅速发展,分别由三户白人家庭占有经营——一户人家的祖辈追溯至西班牙殖民地时期;一户的先祖是 19 世纪晚期的德国驻哥伦比亚领事,他当时就赚得盆满钵满;第三户人家则是最近来自苏联的犹太裔移民。这三户家庭对当地颇具影响力,占有了附近农民许多土地。那些农民都是 1851 年之后被解放的非裔奴隶后代,他们通常没有获得授权,但实际上却拥有那片地区平坦河谷处四分之一的土地。在那三户人家的影响下,农民们或出于无奈,或出于自愿,都去那些大型种植园中寻找活计,由此沦为雇佣劳工。大批黑人男女从遥远闭塞的太平洋沿岸的森林涌入城镇，如饥似渴地寻找发财和冒险的机会，他们也在甘蔗地里找到了雇佣工作。这些都是新鲜事。十分新鲜。用本人偏爱的一种说法——这片地区像得了某种皮肤病，迅速变得贫瘠，尽管这种变化方式并不平衡且无计划，但它创造了大量异质的阶级形式、重叠的职业市场和现金经济。这是一种历史的时间尺度，也是我们讲述历史的方式之一。[5]

这片河谷几近赤道，惊人的坦荡富饶，黝黑的表层土壤深达数尺，这是湖沼沉积物和火山灰的共同产物。在史前时期，这里曾有一片巨大的湖泊，几千年中，火山灰不断从山上大量飘向湖内。不过，那个时代的大湖早已枯竭成了今日的考卡河，在这道狭窄的河谷中流淌。这是另一种历史的时间尺度，体现在优质土层的厚度当中，而优质土壤也是当今农商业赖以生存的基础。

这曾是一段怎样的历史啊，一段充满斗争元素的史前历史。灼热的大地不断扩张，侵入底下的地层；冷水在岩石间曲折寻路，一滴一滴，千年已逝："那柔顺的流水呵，最终要比花岗岩和斑岩更胜一筹。"（这是布莱希特受到道家老子的启发，对革命性变化意象的描述）——两种截然不同的节奏，两种共鸣的历史。"这些应和，"本雅明写道，"是回忆的数据——它们并非历史数据，而是史前数据。让节庆变得伟大而与众不同的正是与前世的相遇。"[6] 另外，本雅明还细读了他朋友 T. W. 阿多诺的一条注解。阿多诺解释了本雅明的**辩证意象**（dialectical image）这一晦涩的概念："自然在辩证法中无法获胜，它无法永久鲜活地存在当下。辩证法栖息在意象之中，置身于历史尽头，并援引早已作古的神话：自然就是前历史（pre-history）。这就是为何意象……其实就是'上古化石'。"[7] 我们可能会想问，本雅明在这种节庆的应和中看到了什么节奏——对照的究竟是大地爆发式自我毁灭的恐怖壮丽，还是柔顺的流水持续侵蚀的力量？

答案既让人困惑，也十分奇妙。耗费与骤停（cessation）之间构成了这样一种双重节奏，正如本雅明所预言的那样。本雅明在《历史哲学论纲》中提出，现代记忆和社会革命的张力会共同作用，中断历史的延续性。然而，哪怕有了必要的应和，过去通过一种辩证意象得以展现，也不能保证那些应和就会发生。[8] 这就是现代文化的特征。"过去只能当作意象被捕获，它会在闪现的那一瞬间被识别，之后永远不会再出现了。"[9]

这也是一场美妙的停顿。这是"一种弥赛亚式骤停的标志，换言之，这是一次革命性机会，让人为被压迫的过去而战"。[10] 本雅明在别处把这种火山爆发式的断裂称为 Jetzteit，意为充满现场感的"此刻－时间"（now-time），与同质化、空洞的、进化式的时间相对。因此，如果重点落在这种断裂上，那么我们必须意识到，这种暴力中的节奏同时也处于一片巨大的静止时间之中。这种时间或许正适合地球板块的挪移与重置，也同样适用于现代记忆板块在一个没有节庆的世界里寻找应和。这是休克的静止，停滞于时间之外。这是负面力量的杰作，正如巴塔耶的主权性概念一样，边界在负面性中被跨越了。

与此同时，太阳高高在上，没有它，万物就无法生长。但站在太阳底下，却无法承受它的热度，也无法直视它的光芒。翱翔的云朵越过河谷底部的青绿地带，紧紧依附着山顶，随着正午的热量闪闪发光，如同梦游般进入漫长炎热的午后。你很快就能学会寻找庇荫之所。这里有两个夏季、两个雨季，时长不等。这里植被茂盛，植物疯狂生长。"我会从一个基本事实开始，"巴塔耶在《被诅咒的部分》的开篇中写道，"活体有机物，当它的生命取决于地球表面的能量竞赛时，通常会获取比维持必要生命活动更多的能量。"[11] 20世纪70年代，人们偏向种植林木作物，玉米作物并不常见。不过，当农民种植玉米时，他们会在围裙里装满玉米种子，拿着一根尖利的棍子，在泥土上沿着一道笔直的线行走。他们用棍尖在泥土里戳出一个洞，撒上几颗玉米种子，然后用脚把洞给填起来，而且经常赤脚播种。他们不用犁，也不用化学制剂，更不用洛克菲勒生产的"改良种子"。他们也不用灌溉。如果你勤奋工作，每年可以获得两次收成：第一次收获的是"丘克罗"，一种软糯微甜的玉米，播种后四个月就能收割；另一种是干玉米，六个月也能收割。世界上很少有地方能和此处的丰饶相提并论，但这里的丰饶与人民大众的贫困之间的对比也举世罕见。

在20世纪70年代，你还能看见一片片树丛，零散的丝带标志着农民的农场。在这里，可可树、咖啡树、阔叶且闪烁着光泽的绿色芭蕉树，都在开着红花的巨型卡擎波树下遮阴。它们四周环绕着无边无际的种植园糖蔗，都在酷日下暴晒。

这里至少三分之一的农场归女性所有，并由女性打理。资本的投入基本可以忽略不计，维护和收割林木作物并不需要什么劳力，它们一年四季都会很稳定地产果，保证收入的细水长流。由于没有阳光直射，这里几乎不长杂草。一旦大雨倾盆而下，树木就会吸收雨水。当太阳直射时，树木会缓慢地通过蒸腾作用释放水蒸气。森林的表层被厚达数尺的树叶肥料覆盖，它们会慢慢渗入土壤，增加土壤肥力。这种农业生态复制了热带雨林模式。这种方式一条一条地驳斥了其他的农业原则。这些原则最先从西班牙进口，在我们的时代就是约翰·迪尔（John Deere）和美国对外援助的农业原则。它们源自美利坚合众国的广袤平原，而印第安人与美洲野牛曾一度在那里驰骋。在哥伦比亚种植园和农民的土地上，欧美开放式农业大行其道，推土机碾过那些土地，为新的经济作物开道。阳光和雨水导致杂草丛生，成为一个主要问题，解决这个问题需要大量劳力。而且，从20世纪70年代中期开始，人们还用上了具有安全隐患的化学制剂。

当年，我站在一片空地上，拍下了一张传统农场的照片。如果你看一眼这张配图，就会发现位于底部的是阔叶芭蕉树，间杂着一些咖啡树和可可树，它们上方生长着果树，而这片树丛在一棵卡擎波树下相形见绌。

讽刺的是，当人们因开放式系统而砍伐林木，这种新式生产方式带来破坏的同时，不但凸显了传统农场的复杂性，也使得传统农场的伟大和成就更为耀眼。那些旧式方法在毁灭的那一刻被曝光，而它们正朝着天空生长。这张照片捕捉到的不仅是农场的一个横截面，它同时也让时光中的一个横截面静止了，凸显了一段征服的历史。

随着新式农业日益扩张，农场被铲平，我们发现了一个新的特征：整齐堆放的树干和一堆堆柴火。树木被砍倒之后，树根再也无法吸收每年两次雨季中的雨水，导致洪水泛滥。曾经，树林中绿叶的荫蔽使得农场温度凉爽适中；如今，夏日阳光把砍伐后的土地暴晒成了干燥的黄褐色。

年轻的男性农民（赌徒）为了赚取快钱，祈求他们的母亲（坚忍的保守主义者）向银行贷款，砍掉农场上的作物，种植新的"绿色革命"作物。那些作物包括黄豆和其他豆类植物，需要化肥和杀虫剂，还要花钱雇佣拖拉机和收割工人。许多土地上的树木都被砍倒了，但快速营利的计划除了对那些最富有的农民，似乎永远都会走上岔路。债务像小山一般堆积。老年女性试图不去听从她们儿子的请求。"虽然它只给我一点点，但好歹它总会给点什么。"她们通常都那么评价自己每况愈下的土地。

随着种植园里开始播撒农药、杀虫除草，农民种植的树木也开始死亡。过去，这片土地奇迹般地躲过了被称作"女巫的扫帚"（witches' broom）的疫病，该病对可可树的打击最为致命。但是，自从20世纪80年代以来，几乎没有一处农场不被这种疫病摧毁。成熟时期，可可豆荚通常光泽饱满，呈紫色，重达几磅。但是，当感染"女巫的扫帚"时，一些令人惊讶的事就会发生。可可树会结出更多的豆荚，但这些豆荚都长得极小，萎缩成一缕缕干壳，粗糙不堪，看上去就像疯了似的；它们一阵疯长，扭曲成死亡的形状。因此……更多的树木被砍倒了。

这些树后来怎么样了？一些树木还绿意盎然就被运到锯木厂，砍成了薄薄的长条，用来做盛放番茄的箱子。种番茄的正是那些砍树的农民，他们在清理出的空地上开始播种番茄。另一些被当作柴火卖给砖瓦窑。农民农场主摇身一变，成了砖瓦匠，砖瓦窑如雨后春笋，奇迹般地四处生长。番茄和砖头，这两种相当物质性的选择都是为了应对严重的土地短缺问题，它们都带着我们在历史的噩梦中越走越远。第一种选择走的是有毒的化学制剂之路，第二种则走向了截肢，这个词在接下来的文章中会得到解释。

1970年左右，番茄是小农户们第一次施撒杀虫剂的作物。如今，这个国家几乎大部分作物都被大量喷洒了此类化学制剂。这场革命不分贫农富农，席卷了整个国家。在这片地区，无辜的（马上就变得无味的）番茄成了普瑞纳公司引领当地农民使用农药的首要工具，随之而来的就是农药对土壤和水源的影响。

如今，每当我踏上这片原来经常出没的土地，就会看到农药侵蚀土壤后留下的白色印迹，我的喉咙还能捕捉到农药的气息。1992年，一位专攻毒素的农学家来到这个小镇进行考察。他在一次公开会议上宣布，这里的土壤已被严重污染，所有生长在这片土地上的食物甚至都不能用来饲养动物！

同样让人震惊还有20世纪80年代以来除草剂带来的革命，这场革命的效果冷酷无情。一天，我们醒来之后发现，从农商业中心到共和国最边远的角落，农民们都已经不再使用弯刀割草了。他们在土地上遍撒粉末，说是那样更加省钱。譬如，即便是在普图马约，沉浸于自然疗法和草药的巫师们，也开始播撒百草枯[①]，

[①] 百草枯（Paraquat，也叫dipyridylium），一种剧毒的除草剂，美国曾鼓励墨西哥用百草枯除掉大麻作物。

杀死那些"杂草"。[12]

你可以在上面照片中看到,锯木厂的年轻男子正在锯木,用于制作番茄盒子。操作电锯的男子在不久前失去了他的右前臂。不过,他还在做着同一份工作。他的假肢上包着一层闪闪发亮的皮套,皮套上沾满锯屑。男子将木材推向高歌的锯刃,挤出了一个微笑。那一刻,图像中暴力使动作静止了。

至于之前提到的第二种选择,走向了截肢的下场。普通农场已经萎缩到只有约1000平方米(四分之一英亩)甚至更少的地步,只有一种绝望的方式还有可能行得通,那就是把优质土壤卖掉制砖,这也是为了捞钱而近乎疯狂的最后尝试。有些人把土壤卖给附近城市过来的人。那些城市依靠可卡因捞获的资金迅速拓展,人们开着卡车来到镇上购买那些土壤。目前的通行价格是每卡车6美元。相比之下,每天工资基本就是3美元左右。"卖土换

"卖土换坑"

坑"①，他们的说法要比我的翻译简洁多了。

其他人在农场里建起了自己的制砖窑炉，然后直接在窑炉附近取土。当然，这需要大量的柴火，使得更多传统农业的树木被砍伐一空。一片面积只有约 1000 平方米（四分之一英亩）的农场就是这么操作的，他们租用一个挖掘机，挖出一个 7 米深的坑，持续工作 4 年，直到什么也不剩为止。到那时，农场早已消失，取而代之的就是一个坑。这里的土壤以烧制高质量的砖块著称。制砖不需要稻草，泥土足矣。火山喷射出的灰土落在湖中，被挤压成稳定的乳状体，即制陶所用的泥土。

或许用不了许多年，这里的土地都将不复存在，只剩下种植园里的甘蔗地，镶嵌在蜿蜒曲折的水路之间。化学制剂污染了小

---

① "卖土换坑"（Sold for a hole）的西班牙语原文是 Se vendio para hueco。

型湖泊，孩子们在其中欢快地游泳嬉戏，正如这片大地上史前湖泊的记忆一般，搅扰着荷花的清梦。当然，除非最新的生产方式能发挥影响力，否则，目前城里来的人正在说服农民，让他们用手推车把有毒垃圾推进他们的坑里。事件的转变实在穷凶极恶，让人觉得不可思议。

魔鬼契约

　　1972年，甘蔗地的厨娘们首次向我讲述了魔鬼契约的故事。那时，距离我刚才描述的那些惊人的转变尚有几年。厨娘们说得煞有其事，锅里冒着热气，灶里生起了火，她们交头接耳，高兴劲儿不输一盘盘上桌的食物。我听到了一些传言——记不清到底是什么了——于是，我就向她们打听。可不是，曾经有那么一帮男人，通常都是砍蔗工人，他们和魔鬼订立了一个契约，不用额外费力就能比平时砍更多的甘蔗，赚的钱也会大大超出正常水平（种植园工人是根据他们的产出而非工作时长计费的）。在那次对话后的几个月之中，几乎我问过的所有人都知道这个故事。这并不常见，但也不稀奇。只有一次，我碰到了一个确实了解内幕的人，他对事情的来龙去脉非常清楚，知道曾有一个人在甘蔗地里试图与魔鬼订立契约，但在立约过程中吓破了胆。那是一个年轻男人，他生长在山脉另一边太平洋沿岸的丘克（Chocó）地区。在蔗糖产区的人们看来，丘克地区向来以巫术而臭名昭著。这个年轻男子依靠的是一本在墨西哥印刷出版的巫术书，普图马约的流浪印第安药剂师和治疗师把这本书带到了集市，他买下这本书，隐藏在一片成熟的、超过一人高的甘蔗地里，根据巫术书的指示，剜出了一只黑猫的心脏。正当他根据书中指示开始诵祷时，一阵强风平地而起，向他刮来，天空也暗了下来。天色突变把他吓得半死，他丢盔弃甲，开始逃命，在甘蔗地里跌跌撞撞寻找出路。

不过，这个故事通常都和一个遥远的无名氏有关。这位无名氏或是一个位于人类远景地平线上的影子，或是一个受命运摆布的男性漫画剪影——他可能是一个僵尸般的男人，不断重复奇怪的叫声，穿过甘蔗林，大片大片地收割甘蔗；他可能带着一个巫师为他准备的小人偶；他可能立马就被种植园工头给解雇了，理由是他砍得太多，比任何人都多；他可能是工友们嘲笑的对象，"天啊！你那个小人偶陪你度过了多么漫长的一天啊！"几乎每个人都有一些这样的故事要诉说。

几年之后，我跟一位老朋友瑞吉娜·卡拉巴莉谈起了这个话题，她是那群厨娘其中一人的姊妹，曾把我带进过甘蔗地。她告诉我："好吧，他们现在不再用魔鬼了。他们吸大麻。"对我而言，那个教训十分珍贵，但我总是出于必要把它从记忆中删除。事情总是瞬息万变，许多事都取决于你在不同时间节点看待问题的视角。不过，我也能分辨出其中的连续性，在魔鬼和大麻之间存在着一种波德莱尔式的应和——此时，我想到了本雅明的定义，他认为波德莱尔指的应和是一种事物之间的交感巫术，我们也"可以把这描述为一种试图为自己建立危机防御机制的经验"[13]。

同时，我还听说，如果受魔鬼契约影响的男人在哪片甘蔗地工作,那片土地就会变得贫瘠。砍伐过后,那片甘蔗地就会停止产蔗。甘蔗就像巨大的青草,你收割了一轮,几周之内它又会长出来,在接下来一年或稍长的时段内,根据阳光和雨水的情况,进行下一轮收割。这种生长周期会持续 5 到 7 年,直到蔗糖成分低于正常经济收益水平。每一批或每一片同时种下的甘蔗地都被叫作一笔"财富"(suerte),如果一笔"财富"当中的某些甘蔗是在魔鬼的契约下被砍伐的,那么整片"财富"的甘蔗根部都不会再长出任何甘蔗了。整片土地都必须重新耕犁、重新播种。我记得有一次路过一片开放式土地,那里寸草不生。与我同行的人曾在种植园做过几年挖沟工人,他告诉我,根据这附近一带居民的说法,一个和魔鬼订立了契约的人曾在那片土地上工作过。当时,我们能清楚看到蔗糖厂自带的大烟囱。几个月后,那片土地就被重新犁了一遍,种上了新的甘蔗。

当我进一步打听时,发现这个契约还有其他奇怪的特征。契约的细节模糊不清。谁是订立契约的专家,立约的过程如何,这些都靠凭空猜测。不过,小人偶倒是被经常提起,这暗示着某种来自太平洋沿岸的印第安巫术的影响,那里也是许多黑人劳工移民的输出地。

两类人似乎受契约豁免,也就是女性和农民。后者或拥有小型农场,或在农场里做雇佣工。20 世纪 70 年代早期,大量女性在种植园里做除草工,她们用的是长长的、锋利的弯刀,当地话叫"帕拉"(pala),那是 18、19 世纪奴隶们使用的工具。随着 20 世纪 70 年代化学制剂的引进,这些女性和她们孩子的工作就成了徒手播撒除虫剂。显然，这些女人也和男人一样亟须收入，而且她们的需求可能还要更多。因此，表面上看，魔鬼契约中那些显而易见的好处应该也能吸引不少女性。但是，当我向朋友发问时，一些人就会指出，女性在现实中或原则上承担了抚养孩子和维持家庭的主要责任，而魔鬼契约带来的工资对她们毫无用处。事实上，那些工资很有可能就是一场彻头彻尾的灾难，就像之前描述的那样，只能用来购买奢侈品。

换言之，这在本质上就是贫瘠之钱。甘蔗地不再继续产蔗，买来或租来的土地会变得贫瘠，用这笔钱买来的牲畜会日渐消瘦。甚至没有足够的钱抚养孩子！这笔钱也无益于扭亏为盈。它不能用于投资。而且，它的**负面性**还不只这些。这种钱似乎具有积极的消极性——它不仅无法用于干这干那，还能恣意地抑制自然的再生产倾向。

同样地，根据这种说法，一个农民，无论男女，都不会签这样一个契约。因为他们无论多想增加收入，都知道那只会杀死作物。哪怕是农民土地上的雇佣工也不会签订这样的契约。签约的只有那些贩卖商品的男人——用卡尔·马克思的话来说，他们贩卖的商品就是劳力——在种植园中打工赚钱。

此处，我们需要思考一下这些邪恶（魔鬼）契约的罪恶本质——这些故事中的诡谲怪异、被跨越的界限、未被探索或无法被探索的深度，都激发了一种**危险**的感觉。哪怕只是谈论这样的事都看似冒险，无论风险多小，人们都可能被那种力量污染。我希望借此将注意力转向危险与失德的合流——转向一种具体的实践性宗教,那就是我们知之甚少却极为常见的禁忌与越界。① 为了更好地了解这个问题,我们下面就来拓展考察范围,在回忆中审视一下最近活跃在经济史中与魔鬼有关的其他地点。

金 子

不久以前,在哥伦比亚炎热潮湿的太平洋沿岸,一条独木舟从廷比基河(Timbiquí River)顺流而下,船夫站在船头,引导独木舟在岩石之间穿梭,拿着船桨指向最近一个男人溺水身亡的地点。那个男人的独木舟倾覆在泛滥的河水中。尽管他熟悉水性,但被胶靴拖累。船夫的注意力虽然更多放在我们面前的石头上,但他平静地补充了一句,说那个男人是被自己的假牙呛死的。言谈间正下着雨,森林到处都绿光闪闪,那是世界上降雨量最大的地区。

那里的山脉坐落于海岸附近,呈平行分布。河水又直又快。洪水泛滥时会形成一种潮汐,当地人把它叫作"洪水炸弹"(la bomba)——潮汐会形成一堵水墙,呼啸着涌向黑色的石墙。

不过,那个溺水而亡的男人当时肯定非常自信。那里的人们在独木舟上长大。我只需稍稍动用一下脑筋,就能想象出他说话的样子。过了一会儿,浑浊的水流开始灌入他的靴子,越来越硬,愈发踢不动了。他的牙齿卡在了喉咙里。可是那儿能有几个镶假

---

① 禁忌(taboo),也有译作"塔布""忌讳";越界(transgression),也有译作"僭越""侵越""海侵""违反"等。

牙的人呢？镶假牙需要钱。那片地区的建筑摇摇欲坠，一片混乱，岩石中豁口的金矿面对着急驰的流水，生锈的铁栏杆从金矿中探出头来。那些建筑是大萧条时期法国矿业公司留下来的，为了争夺它们，想必有过不少明争暗斗，更别提采矿权的争夺了。一切但凭实力说话。

我猜，那个男人占了上风。因为溺水身亡的男人在生前拥有金矿，由此相传他和魔鬼站在同一阵营。他借此机会才挖到了金子。任何人唯有通过这种方式才能发现金子。这种事关系重大，却也相当常见。我的思绪回到了1975年的一次访问。当时，死去的是另外一个男人。一天晚上，他被人用白兰地酒瓶殴打致死，尸体被丢进了河里。此前一周，他刚从内地的种植园回来过复活节。他在种植园里靠砍伐和装载甘蔗发了财，全身上下打扮得珠光宝气——太阳镜、时髦的衬衫（还有黄油？这我就不清楚了）。如果你离开河水走进内地，你就必须衣锦还乡。但如果你确实成功地回来了，那就会引起嫉妒。如果你引起了大家的嫉妒……沿海地区有一种人尽皆知的说法，充分表达了互惠的概念："在沿海地区，一只手会清洗另一只手。"[14]

精灵女王

现在，夜色已沉，在印第安男神（Indio Macho）的神龛背后，我们可以看到糖厂闪烁的灯光、巨大的烟囱和冉冉上升的烟雾。几年之后，我突然意识到，当年委内瑞拉中部这个若隐若现的糖厂，一点儿也不亚于它所在的那座魔山，全国成千上万的朝圣者都会来这座山朝拜。糖厂与魔山之间存在一种亲属关系。二者都笼罩在神话般的现实中，尽管那些现实在表面上天差地别。魔山就是一个寓言；糖厂真实而残酷，尽管里头灯光闪烁，一天24小时都在连轴转。哪怕是圣诞节，工人也必须上工。他们竟然在耶稣受难日放火烧甘蔗地！糖厂一刻都不放松。或许，我们可以偶然把一方当作另一方的寓言，但有趣的是，或许也非常重要的一点是，魔山显然是想象力的杰作，它是一种奇观、一件艺术品，而糖厂看起来根本不是一回事。相反，它看上去十分自然，其存在也被认为理所当然。人们在山上为自然举办庆典，庆祝它作为精灵女王施法领域的一部分，而精灵女王本身也是国家的象征。相比之下，糖厂倒显得更为自然，因为它常规而普通。然而，当你意识到这种类比和亲属关系时，糖厂也开始显得像是被施过法，或至少显得心怀鬼胎、鬼神附体，不再那么自然了。[15]

我在黑水区（距离山脉大约40千米［25英里］处）遇到了砍蔗工人，他们来自哥伦比亚的太平洋沿海地区，那里是世界上最边远的地区之一。他们告诉我绝不会为这家糖厂工作，因为古巴裔的糖厂主为了维持他的生意，和精灵女王订立了契约。这个契约规定不时就要死一个工人，而他的灵魂会被魔鬼带走。路易斯·曼纽埃尔·卡斯蒂罗是一位74岁的委内瑞拉老人，他生在科罗（Coro），过着独居生活，在距离魔山约32千米（20英里）左右的山丘上的一家小农场做保安。卡斯蒂罗告诉我，他第一次听说精灵女王时正值22岁，在奇瓦科阿镇公共事务部门工作。人们传言，根据精灵女王和古巴农场主的契约，每周就要死一个工人！

当时正是1940年。他记得，糖厂付了一大笔钱给一个男人，让他涂烟囱。那个漆匠日复一日在烈日下工作，一寸一寸朝上爬。爬到顶端时，他晃了一下，掉进了烟囱，活活烧死在下面的焚烧炉里。但是，距今10年之前，另一个叫作路易斯·卡洛斯的人说，一个不同的故事开始流传。据说，精灵女王不想要穷人的灵魂，毕竟他们只是在保卫自己的家园。现在，她来要糖厂主的命了。

生　命

从20世纪70年代中期直至1990年，我经常住在一位名叫圣地亚哥·穆屯巴乔伊的印第安治疗师家里。[16]殖民者认为那片地区的印第安治疗师拥有魔力，他们住在安第斯山脉的山麓与亚马孙北部热带雨林的接壤处，那里经常白云缭绕。我对这一现象深感好奇。正是在那里，我学到了人生中最重要的一课，而我自己的生长环境几乎完全掩盖了这个问题——那就是嫉妒的力量，独特且具有压倒性。治疗师必须通过歌曲和药物提取嫉妒，嫉妒作为一种物质和力量，在巫术的作用下，注入被嫉妒的人的身体里。人们相信，几乎所有重大灾难都是由于心怀嫉妒之人通过施法引起的——哪怕是最穷的穷人，当他们生病时，也会说这是因为别人嫉妒他们——而任何事情都可以引起嫉妒。

那么，到底是什么引发了嫉妒呢？被嫉妒的一方被看作比别人拥有更多东西，这个事实就能引起嫉妒。拥有更多什么东西？更多牛？更好看？手脚勤快的孩子？更健康？更多钱？这个清单没有一个公约数，肯定不是钱，除非钱和生活本身的丰富有关。

此外，死者对于生者的嫉妒倒是颇有益处。

一天，一位上了年纪、讲着一口印加语和西班牙语的女人带着一些孩子过来看病。他们留下来住了几天。孩子们的父亲几个月前去世了。随后，他们的母亲也死了。人们跟我解释说，父亲"从另一边"把母亲叫走了。死者会干这种事儿。现在，孩子们也可能被叫走。治疗师会在一天之中找到某一个时辰，和其中一个孩子坐在一起，轻柔地唱歌，用他的治疗拂过孩子的身体，扬起药物和烟草的烟雾。

几个月后的一个晚上，关于这些孩子的话题又被提了出来。当时，我们喝了烈性药水，脑袋里又像在游泳又像在唱歌，眼前的图景如潮涨潮落。我强烈怀疑若不是服用了这药，我和治疗师可能会对孩子们的事绝口不提。他们的父亲是一个印第安人，他跟撒旦（魔鬼）纠缠不清，死在了魔鬼手上。他鲁莽地从集市上的流浪药师那儿买了一本巫术书，学习书中的魔咒。一天清晨，他出门捕鱼，在河水的雾气中遇见了一个陌生人。他回家后就开始发烧，腹泻带血。几天之后，他就死了。他的妻子随后也死了。现在，他来召唤他的孩子们了。那么治疗师呢？他也在召唤，不过是在这边召唤。两边都在召唤。

可卡因

差不多和上述同时期，我在山上另一位治疗师的家里遇见了一位饱经风霜的老殖民者。他是一个黑人，来自沿海地区，许多年前就移居到了普图马约，目前拥有一个小农场。他经常面带微笑。他和他儿子正在非法种植古柯（coca）树，可卡因就是提取自这种植物。这也是他们人生中第一次真正赚到钱。他正处于人生巅峰，双眼闪闪发光。他问了我一个问题，但又像是在跟我玩游戏或排练一堂课。他问我，你知道怎么绕过警察和路障来走私可卡因吗？我摇摇头。"好吧，你要弄到一个死婴，把它的肚子切开，去掉内脏，把包装好的可卡因塞进去，把肚子缝起来。然后，好妈妈就会抱着娃娃，娃娃靠在她的胸口，里头装着珍贵的货物，就那样通过路障，天知道，可能还会到迈阿密和纽约吧。"

石　油

20世纪70年代中期，我听说墨西哥的莫雷洛斯州和格雷罗州发现了无头的儿童尸体，曝尸地点有时在桥下。整村的人都把他们的孩子关在家里，不让他们去上学。关于分尸的说法很迂回，那些说法都坚持并解释说那些是圣体的碎片。某人的叔叔或者某人叔叔的朋友参加了其中一个孩子的葬礼，暗中观察了一下那具尸体。我的老天爷！无头尸体！可是大家啥都不说！不过现在，我们都知道了。在格雷罗州，一个女人跟我讲述一帮男人如何在墨西哥东南部打洞寻找石油的故事。洞里传出了一个声音。"如果你要挖出石油，就拿很多很多孩子的脑袋来换！"工人把这事告诉了工头。工头告诉了经理。经理告诉了共和国的总统，而总统告诉了联邦警察局。"如果那是必须的，那我们就得按章办事。"那时，墨西哥都在疯传，期待发现了不起的石油富矿。

木提术

在南非的索韦托[17],我们能在报纸和几乎每天的生活中都找到与巫术相关的讨论。这种巫术叫作木提术(mhuti),据说正在扩散。一周之前,有人告诉我,一家农民工居住的小旅馆附近的地下发现了一具被肢解的尸体。那是一个索韦托男人,他的心脏、生殖器和舌头都被割了下来,用于木提作法。有记录显示,农村地区(比如羚羊岭)有大批学生袭击当地公认的成功商人,据说商人的成功源自他们使用了这样的木提术——比如,他们会在门廊下面埋一条舌头,以此吸引顾客;或者,他们会埋生殖器,确保生意兴隆。听说木提术还会经常用到婴儿。"那女人呢?会用她们的身体吗?""不会!"我的一个新朋友是一位女性,她说:"女人只会被强奸。"

被诅咒的部分:消费理论只字未提消费的意义(你能相信吗?)

通过这些故事,你是否以为这篇文章的主题就是让我们从历史的视角审视消费?[18]且允许我调整一下讨论的方向,通过乔治·巴塔耶毕生经营的哲学课题,来理解越界和耗费——意思就是消耗或花费,尤其指过剩的耗费,这当然与消费诡异地保持一致。①而我指的过剩则通过令人费解和迷人的方式,跨越界限,

---

① 这两句话中涉及多个近义词 expenditure、dépense(法语)、spending 和 consumption,这些词在本书中多次出现。它们的意思很多时候都能互换,包括:损耗、耗费、开销、花销、花费、消费等。

将相对的事物联系在一起。

"我是唯一不把自己当作尼采评论家的人,"巴塔耶写道,"我和尼采一样,都是哲学家。"在此基础上,我们或许还能从尼采的《偶像的黄昏——或如何用锤子思考哲学》中得到一点启发。在那本著作中,尼采反对达尔文主义中"为生命而战"的意识形态。他坚称,慷慨挥霍才是生命和人类历史的驱动力。凡有竞争之处,伪善者,也就是伟大的模仿者,总能超越强者,占据上风。[19] 关于这一点,我们之后在讨论"伟大模仿者"、魔鬼的力量和礼物的问题时还会提及。类似地,当尼采首次提出"永恒回归"(the eternal return)的概念时,充满了无限耗费、溢出边界感觉。尼采赞美太阳,感激太阳赋予人类以盈余之光,他也渴望付出——不是付出什么东西,仅仅只是"付出"——这种行为势必把他往下拉,就像太阳在夜里落入地下世界一般。"请为那只想要漫溢的杯子祝福,清水涌出杯子,变成金色,将你的狂喜带到四处。请注意,这只杯子想要再次腾空自己。"[20]

1933 年,巴塔耶时年 36 岁。同年,他第一次正式发表了对于这个问题的看法。巴塔耶表明,首先,人类活动不能约减为生产和保存的过程。其次,我们必须把消费分成两部分,一部分"最低要求表现为对生命的保存,并且保证在一个既定社会中个人生产性活动的进行";另一部分(被诅咒的部分,"诅咒"在拉丁语词根 sacer 中也意味着"神圣")则是**非生产性耗费**。举例来说,包括奢侈品、节庆、战争、各种崇拜、奇观、游戏、艺术、革命、死亡和性。巴塔耶坚持认为,当我们把耗费定义为非生产性、非功利性时，必须清楚强调耗费"尽可能越多越好，如此才能显示耗费的真正意义"。[21] 总体上，他断言："一个社会总会生产出多于生存所需的东西，它拥有可以支配的剩余品。这个社会恰恰取决于剩余品的使用。"接着，巴塔耶在一段极其重要的评论中说，剩余品"是骚动的根源，会引起结构性变革，改变整个社会的历史走向"。[22]

"我思考事实的方式与合格的经济学家不同，"巴塔耶在《被诅咒的部分》第一卷序言《耗费的概念》中如是写道。"我认为，与小麦的销售相比，祭祀仪式、修建教堂或珠宝礼品同样有趣。简言之，我不得不徒劳地向您阐明'普遍经济'这一概念。在这个概念中，我考察的主要对象不是生产，而是财富的'耗费'（'消费'）。"[23] 第一卷的题词来自威廉·布莱克的"丰裕即美"，接下来的章节就开始长篇累牍地列举各种案例，展示世界历史中不同生命进程对待过剩问题和剩余品的方式：阿兹特克人的祭祀和战争；瓜求图族和他们邻人（就在加拿大温哥华北部）之间互相比拼礼物的夸富宴；加尔文宗利用充分的禁欲主义来杜绝丰盛生活，加强资本主义，巩固资产阶级；苏联通过暂停奢侈品消费来发展工业；最后一个是马歇尔计划。在分析这些案例之前，巴塔耶首先提供了一章精彩的理论性导论，其中谈及太阳和20世纪两场世界大战（很大程度上也包括冷战）。他认为这些都是庞大的花销，意即开销、浪费或非生产性的过剩耗费。巴塔耶希望通过这些休克策略和其他方式，达成他经常认为不可能达成的目标（他所谓的虚构作品之一即以《不可能性》[The Impossible]

为题)——理解无用之物，了解它们在人类愉悦、残忍和生存中的确切意义。如我之前所述，巴塔耶对过剩的关照引导他开拓了一种丰富美妙的经济学，兼容死亡、性、笑声、暴力以及神圣性（现代和非现代世界都包括在内）。吸引力和厌恶感在热情和变动中混合，将这些事物汇集起来。耗费则在一种永不间断、瞬间发生的双重运动中，同时调动禁忌和越界，实现了这种混合。[24]

若曾有过某种消费理论的话，那这就是一种典型的消费理论。的确，理论一词在此处看来颇为局限，因为巴塔耶所谓的**普遍经济**（general economy）原则同样适用于规训这个概念本身。当"天堂敞开"时，该原则也适用于过剩和越界。按照巴塔耶的话来说："当一种思想到达巅峰，它的尾端就会离开它运行的轨迹。"[25]

礼　物

如此一来，如何理解我的那些故事？如何批判？重要的是，我们需要置身于那些故事的力量和想象的场域之中。我们绝不能让故事奴颜婢膝地臣服于其他的讲述方式，仿佛换一种方式也能说出故事想要表达的意思——譬如，用工具性的眼光去看待故事，用它们来达成平等、限制个人主义的目的，或把它们包装成反对贪婪、挥霍和资本主义逻辑的道德传说。我本人之前也暗示过，在哥伦比亚西部的蔗糖种植园中听说了魔鬼契约后，我在某人的建议下使用"荟萃"（constellate）一词，描述该契约如何以惊人的准确度将卡尔·马克思的不同思想集中体现了出来。在《资本论》的第一部分中，马克思考察了使用价值和交换价值的复杂运行，二者不仅共同促成了商品形式的出现，也形成了马克思所谓的"商品拜物教"。[26] 撇开需要进一步阐释的神秘事件不谈，我认为这种暗示的很多力量源自一种特定的矛盾，一方面是当地农场的礼物经济特征（正如马塞尔·莫斯分析的那样），另一方面则是近来出现的种植园经济，后者摧毁了小农经济，创造了种植园商品形式。[27]

这种分析未免太过普通，用功能主义方法进行文化批判也不过是拾人牙慧。因此，让分析变得与众不同的是参照物的异域风情。这能让我们疏远熟悉的认知方式，另眼看待市场交换、生产和消费。但是，舶来品并不一定能够保证疏离感的产生。此处，我想回顾一下马塞尔·莫斯颇有影响力的名作《礼物》。巴塔耶让我们对"礼物"这一概念产生了新的解读，假如这种解读得以奉行，20世纪人类学的历史或许早就彻底改变了。在莫斯的解读中，礼物基本上被理解成一种典型的等价交换，随之形成的是一种"总体的社会事实"。用克洛德·列维－斯特劳斯的话来说，这就是"一个同时兼具社会性和宗教性、巫术性和经济性、功利性和情感性、法律性和道德性的事件"。在众所周知的理论框架中，这意味着前资本主义社会的经济性被定义为付出、回报和偿还的义务。[28]

义务——例如，付出的义务——是一个让巴塔耶头疼的问题（出于同样的理由，也让莫斯颇为头疼）。因为义务这个词十分特别，而且蕴含着一个终极矛盾。一方面，礼物被看作自发慷慨地付出；另一方面，送礼又是精打细算、出于个人利益的。[29] 在文章首页，莫斯即指出了这个矛盾："在本书中，我们旨在单独分析一个重要的现象：理论上看似自愿、无私且自发的馈赠，事实上是义务所致，且涉及利益。"[30]

巴塔耶具有决定意义的一步就在于介入"付出的义务"（the obligation to give）。他尝试了所有他知道的修辞手法，然后利用其中一些手段，让读者从惯性思维中解放出来，得以承认付出的义务中"混杂"着慷慨与自私，其中深不可测的矛盾令人极度痛苦。另外，巴塔耶甚至试着让读者去欣赏他所谓的"主权特质"（quality of sovereignty），该特质在礼物中即表现为没有回报的损耗（"太阳只求付出不求回报"）。

与之相对，莫斯强调的是付出的义务性本质。在他看来，付出更像在遵守某种规则，而非付出本身。当然，归根结底，整个问题还要回到什么才是付出本身？巴塔耶承认，像夸富宴中那样的付出确实混杂着慷慨与自私，但他认为，从逻辑和社会学的层面上看："我们不能将竞争原则置于主权慷慨之上，后者才是赠礼的源头；若我们厚此薄彼，那就是将讨论的条件本末倒置"。

> 付出的一方需要进行计算……如果这样的话，游戏就会终止。哪怕付出者假装慷慨，到头来还是慷慨本身占了上风。毫无疑问，在这些业已作古的形式中，游戏规则就是付出者必须假装，但若付出得不够，付出者的慷慨也无法奏效。最终，谁超量，谁就赢了，而他的主权特质也会赢得尊敬。[31]

这种分析并非要否定交换或是等价交换的存在。与其如此，不如说这取决于分析的焦点所在，以及那种视角背后的含义。功利主义的解读聚焦在礼物的互惠交换上，你我都能从中获得一些利益——亚当·斯密的以物付薪、以物易物和交换被当作普世皆准的法则，写入了有关礼物的误导性思想之中。巴塔耶式解读反对将社会视作如钟表般精准的互惠体制，它断定社会还存在一种额外的、顽固的颠覆性特征——那就是拼命付出和耗费，对连贯平衡的社会生活造成创伤。巴氏断言，这种特征和耗费禁忌对人类文化必不可少，也是人之为人的前提。在这种拼命花销和耗费禁忌之间存在一个神秘的空间，构成了一个美妙的世界，我们看似对这个世界知之甚多，却无法用言语表述。个中原委一部分是形而上的，一部分是因为有组织的宗教或其留下的道德体系的痕迹的激烈施压，另一部分则是出于政治强权下的文化和心理压迫。[32] 巴塔耶的作品致力于描绘这个世界，当这是一项不可能完成的任务。人类面临着双重远景：一端指向暴力的愉悦、恐怖和死亡，而这正是诗歌的视角；另外一端则指向科学和功利的现实世界。有用和真实的东西才具有严肃的特征。我们从来没有选择诱惑的权利：真相对我们握有大权。的确，它完全有权那么做。但我们能够做出回应，也确实必须回应比权利更强有力的存在。我们回应的不是上帝，而是那种**不可能性，我们只有通过遗忘所有这些权利的真相、接受消失，才能应对那种存在**。[33]

几年前，我用马克思主义的解读方式，从"礼物的视角"，将甘蔗地里的魔鬼契约理解为一种对商品形式的流行文化领域的精准表述。若礼物原则是等价交换，那我们可以把魔鬼契约视为对该原则的一种惊人的肯定，抑或病态的肯定，毕竟慷慨送礼换来的却是贫瘠与死亡的传播。如今，我认为纯粹的过剩体现了它的特殊之处，并且值得强调——众多阐释的可能性使分析变得没完没了，"过多性"作为关键概念突出过剩，这些概念之间剧烈移动，礼物与死亡、创造与毁灭之间的距离之短，令人不寒而栗。[34] 作为一个普遍存在的古老传说，魔鬼契约似乎正竭力给我们上有关礼物的重要一课，试图告诉我们礼物如何以越界为轴心，体现投资与花销间生死一般的关系。

至此，巴塔耶对礼物的解读就十分合理了。首先，他不仅允许我、更是迫使我去思考魔鬼的存在，就历史上邪恶的表象提出更宽广、更完善的问题。其次，他让我开始质问，为什么我所有的故事都涉及如此不堪入目的禁忌越界？从非法的魔法契约本身开始，继而是甘蔗地里肆虐的贫瘠、被谋杀的儿童，甚至是石油和可卡因的例子中对婴儿尸体的非法使用，以及在木提术中被成功商人们使用的身体器官。第三，我们该如何理解，魔鬼的工资只限于男人购买奢侈品，若把这种工资用于投资，将会产生致命性后果。这究竟是怎样一种积极的消极性？他们使用的词是"抽干"。男人一旦签约，他的土地和动物都会被抽干，及至死亡。女人不会签约，因为一旦签约，孩子们就无法正常成长。这种钱是典型的贫瘠收入。显而易见，它不是资本，无法用于再生产。

这些故事都是伤疤，象征着断裂，用以接近美妙的完整，也就是巴塔耶所说的主权性，意即非征服性的征服。

这些极端——财富与死亡、损毁的尸体、对婴儿与儿童尸体的侵用、奢侈与贫瘠——无不体现了过剩拥有一种无法言喻的神秘性。它摈弃有用之物。它的感官性（sensuous）不比合乎逻辑的亲密性差，这种感官性通过一种难以描述的方式，在吸引力和厌恶感之间来回摆动，将过剩与越界结合在一起——这是"一种推力与反推力、潮起潮落的双重运动，二者在禁忌和越界的剧烈冲撞中得以结合"。[35]

魔鬼形态各异，神秘莫测，前后矛盾，堂皇暴烈，他就是吸引力和厌恶感这种双重运动的缩影。魔鬼是神明被亵渎后的化身，他在这场旋涡中辐散狂野的能量。作为伟大的模仿者，他不仅反对上帝，还否认本体论上将意义固定下来的可能性，也就是说，他否定的是上帝在我们面前一直高悬的坚定意义。作为邪恶的至高象征，他总是太过有趣，也太过诱人，以至于基督教的怨恨无法将他束缚在一种简单的他者性的辩证法之中。魔鬼是越界的有效代言人，这使得其**坚决不妥协的性质**呈现过剩状态。因此，我们现在不妨效仿一下黑格尔有关消极性的动人声明。在《精神现象学》（*Phenomenology of Mind*）的著名序言中，黑格尔写道（巴塔耶在科耶夫①的影响下也引用了这段话）：

然而，心灵的生命不会回避死亡，也不会远离毁灭；它会

---

① 亚历山大·科耶夫（Alexandre Kojève，1902—1968），法国哲学家、外交家，生于俄国，存在主义的新黑格尔主义的代表，著有《黑格尔导读》《法权现象学纲要》等。

经受死亡,并在死亡中保持存在。只有当它被彻底撕裂时,才会找到真相。这种巨大的力量不会通过远离消极而成为积极,不像我们提及任何事,经常会说那不是微不足道就是假的,在做完之后,就转到其他事上去了。恰恰相反,心灵正是这样一股力量,通过正视消极,与消极共存。这种共存拥有一种将消极转化成存在的魔力。[36]

否定的否定

巴塔耶认为,耗费和节庆一样,并没有使人类回归动物性,反而使其更接近神性。他引导我们关注他看到的奇特的越界动态,注意有关禁令的禁令,了解他所谓的"否定的否定"——在这场运动中,压迫增长了"十倍",生命也由此被投射进一个更为丰富的世界。魔鬼就是上帝之敌,与魔鬼的亲属关系就是"否定的否定"的典型之一。这种亲属关系揭示了这个更为丰富的世界,巴塔耶的"主权性"幽灵也随之出现——"那是一片虚空,相对而言,我们存在于一个充满物质的空间,它受到失去丰盛的威胁,却对此既害怕又期待……它需要不确定性,期待暂停。"[37]

"难道还有上下之分吗?难道我们还没在无尽的虚无中迷失方向吗?"[38] 太阳昼夜交替,阳光溢出边界,但是,当太阳沉入魔鬼居住的地下世界时会发生什么,会带着尼采同行吗?毕竟,尼采如此向往像太阳一样,只求付出,不图回报。更确切地说,他从太阳那里获得,又想效仿太阳付出所有,不求任何回报。[39] 他仅仅就想付出所有——这种措辞如同崖边危悬，让我们联想到巴塔耶的战友罗杰·凯卢瓦（Roger Caillois）那令人不安的声明。1935年在一篇有关"模仿"的文章中，凯卢瓦写道，他渴望变得相似，但不是与什么事物相似，"仅仅就是相似"。[40] 由此，或许我们会想重新理解这种"只求付出不求回报"的想法？

尼采认为，"只求付出不求回报"意味着一种特定的表象论（此处，我们使礼物的含义实现了一次彻底而美妙的本质飞跃），它同时包含了创造的愉悦和毁灭的快乐。换言之，这就是一种释放，"表象、模仿、转型、转变、任何模拟和表演，这些所有力量联合起来一同释放，关键在于确保变形的灵巧便利，随时都能做出反应"。这样的人会"进入每一层表皮"。[41] 这就是酒神精神的动力。但是，魔鬼这个伟大的模仿者尤其反对"只求付出不求回报"。他订立契约，勒索要价。魔鬼遵循肆无忌惮的聪明原则，成为历史的赢家。他占用酒神精神的礼物以及其中的模仿力量。[42] 那是另一种冲动，相当不同，但同样极端——当然，它终极邪恶的骗局就是创造已经实现越界的幻觉。然而，那"重大事件还在途中，还在徘徊；它还没传到人们的耳中"。[43]

后　效

在这些故事中，我们可以把**消费**看作一种远远大于需求效果的现象，不管那是基本需求，还是文化推动的需求，何况二者之间是否真有差别还不好说。我们还可以通过这些故事，发现消费能够绕过边界，不时成为一种神秘甚至是神圣的力量。假如我的故事真的产生了这些效果，那么，我们必须回到我对于这些故事的消费上来。

这些故事与它们描绘之事的关系，让我们回想起巴塔耶反功利主义的尖锐立场。在他对拉斯科岩洞（Lascaux caves）壁画的动物和打猎场面的解读中，那些图像并不具有保证打猎胜利、需求得到满足的魔力。相反，人们用暴力打破反对屠杀的禁令，打开通往神圣的大门，而那些图像就是这种暴力的体现。如此一来，图像便与魔鬼的故事如出一辙，都处于一种诡异的真空地带，没有戒律、神圣和义务——这就像礼物本身，让人联想到本雅明对（"真正意义上的"）经验形成方式的解读。本雅明认为，记忆中意愿和非意愿的元素，通过集体仪式和节庆，相混相容，促进经验的行程。因此，我们不妨说，那些谈及上帝和世界的故事并没有那么多的社会功能去满足某种需求，或甚至背叛某项事业。那些功效发生在事件之后。这正如有关礼物的赠送，它们历经一长串无名故事讲述者的讲述，再经过我的转述，呈现在你面前。它们具有主权性，却没有实际用处——换言之，礼物作为仪式艺术是用来被消耗的，但它们的内部却在否定的风暴中不断扩张。说到底，这也是历史学和人类学的命运，这两种学科的基础性力量就在于对过剩的储备。没有这种储备，意义和表象就无法存在，也就是说，人们对隐喻的字面基础的信仰也将不复存在——很久以前，或在那些遥远的地方，人类的祭祀、灵魂附体和奇迹确有其事，而参与签订魔鬼契约的鬼魂与精灵、术士与女巫、众神与人类也确实曾在大地上携手并行。历史学和人类学,与民间传说和某种大众智慧一起,储存那些难以置信的行为,为它们提供证据。但是,它们如今不得不在语言的要求下,展现旁征博引、比喻和列举等各种技巧。

我们生活在一个充满实用表象的世界之中。假若耗费的游戏从人的神圣本质转移到了事物的拜物教力量,我们也就愈发亏欠这些魔鬼故事带来的礼物。它们带来了狂野的生命力,就像太阳那样,只求付出,不求回报,承担着纯粹的耗费——在甘蔗种植园的工厂系统带来"规模效益"之前,在这种效益带来的毁灭与贫困同样严重之前,大地也曾从内而外地掏空自己,它喷出的火山灰在湖面上静静漂浮。

第四章

沙滩（幻想）*

---

* 本文原为一篇会议论文，该会议名称为"幻想空间：全球化世界中的图像力量"（Fantasy Spaces: The Power of Images in a Globalizing World），于 1998 年由阿姆斯特丹大学宗教和社会研究中心举办。本文首次发表在 *Critical Inquiry*, 26 (winter 2000), © 2000。题词则来自克里斯·兰平的邮件签名。

铺路石底下就是——沙滩!

——涂鸦,巴黎,五月风暴①

"谁还需要沙滩?我已经有麦当劳了!"

——电视广告,美国,2005 年

---

① 1968 年春天,法国巴黎爆发了大规模的社会运动,这是其中的一句标语,指的是抗议者捡起铺路石砸向警察时,石头底下还沾有沙子。

第四章 沙滩（幻想）

序　言

　　终极幻想无非就是写一篇关于幻想的文章，因为一旦当你意识到那是一场幻想，它就变了。然而，它去向何方？又将发生什么？弗洛伊德认为，幻想是一场声与光的蒙太奇，来自过去的经历，但又掩盖那段经历，并且压抑有关过去的记忆。但是，假如幻想的强度不断增加，超过一定限度，那它也会被压抑，取而代之的是一种生理症状。[1]莫非写作就是这样一种症状，尤其当它装扮成小丑的模样，面对面遇见弗洛伊德的蒙太奇时，更是如此？"小丑？那是当然。我扮小丑已经有好几年了……我觉得词语都是活的，就像动物。它们不喜欢被关在书页里。那就把书页裁下，把词语释放出来。"[2]

世界历史

　　在美国诗人查尔斯·奥尔森看来，世界史可以总结为三大洋的历史。1947年，奥尔森曾就《白鲸》（*Moby Dick*）写过一本小书，题名《叫我以实玛利》（*Call Me Ishmael*）。书中从三大洋看世界史，分别为地中海、大西洋和现在的太平洋（即荷马、但丁和梅尔维尔）。[3]

海洋的消失及其幻象般的重生

时至今日，奥尔森的主张早已变得无法想象。这倒不是由于排序问题，而是因为它的实质已发生变化。船只装满货物，通过海洋运送。哪怕我们极度依赖海洋及其航运的历史，也极少有人拥有航船或航海的第一手经验。在约瑟夫·康拉德的作品中，与其说它反映了海洋以及全球的海洋体验，不如说表达了作者对海洋消失的焦虑预感——海洋作为自然的关键元素之一，正从人类经验中消失。康拉德在获得硕士学位后不久，就告别了他的航海生涯。当时，帆船正让位于蒸汽船，现代主义的激进实验也由此诞生。卡尔·马克思在对拜物教（fetishism）的阐释中，也注意到了日常经验被商品取代的现象。拜物教的概念并非旨在摒弃现实；它指出，幻象的位移，驱动了奇怪的想象力飞行，甚至产生了更奇怪的时空并置。

如今，木材和石料搭建的港口或是久置不用，或是早已拆毁。取而代之的是混凝土码头，坐落于月球般荒凉的工业区，远离人群。游客会选择士绅化的旧日码头，那里的帆船也因此起死复生，被改造成了博物馆。我们被告知，世界从没像今天这样被整合成了一个共同的巨大的市场，这也意味着海量的运输和人类对于海洋货运的深度依赖。当今生活彻底依赖于海洋和海上航行的船只，然而没什么比它们更不起眼的了。[4] 自尤利西斯以来，直到20世纪，船只与水手充斥着西方经验的视野，当时该是多么不同啊！乔伊斯早就料到了这种结局吗？在《尤利西斯》中，他回溯了梅尔维尔的作品，将尤利西斯移下神坛，从一个了不起的白人男性退回到一个拙手笨脚的普通人，一个叫作布卢姆的都柏林犹太人，挣扎着过活，在沙滩上自慰。"'她是我们伟大而可爱的母亲，'"体态丰满而有风度的勃克·穆利根"宣称："'鼻涕绿的海。令人睾丸紧缩的海。'"然后，他突然转向了斯蒂芬·迪达勒斯。"'姑妈认为你母亲死在你手里。'""'她是被人害死的，'斯蒂芬神色阴郁地说。"[5]

海洋为荷马提供了关于尤利西斯探险的旅行媒介。对乔伊斯而言，海洋则作为内心的言语为内心之旅提供了背景。读过乔伊斯《尤利西斯》的读者，难道没有人看到这种内心言语作为旅行的重要性吗？难道没有人意识到，海洋在我们的脑海中消失了吗？难道没有人发现，这就是乔伊斯选择海陆之间的沙滩作为开头的原因，也是一种彻底的策略性选择吗？他的作品展现了心灵的海域，在西方历史上潮来潮往。海水涌上沙滩，无边无际，躁动不安，如痴如醉，这正是无意识的思想穿过各种意象的运动方式。同时，这也是作者转换语言风格的方式，而我们所谓的语言不过是一笔疯狂的遗产、一种帝国边缘的语言。我们偷偷听见了斯蒂芬·迪达勒斯在沙滩上散步时的自言自语。这也可能是语言的自言自语："颜色像椰子壳。"

请原谅我品玩他对这种语言游戏的玩味方式。我们全部都被席卷上岸，因为"潮水尾随着我……这些沉重的沙子乃是潮水与风再次积累而成的一种语言。那儿是已故建筑师垒起的石壁……炎热的晌午，一群表皮光滑的鲸鱼困在浅滩上，它们喷水，满地翻滚。于是，身穿紧身皮革坎肩的矮个子们，我的同族们，成群结队地从饥饿的、牢笼般的城市里冲出来。他们手执剥皮用的小刀，奔跑、攀登、劈砍那满身流油的、脂肪泛着绿光的鲸肉……你没看见潮水从四面八方迅疾地往上涨吗？刹那间就把浅滩变成一片汪洋，颜色像椰子壳"。[6]

年轻的迪达勒斯眼神游荡，瞧见一条狗在水边嬉戏（它居然选了这个边缘地带玩耍）。现在，我们通过斯蒂芬的眼睛看见那条狗了。我们不再听斯蒂芬通过海洋自言自语，而是通过斯蒂芬的耳朵听见了狗的叫声。动物的意识取代了历史意识，正如原始取代了历史，而原始指的就是正在死亡的海洋和母亲腐烂的肝脏上取下的绿色胆汁。那条狗正在"寻找前世失去的什么东西"。[7]它嗅着沙子。"它翘起鼻尖，朝着那宛如一群群海象般的浪涛声吠叫。波浪翻滚着，冲它的脚涌来，绽出许许多多浪峰，每逢第九个浪头就碎裂开来，四下迸溅着，从远处，从更远的地方，后浪推着前浪。"[8]语言涌向大海，正如我们自己的身体一样，躺在语言潮水的流动能量和人类模仿能力之间的某个地方，最终变得焕然一新、愉悦舒畅。"听吧：四个字组成的海浪声：嘶——嘀——嘘——嗷……它在岩石凹陷处迸溅着：稀里哗啦，就像是桶里翻腾的酒。"[9]这已超越了表象。就像是桶里翻腾的酒。在《尤利西斯》第一部分的结尾，在我们遇见布卢姆在厨房里为楼上心爱的女士爆炒腰花之前,年轻的迪达勒斯看见,约瑟夫·康拉德的船就停在我们背后,在时间的旋流中消失不见了。"他回过头去,转过一边肩膀朝后望。一艘三桅船上高高的桅杆正在半空中移动着,船帆收拢在桅顶横桁上,她正在回港,静静地逆流而上,这艘寂静的船啊。"[10] 乔伊斯在结尾处突然调转航向,"朝后望",描绘了一个不知从何而来的画面,有意地极尽抒情之能,让这艘太过寂静的船向着家的方向行驶。

第二次世界大战以来,随着船只从"鼻涕绿的海"中驶回无人问津的海湾,沙滩在富裕的西方日渐流行,而海洋则经历了一场幻象般的重生。这一切都要归功于一种新的情感结构:海边的英式度假村;海边袒胸露乳晒着日光浴的瑞典人和德国人,这情景让阳光海岸的西班牙人大吃一惊,不由得系紧了他们的头巾;伯罗奔尼撒半岛上的希腊农民把沿海的土地卖给大批涌入的德国人。过去,海盗肆虐,农民从来不在靠海的斜坡向阳处建造房屋。然而,这一切都改变了。那种海盗只属于过去;现在,人人都想去沙滩。

越南渔夫

1940年,我出生于悉尼。当时,除了少数人以外,大多数工人阶级不是住在沿海沙滩和港口滨海区域,就是周日去海上冲浪。如果附近有海港,他们会聚在宽橡赛艇上,一边赌博,一边喝着途嗨啤酒(Toohey's beer)。那些赛艇长达4.8米到5.5米不等，有着众多的船帆和船员。受雇的渡船紧跟在赛艇后面，喝得醉醺醺的追随者们在扶手处挤得水泄不通，一脸焦急。在摩士曼（Mosman）和卡索克拉格（Castlecrag）这样的深水港，穷人们住在波纹铁皮制成的贫民窟里，房子靠近橙色砂岩，岩石上生蚝密布，如同垂坠在水边的窗帘。潮水退去时，柔软的女橡树（she-oaks）对潮水轻语，难掩忧伤，当你赤脚踏过，能感受到她们纤弱的针叶柔软细腻。如今，她们不叫女橡树了，而叫木麻黄树（casuarinas）。名字的改变说明了一切。某种关键的距离已经产生了，现在这种命名法看上去更为准确，甚至可以说更为科学，将我们热爱的自然钳制在内。在类似巴尔曼（Balmain）这样的郊区，滨海地区以往居住的都是工人阶级。现在，那些地方早已跻身于澳大利亚最富裕的地区之列。像邦迪（Bondi）和库吉（Coogee）这样的城市沙滩远近闻名，遍布着狰狞的砖房和矮平的公寓楼。过去，那里都是中下阶层和工人阶级的地盘。现在可好，它们成了有钱人为晒太阳而争得头破血流的战场。那些有钱人为了买到海景房或靠近沙滩的房子，不惜任何代价，只差杀人越货了。20年前，他们才不在乎什么海景房呢！

如今，最稀奇的事儿莫过于看着从城里来的渡轮进港，卸下一批批富有的乘客。譬如，在巴尔曼的长鼻海角码头（Long Nose Point），你能看到在律师事务所或股票交易所忙碌一天的人们下船回家。现在，鲜有一艘真正的跨洋轮船会在海港停泊了，即使有泊船，也是当地人为了营造一种真实感而特意建造的博物馆。此处，你会看到一幅插图，这是我的建筑师朋友克里夫·布赫里奇

第四章 沙滩（幻想） 149

克里夫·布赫里奇绘，1998年，巴尔曼

于 1998 年为名为奇诺特（Kinot）的轮船博物馆绘制的。

每一位走下渡轮的乘客都是一座安静的自我纪念碑，他们在平和的跨港航行中获得了一种高贵的宁静，这也是上帝赠予心力交瘁的人们新的礼物。他们焕然一新地走下甲板，走上海岸，进入并不自然的新式生活环境，而工人阶级生活的滨海郊区则被改造成了豪华住宅区。一种奇怪的时代错位出现了，世界历史仿佛正一点点地被洗牌。贫困的越南家庭原本还能利用码头提供的公共空间赚点钱，现在，他们收起了渔线，为渡船腾出空间。没人提起这件事。越南人似乎也没意识到，他们其实不应该出现在那里，哪怕他们的存在是完全合法的。确实，比起那些拖着疲惫身躯上岸的职场白人，这些越南人似乎更加与自然融为一体。在翻新的滨海区找到停车位可是一件难事。他们一大早就得开着破车，从偏远的贫民窟赶到港口。新闻里时不时会报道越南人吃狗肉的消息。他们本质上是外国人，不合时宜的外国人。然而，他们又毫不费力地融入这片环境，同过去澳大利亚工人阶级的白人男性一样，举着手电，拿着热水瓶，整晚捕鱼，时而兴奋，时而无聊。不过，至少在这个海港，那些白人似乎早已灭绝，取而代之的是那些从东南亚逃亡过来的难民们。

对我而言，当那些走下渡船的人们与那些捕鱼人相遇时，最诡异的莫过于二者相对时的那种静止感。后者的存在仿佛并不真实——他们是隐形的，我们一眼就能看穿。可是，只有他们没把这片水域当作房地产去开发，只有他们还在真正意义上使用这片海水。或许，随着时光流逝，他们也会成为动植物景观的一部分，而那些植物则会被精挑细选，培植成澳大利亚的野生物种。

1935年8月5日，阿多诺给本雅明写了一封信。本雅明援引阿多诺的信件，反复玩味"辩证图像"（dialectical image）的奥秘。作为一位深受普鲁斯特和马克思影响的作家，这个概念对本雅明至关重要。在信中，阿多诺猜想，随着世界越来越受制于市场的力量，"事物会失去它们的使用价值，在异化中被掏空，如同密码一般，将新的意义牵引进来。"本雅明同意这种说法，他认为这种"'被掏空'的事物"会以历史中前所未有的速度不断增长。这种"被掏空"的特质徘徊在死亡和意义之间，将主观意愿、人们的希望与焦虑都纳入其中。[11] 在这点上，那些从船上下来的"被掏空"的商人们，和在码头静静捕鱼的人们一样，他们的轮廓都很奇怪，与文化很远，离自然更近。我怀疑，他们是否已经吸纳了那些滨海郊区死去的历史，包括死去的造船工业精神和曾几何时繁忙的社会生活？当渡轮入港卸下乘客，当工作结束黄昏袭来，哪一刻才是所谓的"辩证图像"？你感到一阵战栗从咯吱作响的木质码头上辐射开去。它顺着木桩向下延伸，传到了海底，缠绵而轻柔。

库拉隆的同伴

本雅明酷爱儿童文学。正因如此，他肯定会第一个承认，在辩证图像的构成及其对史前史的要求中，成人对儿童想象力的想象起了至关重要的作用。在这种自我滋养的回路中，我的自信心油然而生，并借此宣称：1950年，本人10岁，那年我读了一本叫作《库拉隆的同伴》(*Mates of the Kurlalong*)的童书，这本书不仅预见了港口的再自然化，随着海港已成为古老的第二自然。书中描述了一群动物从悉尼动物园出逃的故事，动物园坐落在一片陡峭嶙峋的山坡上，直入海港。动物们占领了一艘渡轮，长颈鹿担任船上的工程师，它不得不在逼仄的发动机室为脖子找到一个容身之处。

像我这样的外籍人士有拥有回忆的权利吗？莫非我们的童年也漂洋过海，保存在玻璃罐中，等待着一只手将它唤醒？"本雅明不仅仅致力于唤醒石化物体中凝固的生命，"阿多诺在描述本雅明时沉思道，"他也在审视活着的事物，让它们将自己古老的、'原—历史的'一面展现出来，从而突然释放它们的意义。"[12]

在我孩提时代居住的海港上曾有一个码头。码头上有不少滑道式船台，还有一处大型船棚。船棚的主人过去住在这个美丽的地方，他的住处位于海湾的头部（该海湾叫作水手港湾）。他当时的工作是修复船只，在那之前，他还一度获得过自行车赛冠军。在前雅痞①时代，自行车竞赛一度是工人阶级的运动。我曾在码头钓剥皮鱼，眼角余光时不时瞟到停泊的游艇。10 艘左右吧，全部也就这么多了。如今，游艇多得已经看不到水面了。而且，在我小时候，许多游艇都是由它们的主人亲自打造，需要花费好几年的时间。这在今天已经难以想象了。之后，我在 14 岁左右加入了海湾另一边的前海赛艇俱乐部，那里的赛艇叫作"飞蛾"，船身长约三米（十一英尺），配有一叶巨帆，以及一根约六米（十九英尺）长的船桅。赛艇俱乐部里的成员都是男性，他们或是木匠，或是水管工，都在某一特定行业工作。

我成长的地方与众不同，那是一个凸出的砂岩半岛，延伸入中部海港。我听说在 20 世纪 20 或 30 年代，到达那里最简单的方法就是搭一辆电车从内城出发，到达斯匹特（Spit）后，划上一艘小艇，从斯匹特这片狭长的土地出发，最终到达目的地。在我成长的地方，居民大多都稀奇古怪，他们当中有共产党员、像我父母一样来自中欧的难民，还有艺术家。总体来说，有头有脸的人基本绕道而行，但其实从某种程度来说，我们那儿哪怕经济欠佳，在文化上

---

① 雅痞（yuppie）又称雅皮士，是"Young Urban Professional"的缩改写，意为城市化进程中出现的"年轻、都市、专业"群体及其生活方式与亚文化。

第四章 沙滩(幻想)　153

克里夫·布赫里奇绘，1998年，斯匹特

也算是中产阶级，人人都有职业。那里遍布女橡树，满地的白皮桉树则朝天生长。夏季，那里蝉声阵阵。我现在年纪大了，不仅能听到蝉鸣，还能体会到那种歌唱的感觉。它们数量众多，鸣声震天，即使在被偏远夏日笼罩的土地上，万物昏昏欲睡，日子看似无休无止，如此蝉鸣仿佛也能使整个夏季的空气都震颤起来，打破那阵寂静。整个半岛都在震颤。我们能分辨出不同种类的蝉，分别叫出它们的名字。自古以来，这些名字就在孩子们的秘密团体中代代传承，那些名字包括黑王子、绿货商、巧克力士兵和花样烘焙师（不知为何，我现在觉得应该拼写成粉状烘焙师①）。黑王子通体黝黑，飞得快，姿态优雅；而花样烘焙师则圆头圆脑，行动不便，翅膀拍

---

① 在原文中，这是一种文字游戏，"花样"在原文中是 flowery，词根为 flower（花），而"粉状"在原文中是 floury，词根为 flour（面粉），二者发音一致。

得呼呼响，淡绿之外，还有一片鼓胀柔软的黄色肚皮。它们发自内心地唱歌，唱得那么兴高采烈。可是，一旦我们靠近它们栖身的树木，周围就会出现一片可怕的寂静。

或许，正是从这些捕猎的经历中，我不仅提高了对环境的感知能力，更学到了作为一个读者和研究者的技巧，其中重要的一点就是保持找到的东西活灵活现。围捕之后，我们互相之间会乐此不疲地交换猎物，并痛苦地从中吸取有关稀缺性和价值的教训。有些蝉要比其他种类更难捕获，因而价值也相对更高。尽管如此，我倒不能说自己学到了什么做生意的技巧，这大概是因为我们首先是收藏者，而不是萌芽中的资本家。

这个岛四周环水，那是太平洋的咸涩海水。但岛上很少有人拥有一艘船，就算有，我认为也极少有人是真正向海而生的。我能想到的唯一人选就是厄恩·克拉瑞奇（Ern Claridge），他在一家销售热水系统的小型公司工作，一步一步得到提拔。厄恩心地善良，身材魁梧，笑声爽朗。他和妻子、女儿一起住在一幢石屋中，距离海岸步行仅15分钟。那幢石屋原为一位演员而建，起居室呈五角星状，可作临时剧场。每天下午，厄恩都会步行到港口，划着一艘木制的瓦叠式木壳船出海打鱼，直到夜幕降落才回港。他爱抽巨型的哈瓦那雪茄，爱喝白葡萄酒，这两项特别的爱好使他与一个真正的澳大利亚人相去甚远。但作为一个澳大利亚人，他有其他证明。每天早上，他会坐在浴盆里泡上好几个小时，仔细地阅读赛马指南，然后在出门上班之前下好赌注。我记得他似乎总能捕上不少鱼。我提到厄恩的故事到底要表达什么？我要说明的是，在那座美丽海湾的港口上，在"中产阶级"半岛郊区里我认识的所有人中，厄恩是我能记得会利用海洋的少数人之一，而他家离我们家步行不过几分钟而已。这让我觉得不可思议。

当时，我住在陡峭的山坡上，山坡下距离马路大概八百米处，矗立着四五幢用木材和波浪纹铁皮搭成的房子，那些都是来自另一个时代的非法建材，或许是大萧条时代的产物。谁住在那里？我一直不清楚。无论他们是谁，都带有外来色彩。他们肯定不是通过船只进进出出，就是偷偷摸摸通过那些蜿蜒的小道上上下下，除此之外只有我们这些孩子才知道那些密道。不过，我很清楚地记得一位医生告诉我的故事。那时我经常生病，一位医生经常来照顾我。有一次，他告诉我，他不得不一路跑到那里，照顾一个算是新澳大利亚的人，如果我没记错应该是个南斯拉夫人。那人是个"新仔"，初来乍到，罔顾鲨鱼警告，照样保持清早在海湾来回游泳的习惯。这做法当地人想都不敢想。后来，他被咬成了两截，听说始作俑者是一条鲨鱼。讲这个故事的人无疑是老澳大利亚人，他们对移民的态度都如出一辙。我亲爱的瓦尔特·凯勒医生一度是橄榄球联盟的球星，至今仍身手矫捷，当他赶到那里时，为时已晚。如今，老一辈和年青一代的雅痞们早已将原来的住户逐出此地，还为占领隐蔽的海边露台争得头破血流。那些露台依傍着红树林而建，鲨鱼在附近游荡。同样游荡的还有丧生鱼腹的受难者的鬼魂。与此同时，医生们也不必在嶙峋的山路一路小跑了，因为家访出诊不再是医生工作的一部分了。

鲨鱼的命运最为戏剧性地展示了对待海洋态度的天差地别。在我的孩提时代，你不能把脚趾伸进水里，因为怕被鲨鱼咬掉。当三人乘坐的小型帆船在狂风中侧倾时，我们必须十分小心地把脚趾收回来。你绝对不能在防鲨区之外涉水游泳，否则就祈求上帝保佑吧！可是，就连防鲨区也是少之又少。除了那个被咬成两截的新澳大利亚人，我们都听说过一位在学校教书的老师，她只不过是蹚个水，就被鲨鱼拖到水中，失去了一条腿。我们渐渐长大，开始在海里冲浪时，有时会看到一条拖网渔船在沙滩之间一点点挪动，慢慢收网。我还记得那个管理悉尼所有沙滩前的鲨鱼网的人，他的名字拼写出来应该是尼克·哥舒宁。事实上，我从未见过一条真正的鲨鱼，但是我能轻易地想象出它们鱼雷状的身体，在哥舒宁残酷的渔网中翻腾挣扎，人们兴高采烈地把鲨鱼捞上甲板，给它们应有的惩罚。现在，你应该能想象到我1995年回到悉尼时内心的震撼了。当时，我看到孩子们欢快地跃入海湾（他们在存心刁难我吗？），人们在尼尔森公园的渔网之外游泳；而在我们青少年时期，会在那里狂欢作乐、喝啤酒、唱歌、通宵做爱，但绝对不会、也从来没有游出过那个渔网。可是如今，鲨鱼仿佛不复存在。一个新的时代已经来临。海洋意味着别的东西，海洋中的魔鬼也早已死去。或者说，恶魔的力量被取代了，取而代之的是对皮肤癌的恐慌，以及对海水中未处理污水及汞污染的恐惧。

我成长的地方位于海湾另一边，那里有一处工人阶级居住的郊区平房，由肝红色砖头砌成。这绝对是刻板印象中典型的郊区地带，但同时也和典型的郊区完全不一样，因为灌木丛中的房子如此与世隔绝。方圆几千米内没有其他建筑。我记得，这片地属于一位名叫 H. C. 普锐斯的人。房子建在高处，你顺着精致的木制阶梯往下走，会经过一条灌木小道，辗转蜿蜒，通往一个码头，你会在那里看到一道由木栅栏制成的防鲨泳池。当时我正好 12 岁，经常和朋友们在那些炎热的工作日下午，划船跨过海湾。普锐斯曾获十八英尺赛艇竞赛冠军，不过那不是他的正职。正式退休之后，他就在海湾边上建造了这个小公园，租给那些周末从城里过来度假的人。每逢周末，屠户、烘焙师和蜡烛工匠组成的工会就会租借渡轮，整日野餐，而中产阶级与富人们则会消失在人们的视野中。他们选择在茂密的"北岸"居住，抚养孩子长大成人。而所谓的"北岸"，其实是内陆，根本没有海洋的痕迹。之前我也提到过，这些人对海港和大海根本无动于衷。

从 H. C. 普锐斯的领地沿着灌木走上 1600 米左右，你会发现一个不同寻常的东西——一座城堡。普锐斯的野餐场所已经唤醒了工人阶级的美好幻想，而这座城堡则让幻想更上一层楼。一座城堡！在澳大利亚！出于某种原因，我们这些孩子把它叫作威利斯先生的城堡，但我后来怀疑这座城堡真正的主人是神秘者约翰，他写过一些恐怖小说，但并不为人熟知。我依稀记得，似乎曾经看到过他的长相，他被画成一幅邮票大小的肖像，放在其中一本书的卷首。印有出版商的详细信息也历历在目，印在同一页上的还有那座城堡缩小版的侧影，与原有的一模一样。在我看来，这个证据十分靠谱。有一两次，我们鼓足勇气，划过海湾，把船拖上岸，放在垂落的树枝下面，沿着树林中一条宽敞平坦的小径，爬上城堡，窥视那座花园，花园因四周灌木环绕而显得愈发美丽。我们在山坡上更为隐蔽之处还发现了一座水坝，大概十五米（五十英尺）宽，水面平静深沉。这座水泥结构建筑与自然如此完美地融为一体，没有什么能比它看起来更为神秘了。

我们从来都不敢太过靠近城堡，也从未在那里见过一个活人。岬角处的一整块地都处于废弃状态，只有两个地方别具一格。一个是 H. C. 普锐斯的肝红色砖石砌成的工人阶级平房，另一个是神秘者约翰的石头城堡。海湾静谧空旷，海水闪闪发光，在蓝色和金色光束照耀下的海水呈现半透明的绿色，美轮美奂。我一面写着，仿佛仍旧能触碰到那些光束。如今，一位名叫 L. J. 胡克的家伙在此处开发房地产。这里被丑陋的大房子覆盖，每逢周末，海湾挤满了游艇和摩托艇，经常一个接一个地连在一起，不是为了开派对，就是为了尽可能地挤进更多的船只。实际上，这里早已不再是一片自然水域，而成了一处停车场。

我在有生之年见证了这段金钱替代海洋的过程和结局。价值被彻底转换，经济上的弱势群体从海边被迫迁出。18 世纪晚期开始，原住民的土地被不断占用，英国政府还将那些土地从法律上定义为无主地。这种做法与 21 世纪以色列人对待巴勒斯坦人的方式如出一辙。与这两种历史进程相比，我所描述的现象并不那么具有戏剧性，也显得不那么重要。相反，这种现象经由市场的无名力量得以自由实现，这个市场就是幻想的市场。

远古性

我在一个荒岛的灯塔上度过了 2004 年的圣诞节。该岛位于欧洲最西端，距离圣地亚哥－德孔波斯特拉几小时的路程，岛上还有不少野猪和野马。灯塔守望者是位女性，她的两个兄弟也从事相同行业。她告诉我，西班牙还有 80 位灯塔守望者，而她是其中唯一的女性。越来越多的灯塔自动化了。我相信在美国所有灯塔都是自动化的：自动化的灯光忽明忽暗，向海洋深处基本上都是自动化的船只发出欢迎和警示的信号。一天傍晚，我俩走回灯塔，海面闪闪发光，她举起右手，伸出两只手指，放在海上落日和一只眼睛之间。从那个角度看去，落日和海平面之间只有两个手指的距离。她说，15 分钟后就只有一个指距了，这意味着我们必须在半个小时内点亮灯塔的灯光。暮光降临，覆盖海洋，那些位于海洋和太阳之间的手指，成为人类作为航海者最后的标志之一。

在佛朗哥多年的独裁统治期间——这段时期对美国驻军基地也至关重要——从内地流亡的农民曾把这座岛屿当作他们的避难所。他们修建梯田，种植庄稼，饲养家禽，努力开辟一条生路。听说，他们比内地的人们生活得还要舒适。独裁者死后，佛朗哥治下其中一位将军的亲戚接管了这座岛屿，他赶走当地的农民，把那里变成了一处度假胜地。农民们曾经修建的小村庄被一道几米高的锯齿形墙体围了起来，让人联想到一座碉堡。他命令工人们在岬角建起了一座美人鱼雕像。自此，除了灯塔守望者，岛上空无一人。一次，我看到新主人乘坐一艘动力强大的游艇出海。

那天,海上波涛汹涌,他开船环游他的岛屿,但他的船像疯了似地前摇后晃,颠簸不止。

当然,岛上还有其他生物。那里有野生动物,它们见证了过去一个时代的农民垦殖。那里还有灯塔守望者,在黑暗中用灯光盘旋扫射,将危险与抚慰的信号传递给航海者。然而,这座岛屿虽有活物却死气沉沉,一个幽灵般的地方。其中,更重要的原因是这里被记忆占据,而我无法获取那些记忆。

自然并未消失,它存在于层层叠叠的历史之中,每一层都被写进了上一层,于是,之前的叠层都持续可见,且污迹斑斑,时常伴有惊喜。奇妙的是,动物的野性或许正来自同样的历史。那些野生动物曾经是温驯的农场牲畜,如今,我们虽然已经无法接近它们,但在过去,它们或疾驰奔逃一往无前,或静静地聚在一起站在不远处,就像剪下来的纸板装置画,还有新生的小马驹亲昵地拱着母亲腹部的场景。野猪拱过茂密的灌木树丛,走出一条条盘旋回转、坑坑洼洼的小道。小道通往深处,直至无路可走,回到时间本身的起始点。白色灯塔则高悬头顶,让时间停滞不前。在海洋的包围下,历史浮现出史前面貌。我把这种对海洋的重新审视当作一种证词,它见证了现代性中远古的力量。这种力量使"第二天性"变得成熟饱满,随着具体事物融化为虚拟现实,物品、风景与土著人民的意义得到了彻底的强化。

"人类起源于盐海,这个伟大而古老的事实恒久回响,在每一个人类个体的生命进程中不断被更新,这也是梅尔维尔作品中最重要的唯一事实。"奥尔森在他的《叫我以实玛利》一书中如是说。[13]

然而，我所描述的当下对海洋的关注似乎很不一样。海洋不再是**被寓居**（inhabited）的空间，而成了**被注视**（contemplated）的对象。海洋变成了一块昂贵的背景，或被改造成一片游艇乐园。小威廉姆·F. 巴克利（William F. Buckley, Jr.）之流的共和党百万富翁们在海上寻欢作乐，每逢周末，他们在此一展男子气概，但在对抗自然的同时，还与海岸巡逻队通过持续电波和雷达保持实时联系。在市场里，你能找到加勒比海度假之旅。在蔚蓝的海洋上，黑人服务员身穿燕尾服，手持餐盘，为你端上一杯马提尼酒。或者，你还能找到为期两周的邮轮之旅，那些曾经一度驰骋七大洋、频繁载客的大型跨洋邮轮被装饰一新，任君选择。人类通过疏离海洋和物质性自然获得了"第二天性"，但这种天性带来的优势却很难在以前的人类生活中体现出来。譬如，我们很难想象，梅尔维尔描述的 19 世纪中叶的水手，或是康拉德笔下 19 世纪末的水手们，会从这种天性中获得什么好处。海洋通过分离与缺失重拾壮美，正如故事叙述在欧洲文化中的死亡令本雅明感触颇深，他指出，到了那时候，我们"或许能够从正在消失的事物中看到一种新的美"。人们通常都不会注意到，正是在 1932 年从德国到西班牙和 1933 年从巴塞罗那到伊比萨岛的旅程中，本雅明对故事叙述的艺术产生了浓厚的兴趣，他甚至自己动笔写过有关海洋的故事。伊比萨岛对他来说代表着一种远古的现实，一种身处欧洲边缘的时代错位。我认为，对本雅明而言，船在某种意义上是一艘远古时空舱。船是穿越时间的游荡者。这也是它们能够如此强大地集中体现故事艺术的原因之一。船触碰到了世界历史的史诗维度和对劳工的剥削，也体现了大自然的报复。当然，《白鲸记》、B. 特拉文的《死亡之船》(*Death Ship*) 以及康拉德的《黑暗之心》莫不如是。[14]

"第二天性"体现在远古的现代性中，而船则侵入了这种天性。这让我们对奥尔森的编年体叙述产生了不同的理解，地中海、大西洋和太平洋这三大洋的历史进程在我们眼中变得很不一样。随着远古性的浮现，我们意识到不同的时间顺序可以与某种过去共存，这恰恰是因为那个过去既真实又虚构，既是自然，也是"第二天性"。这不禁让人联想到弗洛伊德有关幻想的描述，他把幻想看作一场有关蒙太奇和重叠的记忆游戏。沙滩是这种幻想的生产现场，它的任务不是掩盖这场游戏，而是揭露它，并为此欣喜若狂，宣布它才是同类中最出色的游乐场和越界空间，取代了至今为止所有逆转和愉悦的仪式。就这样，沙滩成了终极的幻想空间，自然和狂欢节在那里融汇成史前史，浮现在现代性的辩证意象中。

辩证意象

远古性以蒙太奇和重叠的方式浮现在现代性中，为本雅明所说的辩证意象提供了能量和质感。此处，商品的动态结构是辩证意象的主动脉。商品作为一种超现实主义的物品，拥有如此的文化影响以及自我转变、形态塑造的非凡能力，以至于它不需要对抗性实践，就能借助模拟策略，发挥未来主义般的力量优势。一旦受到鼓舞，表演和诡计就应声而现，这就是格奥尔格·卢卡奇①所谓的商品的"幻象客观性"（phantom objectivity）。这种特性从广义上将文化定义为太过诡异的真实存在，这使得大部分历史成了悲剧，继而成为自然的一部分。在这场悲剧中，一切均被悬置，仿佛在等待我们这些幸存者打破这场沉默。安德烈·布勒东（André Breton）把这称作"静置的炸弹"。[15]

"在辩证意象中，一个特定时代的过去同时也是'来自远古时代的过去'。"本雅明如是写道。[16]辩证意象本身包含了时间，如同电影一般，被压缩成一幅静止画面。这就是时间流中弥赛亚般的静止时刻，它会让某个想法暂停，允许现实发生冲撞，并翻转一个现实，寻求下一个现实，直到最后才在斗争中否定历史，重新定义过去及其意义。

在西方，海洋必定是"来自远古时代的过去"的首要例证。就辩证意象而言，我能想到的最贴切的例子就是一张明信片，你可以在文中见到这张明信片的副本，它是克劳斯·特维莱特②《男性幻想》（Male Fantasies）英文版的封面插图。特维莱特在他母亲的相簿里发现了这张明信片，而她则"在一场中风之后不省人事，踏上了一条没有旅途的旅程。在人们死后，"他补充说，"我们翻看他们的相簿，能听到那些属于图像的声音。"[17]

---

① 格奥尔格·卢卡奇（György Lukács，1885—1971），匈牙利哲学家、美学家、文学史家和批评家，西方马克思主义的创始人和奠基人。
② 克劳斯·特维莱特（Klaus Theweleit，1942— ），德国社会学家、作家，著有《男性幻想》《物的选择》等。

太平洋

欧洲人起初称太平洋为"南海"(southern sea)。当我坐在纽约市一间黑黢黢的屋子里写作时,我渴望南海,幻想南海。当时正值冬季,那是幻想沙滩的最佳时机。但是,我的故事与奥尔森对三大洋的叙述正好相反。我根据世界历史的进程,反向叙述,追溯自己的生命轨迹。我沿着历史回溯,正如幻想运作的方式一般,在时间的汪洋中逆流而行,从澳大利亚太平洋沿岸到英格兰,随后跨过大西洋到达哥伦比亚。现在,我住在大西洋沿岸,人们叫它东海岸,但我觉得它丑兮兮的,无法理解、也不能明白人们对它的感觉。因为每次只要我一接近它,都会想起更为壮丽的美景,在四溅的波浪之外,沿着一条线上下摆动,等待着更大的浪头。我们向休依雨神① 此类稀奇古怪的神灵歌唱,祈求他为我们送

---

① 休依(Huey)是澳大利亚雨神的名字。

来一个巨大的浪头，而他则会乐意效劳。在涛声之外，我还能听到海角午后烈日下桉树上的蝉鸣。这种逃离充满魔力，无法用语言来形容，那些试图表达海浪感受的冲浪者熟知这种失语的命运。这与自由的脆弱直接相关，而自由之所以脆弱，是因为它已永远迷失，哈基姆·贝①将其称作"临时自治区"，比如海盗乌托邦。[18]的确，在这片悲伤之海上，除了碧绿的暮光和青绿的闪电，无一幸存，记忆面对的是无法恢复的损失。照我说，宁为玉碎，不为瓦全。要么留下真正的沙滩，要么出现伟大的城市，配上城里的老鼠药和被人遗忘的生锈铁栅栏，那也是无家可归者的家园。在献给加勒比和马达加斯加的海盗乌托邦的《红色夜晚中的城市》（*Cities of the Red Night*）一书结尾，幸存者威廉·柏洛兹说："我点燃鞭炮，在时间上炸出了一个洞。少数几个人或许还能穿过时间之门。而我就像西班牙一样，必然属于过去。"[19]

大西洋

几年之后，面对那令人抑郁的英格兰海岸，我怀着同样绝望的心情，读了西尔维娅·普拉斯②的作品。1962 年，她在短暂生

---

① 哈基姆·贝（Hakim Bey，1945—2022），本名彼得·兰博·威尔逊（Peter Lamborn Wilson），美国无政府主义者、作家，以"临时自治区"概念出名，20 世纪 80 年代以来使用哈基姆·贝的笔名，宣扬其"本体论的无政府主义"理论。
② 西尔维娅·普拉斯（Sylvia Plath，1932—1963），继艾米莉·狄金森和伊丽莎白·毕肖普之后最重要的美国女诗人，于 1963 年自杀辞世。

命的尾声,应 BBC 之邀,写了一篇细腻的自传体文章,题名为《海洋—1212W》("Ocean-1212W")。一位来自巴尔的摩、名叫阿利西亚·拉宾斯的水手将这篇自传分享给了我,拉宾斯本人也是一位诗人。文章标题中的那串号码是一个电话号码。在普拉斯还是一个小女孩的时候,她家住在马萨诸塞州波士顿市一处海角的海湾边上。那时,普拉斯会在自己家中拨打那串号码,通过接线员给她的奥地利裔祖父母打电话,老两口也住在滨海地区。这种行为一直持续到普拉斯的父亲去世为止,当时她年仅9岁。之后,她母亲带着孩子搬离了海边。她再也没有拨通那个电话。彻底地、永远地断绝了联系。同时逝去的还有她的童年以及她的父亲。[20]

普拉斯父亲之死已被大书特书,普拉斯的丈夫特德·休斯[①]作为桂冠诗人,也为此写过不少文章。之后,休斯还焦虑地在普拉斯父亲之死中寻找普拉斯之死的原因。西尔维娅·普拉斯于1963年自杀,时年31岁。当时,她和休斯的婚姻刚刚破裂不过几个月。

> 每个夜晚,你仿佛在睡梦中坠落
> 进入你父亲的坟墓
> 第二天一早,你都看起来很害怕,或害怕记得
> 你在梦中所见。当你记起来时
> 你的梦境一片汪洋,挤满了尸体
> 集中营的暴行,人们被肢解。[21]

---

① 特德·休斯(Ted Hughes,1930—1998),英国诗人、儿童文学作家,普拉斯的丈夫。

那时，特德·休斯脑海中浮现的是像《爸爸》（"Daddy"）那样的诗歌，这也是普拉斯在《爱丽尔》（*Ariel*）这本诗集中最臭名昭著的一首诗。在她自杀前的几个月内，普拉斯在极度亢奋中完成了这本诗集，有时一天能写下两到三首诗歌。《爸爸》这首诗的第二节和第三节如下：

> 爸爸，一直以来，我都不得不杀了你
> 在我得逞之前，你却死了
> 大理石般沉重，皮囊之下满满都是上帝
> 恐怖得如一尊雕像，一只灰色的趾头
> 大得跟旧金山的海豹一般
> 头伸入可怕的大西洋
> 豆绿色的海浪泼洒在蔚蓝的海洋上
> 在美丽的瑙塞特海边
> 我曾为你祈祷，望你康复
> 啊，你。[22]

"啊，你"将海洋和语言联系在一起，正如父权与记忆也紧密相连。在接下来的一节诗歌中，德语被植入波兰城镇，那里被无尽的战争搜刮一空。父亲是一种鬼魂般的存在（"我从来都分不清你在哪里 / 落脚，扎根"），以至于她从来无法与他对话（"舌头堵住了我的下巴。"）：

它堵在了铁丝陷阱的倒刺上

我，我，我，我，

我几乎说不出话来

我以为每个德国人都是你。

而德语如此污秽

一台机器，一台机器

像处置犹太人一样把我推倒。

像达豪、奥斯维辛、贝尔森的犹太人。

我开始像犹太人一样说话。

我想我可能就是一个犹太人。[23]

"在美丽的瑙塞特海边。"一个适合祈祷的地点。"头伸入可怕的大西洋。"他的脑袋？海角地带？二者有什么差别？"我开始像犹太人一样说话。"被赶到奥斯维辛。"豆绿色的海浪泼洒在蔚蓝的海洋上。"在任何情况下，语言就像海浪，来了，来了，又走了。威廉·布莱克重新发现了神秘的亚特兰蒂斯，彼得·兰博①又光复了布莱克的发现。在一篇题为《所有大西洋的山脉都在颤抖》("All the Atlantic Mountains Shook")的文章中，兰博把大西洋置于非洲、欧洲和新世界的巨大空间中，他认为这段多重文化交错的历史依然留存至今。[24]在他看来，大西洋不光是前往新世

---

① 彼得·兰博（Peter Linebaugh, 1942— ），美国马克思主义历史学家，主攻英国历史、爱尔兰历史、工人史和大西洋殖民史。

界的通道，这片极为繁忙的海域还激发了我们对世界的全新想象。尤其在异质取代常态的想象上，大西洋可谓功不可没。兰博的文章极富启发性，保罗·吉尔罗伊①紧随其后，写了一篇名为《黑色大西洋》（"the black Atlantic"）的文章。一群无政府主义水手、奴隶和地痞流氓混在一起，迎着浪头，船来船往。他们开辟种植园，在大洋两岸给船只装货，那片海洋的所有海岸都充斥着克里奥尔式的混合语②，到处都是音乐，到处都是前工业时代人权思想的愿景。鉴于海洋的特征和船只的航道，那些人权思想并不受民族国家之下的类别拘束。那是一种新的交易，每当大西洋的浪潮冲上海岸，总会送来大批货物和人群，他们都极不稳定且高度异质。[25]亚特兰蒂斯重新浮现，但这次出现的不只是某种水下的力量或乌托邦式的愿景，而是一种海盗式的、反对威权的、充满可能性的东西，等待着跃出水面。然而，这重新浮现的亚特兰蒂斯并不能抹杀非洲奴隶制的反乌托邦性，也不能否认一个现实，那就是水手短暂的生命肮脏粗暴，并不光鲜亮丽。相反，奴隶制和人权这两种现实是一体两面的存在，我们必须承认这一点，而这也是大西洋山脉颤抖的原因。曾几何时，历史或许能被改写。时至今日，它依然可以改变！

---

① 保罗·吉尔罗伊（Paul Gilroy，1956— ），英国历史学家、学者、作家，著有《黑色大西洋》《帝国回击：英国七十年代的种族和种族主义》等。

② 克里奥尔式的混合语（Creolized language），通常指欧洲语言和殖民地语言的混合物。

地中海

> 现在,我终于亲眼见到了大海。落潮时,海水退去,美丽的沙床露了出来,我在沙滩上散步。我多么希望此时此刻孩子们就在身边!他们一定也会喜欢这里的贝壳。出于一些特别的原因,我就像孩子一般,捡了一大堆贝壳,留作他用。
>
> ——歌德,《意大利之旅:1786—1788》
>
> (*Italian Journey, 1786-1788*)

黑色大西洋将我们引向未成文的历史,而这将改变目前业已成型的历史推演条件。在普拉斯的启发下,我们开始搜寻不同于父权象征的替代品。语言转变成表演和身体("头伸入可怕的大西洋"),这是尼采式的,这种酒神精神的愉悦随之相伴的是同样强烈的痛苦。当一个人进入某种意象,不再从安全距离观察该意象时,意识就随之改变,仿佛进入了一种迷幻的状态。

黑色大西洋要求我们去审视另一段历史,观察可怕的大西洋如何与一段北欧情史共存,并成为该情史的基石。这段情史的对象就是充满异域风情的南欧,包括意大利南部、希腊、普罗旺斯和西班牙,它们绚烂多彩、滋养生命。那里的海洋和沙滩提供了原始主义的幻想,将感官性与自然中赤裸的身体联系在一起。我在写这篇文章时,看见歌德在意大利的沙滩上重拾起他的童年,也请你与我一起见证了这一幕。

弗洛伊德的传记作者、朋友兼同事欧内斯特·琼斯[①]曾说，弗洛伊德心中存在"一种二分法，这并不罕见，他把南北的召唤一分为二。北方代表义务的崇高理想，以柏林为例，那里躁动不安，追求成就的冲动从未停止。但就愉悦、幸福和纯粹的兴趣而言，南方则是杰出代表"。他向弗洛伊德展示了布朗宁的一些诗歌，其中表达了对意大利的喜爱。根据琼斯的回忆，弗洛伊德笑了笑说："我不需要那个；我们有我们自己的狂热信徒。"

> 哦，女性的国度
> 只能追求，无法征服
> 被地球上的男性土地倍加疼爱
> 却只随心躺下。[26]

这让我们想到了尼采，他借用意大利语 *La gaya scienza* 为他最具启发性的作品《快乐的科学》命名，恰如其分地表达了他对南方的爱恋。在尼采之前的一个世纪，歌德也在《意大利之旅：1786—1788》中表达了相同的感情。南方作为一个被性化的场所，这种形象并不限于过去的几个世纪，现在依旧如此。这一点，我们可以从 W. H. 奥登和伊丽莎白·梅尔[②]的作品中得到印证，他俩

[①] 欧内斯特·琼斯（Ernest Jones，1819—1869），诗人，英国宪章运动左翼领袖之一，著有《下层阶级之歌》《雇农之歌》《工人之歌》等。

[②] 伊丽莎白·梅尔（Elizabeth Mayer，1884—1970），德裔美国编辑、翻译家，与作家 W. H. 奥登、作曲家本杰明·布里顿等人关系非常密切。

共同翻译了歌德的《意大利之旅》，并在1962年宣称意大利成就了歌德的性觉醒。该声明基于如下证据：歌德离开意大利之前和返回德国之后的肖像画。他们声称，歌德回国之后的肖像展现了一张"自信的雄性脸庞，那张脸属于获得过性满足的男性"。[27]

这是对面相学厚颜无耻的应用，它更多体现了人们对意大利的态度，而非歌德所谓的性体验。不过，那不是本文重点。此处，我们需要去思考的是面相学这个想法被滋养的方式。所谓面相学，就是一门从外部的面部特征读出灵魂秘密的艺术。这门艺术作为一种工具，普遍用于驾驭社会空间。北方坚持认为，南方的感性不过是她用来掩饰的面具。在这个意义上，面相学艺术与北方的这种观点之间关系密切。在这种分类法中，感性无异于肤浅，肤浅既意味着一个没有深度的人，或者说"人—兽"，也意味着一个过于有深度的人，指骗子和说谎者。尼采的哲学正是基于这个观点，卡尔·马克思的经济学亦是如此。

在卡尔·马克思公认的名作中，他认为"原始积累"是现代资本主义的必要条件。文中，马克思提到了在南方有关秘密和"堕落"的问题。他写道："在威尼斯，盗贼自成一体，那些恶棍在荷兰建起了资本财富的秘密基地之一，使堕落中的威尼斯还能向荷兰大量贷款。"[28] 这段早期现代历史不仅揭示了资本对南方（秘密）的依赖，还反映了贸易港口之间的关系，亦即衰落中的威尼斯帝国与阿姆斯特丹这座欣欣向荣的港口城市之间的关系。不光是这些港口城市，两个帝国本身也都建立在运河之上，那些从东方运来的香料和丝绸随着浑浊的河水抵达港口。这些运河无疑就是城市本身。运河提醒着我们,这些城市盘踞在沼泽和泥泞之上,本质上是在不停做着废物利用的营生,摇摇欲坠地与海洋共存。1786年,在歌德的描述中,威尼斯庞大的防御系统由"不甚牢固的石块"构成,防止风暴和巨浪入侵城市。在"潮汐和大地的互动"之中,随着泥泞的沼泽慢慢成形,整个城市就建立在这片沼泽凸起的部分之上,"原始海洋"则逐渐败落。[29]

这些史前地点既是出口,也是入口,海岸既不闯进入口,也不冲出出口。闭合的小岛、潟湖和半岛——我们可以说是自然运河——似乎被某种具有历史意识的自然选中,成了通用的肥沃区域,催生金钱和贸易。这些地点就像史前的空间-物质,非水非地,生命源于此,归于此。最终完成这个历史过程的是英格兰这个航海国度。这个岛屿国家建立了世界上最强大的海军,将工厂系统纳入非裔美洲的种植园系统之中。

至于威尼斯和阿姆斯特丹之间究竟有什么秘密的金融关系,马克思心中对此做何感想,我并不好说。无须质疑的是,威尼斯长久以来就和性滥交联系在一起。它"堕落"的名声让我们想到理查德·桑内特①的观察。他发现:"在欧洲,纵欲是威尼斯形象中的关键特质,威尼斯人的自我认知也是如此。"16世纪左右,这种纵欲包括高级和低级色情活动,"热衷变装的同性恋亚文化欣欣向荣,年轻男子懒懒地躺在运河的贡都拉船上,除了女士的珠

---

① 理查德·桑内特(Richard Sennett,1943—),美国社会学家,著有《十九世纪的城市:新城市史文集》《新资本主义文化》等。

宝之外，一丝不挂"。同时，犹太人在贫民窟中性感的肉体，成了诱惑与厌恶的化身。[30] 历史上第一个贫民窟就出现在威尼斯。在市政的勒令下，犹太人（自1397年）和娼妓（自1416年）被迫穿戴黄色服饰以有别于他人。娼妓必须戴上黄色头巾，犹太人则须佩戴黄色的"大卫之星"（或帽子）。在公共场合被处决的总是犹太人。基督徒倾向于把犹太人看作藏污纳垢的典型。他们带来麻风病、梅毒（起初的说法是哥伦布并未带来梅毒，犹太人才是罪魁祸首），他们有污染他人的神秘力量。同样一批犹太人，他们还是放贷者，若没了他们，维持威尼斯海军的远程香料贸易将不得不暂停。由此，我们读到了莎士比亚的《威尼斯商人》，当然，还有那个"一磅肉"的故事。[31]

威尼斯位于东西方的十字路口，丝绸、香料和所有美好的事物都在那里交易。这座城市将纵欲、越界、市场及叮当作响的金币混合在了一起，更别提背景中穿戴黄色的被处决者的鬼魂了。后人把这种相互作用叫作资本主义，但它本质上不仅是一种从新世界掠夺金银的"原始积累"，也是一个找到越界与禁忌之间正确结合点的问题——这也正是东方和西方互相渗透的极限。

威尼斯可以被视作资本的原-场景（ur-scene）。几个世纪以后，这个场景的加强版融入了北欧的集体梦想之中，以"沙滩"的形式出现，成了我们的天堂、我们的伊甸园。我们从那里被驱逐，我们终将回到那里。

沙滩位于陆地与海洋的边缘，这里是生命开始的地方，也是维系文明的压抑、开始越界、纵身入海之处。而且，孩子们在那里堆砌沙堡,大人们变成了孩子,尽情嬉戏,在成为海洋动物的路上越走越远。在托马斯·曼的《死于威尼斯》中,沙滩之外的海洋空旷而永恒。来自北方的旅人冯·阿申巴赫[①]是一个紧张的中年男子,为了逃脱他作为作家对生活的严格要求,将目光投向了那一片空空如也的海洋。

冯·阿申巴赫当然不会知道,他的身体其实被托马斯·曼当作了滩头堡——一个激情放纵的游乐场,就像钓鱼者线圈中的鱼线,根据压力大小,被艺术创造的致命力量甩向目标。创造力成了压抑的升华产物,这个意象蕴涵了终极的残酷与恐怖,创造力只能通过付出某种代价而存在,它拒绝即刻享乐。然而,我们在这一副作为滩头堡的躯体中,难道没有窥见一丝从弗洛伊德的限制性经济中将灵魂解放出来的可能性吗?对弗洛伊德而言,北方人去南方的沙滩旅行,不就是为了燃烧肉体的原始火焰,然后回到北方去提升灵魂的高度吗?

"'你看,'"一个慕尼黑的朋友说,"'阿申巴赫的生活总是**这样**,'"他攥紧了拳头。"'从来不会像这样'——他松开拳头,垂下了手。"[32]

但是,他攥紧的手却在威尼斯奇迹般地松开了。阿申巴赫坐在沙滩上,那里是生命开始的地方。他望着一个男孩。离开威尼斯之前,他在沙滩上玩耍,爱上了一个男孩。这个男孩被紧锁在

[①] 冯·阿申巴赫(Von Aschenbach)是托马斯·曼的小说《死于威尼斯》的故事主人公。

他的注视之中。现在，男孩走进了水中，涉水渡向沙坝。这片狭长的土地未被完全浸没，在沙滩和沙坝之间尚有海水阻隔。男孩慢慢走着，前后踱步，就像一个在水上行走的鬼魂，他漂浮的头发"在海上漂荡，在风中摇曳，眼前含混不清、浩瀚无垠"。[33]一时冲动之下，他转向了阿申巴赫，那双眼睛似乎在召唤他，示意他看向海平面。他不动了。沙滩也静止了。只有他们。一切都凝滞了。阿申巴赫挣扎着要从沙滩椅中爬起来，刚要将自己的身体投向他眼光指引的逃离路径，曼就杀了他——曼正是通过这种方式，处理阿申巴赫作为作家对水边禁忌之爱的幻想。尼采会给他一个完全不同的结局。沙滩和海浪，以及二者之外纯粹的永恒虚空，三者共同开辟历史，将其置于一个"倒置实验"之中，我们人类能在这个实验中回归海洋动物的生命状态，不再害怕享乐，尽情享受愉悦。

当马克思把威尼斯"盗贼系统"的"恶棍"和"堕落"坍缩成资本的秘密之一时，他尤其关注的是南方放给北方的贷款。这让我们很难摆脱这种感觉，这个"秘密"其实在许多个世纪错综复杂的文化实践中已然固化，金钱、性、巫术污染、民族隔离和越界互相渗透融合，形成了这样的文化实践。曼所做的仅仅只是转动历史的车轮，而成就车轮的关键则是威尼斯许多世纪以来东方贸易积累的能量。贸易商品包括丝绸、香料、染料、药材和香水——这些奢侈品沉浸在中东、锡兰、印度、马来群岛、中国和日本的光晕中。

说到底，奢侈品是什么？这是一种让人如痴如醉的商品，其宗旨不是令人着迷，就是挑逗人类的身体，调动体内的味蕾，用青金石和沥青这样的色彩刺激视觉神经，诱发身体对拼花工艺的热爱，吸引肉体去感受丝绸柔顺凉爽的触感。身体浸淫在商品之中，商品包裹着身体。与此同时，这也是与无意识的愉悦相对的一种意识——该意识将奢侈品与非奢侈品区别开来——比方说，当一个人花钱嫖妓时，这种意识就出现了。

结果，资本的"秘密"就成了它对某种温室混合体的依赖，该温室位于欧洲与东方的十字路口，混杂了纵欲和越界。拜物教并非商品经济的后果，而是后者的魔幻前提，因此也为成熟的资本主义运作提供了前提条件。这就是为何我们会见证现代性中远古的壮丽"回归"，这种"回归"也出现在我们自己的身体之中。我们的身体不仅与世界历史息息相关，也与三大洋的经济史紧密相连。

意志与浪潮

"意志与浪潮"是尼采在《快乐的科学》中一节文章的标题，通篇洋溢着有序的无序。我把这称为神经系统的固有特征，总是让人在理解之前就先感知到现实。[34] 当然，写作也是如此，面对矫揉造作的世界，掩饰着自己。

什么！你不相信我？你对我发怒，你这美丽的怪物？你害怕我会揭露你全部的秘密？行，你尽管冲我发脾气吧！将你那碧绿而危险的躯体拱得越高越好,在我和太阳之间拱成一堵墙好了——就像你现在这样!说真的,现在世界空无一物,只有这碧绿的暮光和青绿的闪电了。尽情放纵吧,怀着喜悦和邪恶,恣意吼叫吧——或者,再次潜入海底,把你的祖母绿倾泻在海底的最深处,将你那无尽的白发泡沫洒向他们。[35]

瓦尔特·考夫曼①认为"意志与浪潮"的创作其实并无目的性,此乃刻意为之,旨在表明在酒神显灵的时刻,就像在沙滩上一样,孩子气的嬉戏获得了一席之地。此文恰好写在尼采第一次形成有关永恒回归的想法之前,他把永恒回归当作无意义的标志,在世界历史中,看似明显的设计实则缺乏目的性。[36]不过,此类酒神显灵的"时刻"真的就旨在于此?那些时刻跨过时间、越过习俗,就是为了看起来像那些被封锁的现场一般,能够超越常规,显得不那么协调一致?

沙滩正是史前史变成人类史的场景。尼采描述了负罪感和直觉压抑被发明前后的巨大分裂,那场转变"迫使人类反对自我"。他将这种分裂与海洋动物的命运进行比较,发现它们被迫成为陆生动物,不然就面临消亡的命运。"我认为这世上不曾有过比这更加痛楚的感觉、更为沉重的不适。"

---

① 瓦尔特·考夫曼(Walter Kaufmann, 1921—1980),德裔美国哲学家、翻译家、诗人,著有《尼采:哲学家、心理学家和无政府主义者》《从莎士比亚到存在主义》等。

此处，意志与浪潮的酒神式嬉戏获得了预谋的政治力量。尼采作品的整个目的就在于尝试"倒置实验"，释放压迫人类反对自我的力量。这有可能实现，"**原则上是这样——但谁有足够的力量呢？**"[37] 毫无悬念，这场倒置实验只有在海边才能实现，因为海边也是历史的边缘、压迫的边缘，"迫使人类反对自我"。这是所有模拟中最充满宿命意味的行为，也是我选择沙滩这个场景的原因。我选择同斯蒂芬·迪达勒斯一起，在我们称作语言的疯狂遗产中，漫步沙滩，筛选出层层意象。

在尼采的寓言里，动物们冒出海底，爬上沙滩，变成人类，继而反对自我。就在那一刻，灾难降临了。他们使用本能来降服本能，从而实现了自我反对的过程。前苏格拉底式的互相联结和流动被取代，取而代之的是脱离语境的逻辑以及国家友好模型的视角和动机。犹太-基督教世界谴责身体的罪恶，酒神狄俄尼索斯未被除名却被挪用，成了受谴责的魔鬼。

在当今的世界，西方和不少发展中地区的人们重新发现了海洋。他们并非把它作为日常生活的一部分，而是把它本身当作了一件商品——"海洋"——就像最新款的 SUV，或者还有更好的选择，那就是海景投资房。哪怕是中产阶级也能分一杯羹，比如逛妓院、在分时公寓度假、搭乘两周的邮轮，或是在诸如泰国或牙买加那样贫穷的第三世界国家的豪华度假村待上一个星期。尼采认为"倒置实验"或可实现，但这些不已然与尼采的本意相距甚远了吗？"倒置实验"本身不也成了商业挪用的对象了吗？

1958 年冬季，西尔维娅·普拉斯回到马萨诸塞州沿岸的温斯洛普市。她发现它"浓密的皮毛早已萎缩暗淡，褶皱密布：所有那些梦想的七彩延伸都失去了光泽，如同脱水的贝壳，颜色都被漂白了"[38]。歌德在威尼斯重新发现了孩提时期的梦想，这是他生命中第一次看到大海，退潮时，他在沙滩漫步，贝壳俯身可拾。激浪涌上沙滩，高耸的浪墙瞬间轰塌。歌德热爱潮水退去留下的杰作，把那叫作"美丽的沙地打谷场"。"我就像一个孩子，捡了许许多多的贝壳。"仅仅一个半世纪之后，这些同样的贝壳却令普拉斯感到绝望。她质问："我们的思想是否曾给街道和童年镀上了色彩，而现在停止工作了？"在这点上，她很有可能会呼应尼采的观点，认为海洋动物被迫成了陆生动物，不然就面临消亡的命运。"我认为这世上不曾有过比这更加痛楚的感觉、更为沉重的不适。"

"我们必须努力，"普拉斯在自己的笔记本中继续写道，"我们必须努力回到起初的思想状态……我们必须重新创造它，哪怕与此同时还要制作简易蛋糕，测量该用多少发酵粉，并且计算接下来几个月的花销。神灵将仙气吹进了万物之中。练习吧。由内向外成为一把椅子、一支牙刷或一罐咖啡：从内感受，了解万物。"[39]

沙滩。我们享受沙滩。我们不断地将永恒的童年输给碧绿的暮光和青绿的闪电，浪潮的残影横亘在我和太阳之间。

练习吧！

第五章
体内性、信仰和怀疑：
另一种魔法理论

---

* 本章的早期版本最初发表在 Nicholas B. Dirks, ed., *In Near Ruins: Cultural Theory at the End of the Century*. Minneapolis: University of Minnesota, 1998）。

我们所有神秘状态的基础都是身体性技术,这些生物学方式使我们能够与神进行交流沟通。

——马塞尔·莫斯,《身体性技术》("Les techniques du corps"),1960年。

魔法师这个职业经久不衰,巫师通常会真心实意地学习该职业,从头至尾多多少少都维持自己的职业信仰;不过,巫师既是傻瓜又是骗子,他兼具信仰者的能量与伪善者的狡猾。

——爱德华·伯内特·泰勒,《原始文化》,1871年。

第五章 体内性、信仰和怀疑：另一种魔法理论

"9·11"事件之后，我们对于国土安全的各种戏码变得习以为常。谁还能记得，每当总统支持率下滑时，总会出现各种颜色编码的恐怖警告？谁又记得那些给窗户安置塑料护板的建议？其中，一种戏剧行为大胆且反常，似乎历久弥新。对此，我们可以从美国前司法部长约翰·阿什克罗夫特①的行为中一窥究竟。他曾经命令属下用适当的布帘遮挡正义女神雕像上过分暴露的胸部。如此看来，他似乎还真对人类学家马塞尔·莫斯所说的话上心了。根据学生们的笔记，博闻强识的莫斯曾在20世纪20年代的巴黎提到："我们所有神秘状态的基础都是身体性技术，这些生物学方式使得我们能够与神进行交流沟通。"[1] 在随后 2004 年的超级碗（Super Bowl）电视直播中，不计其数的观众见证了歌手珍妮·杰克逊（Janet Jackson）的露乳事件。在那起事件中，她的衣服被扯开，乳房在那一瞬间曝光在众目睽睽之下。而就在那之前，司法部长还大费周章地要遮盖正义女神暴露的胸部。露乳事件之后，律师很快开始起草针对媒体流氓行为的相关条款。一年之后，著名的福音派媒体大亨帕特·罗伯逊（Pat Robertson）在他的电视节

---

① 约翰·阿什克罗夫特（John Ashcroft, 1942— ），生于美国伊利诺伊州，律师、政客，在乔治·布什总统任期内担任过第 79 届美国司法部长。

目中告诉观众,美国应该处死委内瑞拉总统乌戈·查韦斯(Hugo Chávez)。根据《纽约时报》的描述,查韦斯是"一个左派,他的国家拥有除中东之外最大的石油储备"。"相比起某个电视直播球赛上的袒胸露乳,"浸信会牧师杰西·杰克逊(Jesse Jackson)宣称,"这对我们半球的稳定威胁更大。"杰克逊呼吁联邦通信委员会对此进行调查,而该委员会也同样介入过歌手珍妮·杰克逊的露乳事件调查。[2]

莫斯几乎不需要补充解释,衣服——作为第二层皮肤——与"身体性技术"携手并进,共同指向神圣。伊斯兰教中的面纱,基督教中修女和牧师们的惯习,天主教主教的猩红长袍,教皇的法冠,佛教僧侣的黄袍和发型,犹太教正统教规中男子穿着的黑白叠层、白色丝带和巨大的黑色帽子,更别提祈祷时那些姿势和身体运动了。它们看似奇怪,但只要一想起由这些服饰引起的激荡之情,我们也就不难理解莫斯的深意了。即使裸体主义也是某种意义上的宗教。与神沟通是多么充满激情与灵性的事,而这竟与肉体如此密不可分,同时也与隐蔽、曝光,甚至损毁这些行为紧密相关。这一切难道不都很奇怪吗?

与神沟通,确实是种强烈的体验。在过去这些日子里,我们当中足够幸运能在美国生活的人,对那些媒体上展示的"身体性技术"产生了密切关注,据说它们能帮助众人与神进行沟通。那些技术极接地气,又充满身体元素,以至于那种鞭打自身以致鲜血淋漓的疯狂都无法与之相提并论。就算与现代欧洲早期修女们对感染的伤口引以为豪的行为相比,那些技术也毫不逊色。在15

和 16 世纪的荷兰弗拉芒绘画中，我们经常能看到耶稣被钉十字架的画面。耶稣的右胸上通常会有一个绘制精美、阴道状的圣痕，与乳头齐平。在我所了解的一幅画中，从圣痕涌出的血滴散发出金色的光芒，几乎占据了画面空间的三分之一。在列奥·斯坦伯格[①]令人称道的学术生涯中，他投入了大量精力，研究阿尔卑斯山脉南北部文艺复兴时期绘画中无处不在的一个现象，那就是十字架上的耶稣看似勃起的现象，有时候还相当明显。[3] 与勃起现象同样值得注意的是对勃起的掩饰。这不仅仅是因为耶稣全身赤裸，唯有一处尴尬的突起物被薄布覆盖，其值得关注的原因还在于，几个世纪过去了，都没人指出这件难以启齿的事。类似的情况也发生在大量有关圣母崇拜婴儿耶稣生殖器的绘画中。或许出于潜意识，人们才选择视而不见。若非如此，我们只能想象，类似司法部长那样的人在这场反恐战争中该忙活成什么样。

然而，幸运的是，对我们而言，那些通过遮掩和暴露身体、展示性灵虔诚的野蛮方式早已成为陈年旧事。如今，西方的教会和庙宇早已被净化，那些证据则被稳妥地安置在艺术博物馆的展览室中，那里同样经过净化，同样充满神圣感。相反，宗教则找到了其他更好的"身体性技术"用于与神沟通，那些问题绝对攸关生死，包括狂热反对堕胎、同性恋婚姻、胚胎干细胞研究、安乐死、安全套和销售紧急避孕药（但是不包括伟哥）。目前看来，这种反对态度能够影响国家选举、塑造世界命运。这个事实显而

[①] 列奥·斯坦伯格（Leo Steinberg, 1920—2011），俄裔美国人，艺术评论家、艺术史家，著有《米开朗基罗的绘画》《文艺复兴艺术和现代遗忘中的基督性向》。

易见、令人痛心。因此，我们也更有必要对这些身体性技术进行进一步研究。

在人类学家研究的传统社会当中，宗教被所谓的萨满、巫医和巫师掌控。我们可以把身体性技术看作变戏法的不同手段，手法灵活是关键，这也是保证他们能够与神沟通的前提。这是一种戏法，但和普通变戏法有所不同。那么，它有何特别之处？这种特色非比寻常，相当于一种揭露惯骗的娴熟手段——让我们见证珍妮·杰克逊极为短暂的一瞬间曝光、司法部长掩盖雕像的行为，也见证十字架上耶稣那无人看见的勃起。此处，我们看到一种致力于欺骗的艺术形式，或者，我应该说这是一种有预谋的误解。这种身体性技术不仅能唤起某些神圣的东西，而且还涉及欺骗和行骗者自身。宗教还真是古怪。19世纪中期，任职于英国牛津大学的著名人类学奠基者爱德华·伯内特·泰勒爵士，就曾如此描述：

> 魔法师这个职业经久不衰，巫师通常会真心实意地学习该职业，从头至尾多多少少都维持自己的职业信仰；不过，巫师既是傻瓜又是骗子，他兼具信仰者的能量与伪善者的狡猾。[4]

就"巫师"而言，泰勒不一定会联想到司法部长。但在公认的民族志记录中，所谓原始社会中的法律很大程度上就是一种巫术，而且，巫术广义上还包括医学和宗教。更重要的是，泰勒在这里指出了一些永恒的东西，令人着迷，经久不衰。信仰仿佛既要求人们相信别人表达的内容，但同时又怀疑那不过是胡言乱语。

用泰勒的话来说，既是傻瓜又是骗子——这真是一种惊人的状态，认可与否认混合，盲目与洞见并存。此处，信仰似乎不仅愉快地与怀疑并存，并且需要后者的存在，继而产生了一种持续的、神秘且复杂的运动，在曝光和隐蔽之间不断来回。我们可否由此推断，魔法之所以有效，不仅是因为欺骗，还出于欺骗的曝光？且听我细细道来。让我们从巫师说起，我认为他就是魔法舞台的中心人物。

世界尽头和招摇撞骗

卢卡斯·布里吉斯[①]生于一个传教士家庭，他的父亲后来成了牧羊农民。在他精彩纷呈、感人至深的自传中，布里吉斯向我们讲述，他如何与印第安人的孩子们一起嬉戏成长。当时正值1900年左右，他们共同生活在火地群岛众多岛屿、半岛和水路中的岛屿之一——大火地岛。布里吉斯学会了至少一门本地方言。成年后，他总想学习巫师们的法术。从本质上看，那些魔法令人极为费解，因为对巫术的恐惧与对巫师的怀疑是并存的。请注意，这里指的是当时十分常见的通过魔法手段去杀人。根据布里吉斯的说法，奥纳印第安人[②]迷信中的头一条就是"对魔法和巫师力量

---

① 卢卡斯·布里吉斯（Lucas Bridges，1874—1949），英裔阿根廷作家、探险家、牧场主。
② 奥纳人（Ona）也叫塞尔克南人（Selk'nam），后者是本地人的自称，他们分布于智利和阿根廷南部巴塔哥尼亚火地群岛的印第安人。

的恐惧，即使是那些本身操持该业的人们，肯定也知道自己不过是群骗子。他们对于别人所拥有的力量感到害怕"。[5] 他接着说："那些骗子中的有些人是出色的演员。"这条信息对我们颇为有用，我们可以追随他对"表演"的描述，观察印第安人对于"物体"的态度。他们就算不沉迷，至少也十分关切那些从活人身体的狭缝中获取的东西。

医生来到病人身边，或站或跪，全神凝视着病灶集中处，脸上露出一副惊恐万状的模样。很显然，他能看见一些我们看不见的东西……他会努力用手将邪恶的力量聚集到病人身体的某一部分——通常是胸部——然后用嘴在那一块猛力吮吸。有时，他会奋力一个小时，然后再重复同样的尝试。有时，术恩会从病人身上吸出些东西，然后装作用手托住嘴里的东西。之后，他总是背朝营地，用手捧住嘴里的东西，紧紧地攥住它们，从喉咙深处发出一种难以形容、不可言传的声音，将那些隐形的东西甩在地上，并猛烈地踩踏它们。偶尔会出现一点泥土、一些燧石，甚至是一只非常年幼的小老鼠，而它们就是病根子。[6]

现在让我们换个视角，来观察一下这位伟大的医者胡什肯（Houshken）的双眼，必要时也来做一做面相学专家。胡什肯身高六尺以上，他的双眼极黑，近乎黑蓝。"我从未见过这种颜色的眼睛。"布里吉斯沉思道，他猜测胡什肯会不会是个近视眼。现实与猜测相去甚远。胡什肯不但是一个雄健的猎人，他的目光据说还能看透山脉。

这类眼睛还能看透人的身体。布里吉斯在描述另一位著名医师提尼尼斯克（Tininisk）时，也提到了这样的眼睛（他在20年后成了神父马丁·古辛德①最重要的报道人之一）。正是提尼尼斯克将布里吉斯引入了医师的大门。在一处背风的火堆旁，布里吉斯赤身裸体地斜躺在原驼皮上，提尼尼斯克用双手和嘴在他的胸口仔细检查。根据布里吉斯的说法，那和任何医生用听诊器没什么两样，"照例从一处挪到下一处，不时停下来，听听这儿，听听那儿"。[7] 然后，他就提到了那双眼睛，那双眼睛能看透山脉，也能看透身体的脉象。"他也全神贯注地注视着我的身体，就像一台X光透视仪，仿佛能看透我的身体。"

拥有像这样的眼睛对于看透世界颇有帮助，但其中暗含之意或许会引起误解。尽管这样的眼睛具有穿透性，但被注视的物质本身的特殊性质才是问题的关键。像身体这样的固体物质，至少在某些特定情景下并不稳定，且无色无形。

医师和他的助手都全身赤裸。医师的妻子也是一位治疗师，这在女性中罕见。她脱去外衣，他们三个人挤成一团，搞出了一些东西。布里吉斯认为那是极淡的灰色绒毛，状似小狗，大概一米（四英尺）长，还有一副尖尖的耳朵。那似乎是个活物，或许是由于创造者的呼吸，还有他们双手的颤动。当那三双手把小狗仔放在布里吉斯的胸口上时，他闻到了一股特别的味道。忽然，

---

① 马丁·古辛德（Martin Gusinde，1886—1969），奥地利牧师和民族学家，以其对火地岛土著人的研究出名。

它消失了，没有任何异动。如此这般重复了三次。在一阵肃穆的停顿之后，提尼尼斯克问布里吉斯是否感受到他的心脏里有任何东西在移动，或者是否在脑海中看到了任何奇怪的东西，就像在梦里那样？

但是，布里吉斯什么也没感觉到。他最终决定放弃这个令人着迷的研究方向。一方面，他担心如果坚持下去就不得不经常撒谎，"可我并不擅长此道"。另一方面，他则害怕这项研究会让他和他的奥纳朋友们产生裂痕。"他们害怕巫师，我不想让他们因此也害怕我。"[8] 尽管他学习魔法的愿望就此减弱，但他并没有完全失去对这个话题的兴趣。

20年之后，神父马丁·古辛德从印第安人那里得知，"小狗仔"是由刚出生的雏鸟的白色羽毛制成，而萨满除了皮肤之外的身体都是由这种物质构成。萨满的特殊力量正来自这种物质——这些力量包括穿透一切的视野、占卜、出手杀人以及歌唱的能力。[9]

后来，布里吉斯见到了大名鼎鼎的胡什肯。布里吉斯久闻其大名，他告诉胡什肯自己听过有关他伟大能力的故事，希望能够见识一下他的法术。是日，满月当头。月光洒在白雪皑皑的大地上，亮如白昼。胡什肯从河边回来后，开始吟唱，他把双手放进嘴里，抽出了一条厚约三条鞋带、长达约四十六厘米（十八英寸）的原驼皮带。他的双手颤抖着，逐渐分开，皮带展开后延展至四英尺。他的随从抓住其中一头，皮带从四英尺成了八英尺，随后突然消失，回到了胡什肯手中，越变越小，当双手几乎完全合拢时，他用手拍打嘴唇，一阵长啸之后，摊开手掌，手心空无一物。

布里斯评价道,哪怕是一只鸵鸟,也无法不经明显的吞咽就囫囵塞下那些长达两米半(八英尺)的皮带。但如果那些皮带没有进入那个男人的身体,它们还能去哪儿?他没有袖子。他光着屁股,站在雪地中,袍子还在地上。而且,当场大概有二十到三十个人,只有三分之一是胡什肯的人,其他人还远远算不得友好。"如果他们当时发现了一些简单的招数,"布里斯写道,"那位伟大的医师早就失去他的影响力了;他们也不会再相信他的任何法术了。"[10]

胡什肯披上他的袍子,似乎开始出神。他走向布里斯,任由外袍滑落回地面。他把双手再次放进嘴里,取出双手,当它们距离布里斯的脸部不足半米(二英尺)时,胡什肯缓缓摊开双手,出现了一个小小的、几近不透明的物体,直径大约三十厘米(一英尺),逐渐缩回他的手掌之中。那玩意儿有可能是半透明的皮筋或面团,但不管是什么,它看上去似乎是个活物,正在高速旋转。

当晚,月色明媚,照亮了整个现场。随着胡什肯摊开双手,布里斯突然发现那东西不见了。"它没有像气泡一样炸裂,它就那么消失了。"旁观者倒吸了一口冷气。胡什肯翻转手掌,供人检验。他的双手整洁干燥。布里斯转而看向地面。胡什肯虽然泰然自若,此时也忍俊不禁,因为地面上空空如也。"不劳您费心了,我会把它召唤回来的。"

布里斯用民族志的方式为我们解释这个现象。本地人相信,这个神秘的物体是"一种极为邪恶的精灵,从属于术恩(医师),

或很有可能是医师身体散发出来的一部分"。这种精灵可以凝聚成形，或可变得隐形。它能够将昆虫、小老鼠、污泥、尖锐的燧石，甚至是水母或小章鱼注入敌人体内。"我曾见过一个强壮的男人，他一想到这个恐怖的东西和它的威力，就不由自主地瑟瑟发抖。"[11]"这个事实很奇怪，"布里吉斯补充道，"尽管每个术师肯定都知道自己不过就是招摇撞骗，他总是相信且极为害怕其他医师所拥有的超自然能力。"[12]

身体性和快乐的科学

在这个节点上，我想请您把注意力转移到几件事上，它们都与操控人体的戏法有关。首先，身体被当作容器来使用。身体就是一座"神庙"，而它的界限必须被超越。这也是挪进、移出、植入、提取等长期表演的基本舞台。本质上，无论是萨满的身体、病人的身体、敌人的身体，或是还在接受训练的新手萨满的身体，都是这样一种舞台。

接着，我们需要注意到一个极为奇特的物体。据说，它是一种从属于巫医身体的精灵。它看起来像个活物，但本质上就是个物体。它来自体内，又回归体内。它性质不定，引人注目——请您关注原驼皮带那诡异的延展性和高速旋转的半透明面团或皮筋——所有这些都表现得像是人体的延展，由此能够与其他身体结合，并且进入那些人类和非人类的身体。

这个像面团一样旋转的奇怪玩意儿还有一个东欧版本，叫作奥德拉德克[①]，是一篇一页半小说的主人公，该故事题为《家父之忧》。[13] 小说作者弗朗茨·卡夫卡告诉我们，奥德拉德克的名字来源十分复杂，实不可考。根据他的说法，我们无法知道奥德拉德克究竟是一个人、一只动物还是一件东西。奥德拉德克在某些方面似乎像个人，能说能答；也能像只动物似的十分敏捷地移动。然而，奥德拉德克不过是一个破旧的星状纱芯，缀有各色各样的线头，每端还有两根凸出的小棍子。它潜伏在入口处和死胡同，在台阶和走道上神出鬼没。它笑起来的时候，那笑声就像干枯的树叶在沙沙作响。我们也不确定它是否会死亡。

卡夫卡本人并没有变戏法，他的写作就足以施展法力了。奥德拉德克是卡夫卡的延伸，不仅是他的身体也是思想的延展，类似于从提尼尼斯克体内冒出的"小狗仔"，用雏鸟的白色羽毛构成，进入病人或受害者的身体。卡夫卡的故事根本就不是故事。它们依赖于手势，手势则是词语的身体性同类。词语会突然从句法中射出，获得独立的生命，这正如萨满口中出现的塞尔克南人的旋转面团。卡夫卡从未对自己的身体感到过安适自在。他注定受缚于移情（empathy）和变形（metamorphosis）。还记得那个变成臭虫的男人吗？还有自动抽搐着就不见了的面部痉挛？

在卡夫卡的叙述中，奥德拉德克陌生又熟悉、魔幻而普通。或许，同样的感觉也适用于卢卡斯·布里吉斯和神父古辛德描述中塞尔克南人的"小狗仔"。这种生物不只具有生物性；它们还突然地出现和同样神秘地消失；它们是一种运动，其中最受人瞩

[①] 奥德拉德克（Odradek），卡夫卡笔下虚构的一个奇怪物体。

目的就是身体性运动。这种运动不仅意味着身体在空间中的位移，也不光是近乎某种舞蹈形式的四肢快速伸展，它还意味着各种进出运动。它们从内到外，自外至内，伴有一种纯粹的生成（sheer becoming），存在与非存在在这个过程中转变成了变化形式的存在性（beingness）。

此类生物将我们的目光引向了某些物体具有的变形能力。那些运动的物体奇异而不可名状，它们能够变成一些清晰可辨却不合时宜的东西。譬如，它们能够变成小章鱼、污泥和燧石，进入敌人的身体，产生致病甚至夺命的效果。这些生物不但能够发生变化，还拥有一种内爆式的体内性（implosive viscerality），仿佛能将我们甩出符号的世界，超越那个所谓意义的解决方案。

至此，我认为最重要的就是将您的注意力放在那些巫术和戏法的壮观呈现上，思考它们与那些致命和治病的正经行当之间的关系。这种骗局、奇景和死亡的混搭肯定会让我们深感困惑，我们甚至会对巫术的概念及其与剧场和科学的关系感到焦虑，更别提与真相和骗局之间的关系了。因此，我们需要详细考察一下这股腐蚀性力量。它能够侵入语言和思想的稳定结构中那些原本几不可见的断层，将游戏与欺骗同生死之事拼接，联结剧场和现实、此世和精神世界，把骗局与"世界不存在骗局"这个幻觉联系在一起——而这也是最成问题的骗局。由此，我们不得不认同尼采曾经的说法，"所有的生命都基于相似性、艺术、欺骗、观点和必要的视角与错误。"我们同样会认可霍克海默和阿多诺的说法，他们认为，真正让人类从神性坠落、开始启蒙时代蹒跚学步的源头,并非夏娃和善恶的知识之树,而是萨满教和魔法。人类正是从后者走向了科学,而所谓科学就是模仿自然从而控制自然的过程。这里的自然包括人性,科学将巫术转变成了统治自然和人类的工具。[14]

在面对这个基于相似性、艺术和欺骗的世界时,尼采建议我们放弃消灭骗局的幻觉,妄想还存在另一个超越欺骗、不存在骗局的世界。巫术总能技高一筹,尤其在被曝光时更是如此。反之,若萨满教正是我们需要的词,那么,我们应该做的是修习自己的萨满教,拿出一套巫术、模拟和骗局,使得打假和伪装持续运行。奇怪的是,这种运动与那些让我们烦恼的事物并行不悖,但又互相抵触。我认为,这就像尼采在《快乐的科学》中想到的**神经系统**。这种系统是一种"嘲讽、轻松、转瞬即逝、神圣般地无动于衷、且神圣般虚伪的艺术",它围绕某种观点而建立。换言之,在这个观点中,要使魔法的魔力产生功效,曝光骗局与掩盖骗局同样重要。[15]

"若要描述楚科奇人和因纽特人中任何相当数量的萨满巫术,此处空间恐怕就不够用了"

在 18 世纪,叶卡捷琳娜二世向欧洲探险者开放了西伯利亚这片荒芜之地。当时,欧洲人并没把楚科奇人①和因纽特人叫作萨

---

① 楚科奇人(Chuckchee,俄语 чукчи),俄国远东地区的一个少数民族。

满,而把他们称为**行骗者**——就是类似魔术师那样变戏法的人。萨满这个名称的用法出现时间较晚,最初来自当地的一种原住民文化。该原住民部落叫作通古斯人(Tungus),萨满在他们的用语中指的是不同等级治疗师中的一个级别。自那时起,人类学家就把萨满这种人物形象的命名和呈现与招摇撞骗深刻地联系在了一起。在人类学家看来,萨满的巫术包括惊人的口技、模拟动物精灵的声音、以帘遮蔽的密室、神秘的消失和再现、半隐匿的暗门、耍刀的戏法,如此等等——如果**戏法**就是他们用的词,又有何不可呢?——还包括男女性别转换的戏法。

在 20 世纪最后的 25 年,人类学家和普罗大众已然相信,所谓的萨满在世界各地普遍存在,而且萨满作为一种普世类型的魔法和宗教存在,在历史的长河中也流传至今。与此同时,招摇撞骗逐渐淡出人们的视野,而神秘主义则占据了舞台的中心。随着 19 世纪晚期对西伯利亚所做的民族志调查,萨满这个词也早已弥散在西方各种语言当中。该现象发生在殖民时期,同期还有不少其他原住民词语广为流传,比如**图腾信仰**(totemism)、**塔布**、**吗哪**,① 甚至还有**食人**(cannibalism)。它们看似熟悉,却又神秘,仿佛承载了土生土长的含义和语境。这些词语和萨满一起,极大地丰富了欧洲语言。[16]

现在,让我们一起来听听,维尔德莫·波苟拉斯② 如何描述

---

① 塔布(taboo)也称禁忌,吗哪(mana)是《圣经》中的一种天降食物。
② 维尔德莫·波苟拉斯(Waldemar Bogoras, 1865-1936),苏联革命家、作家、人类学家,研究楚科奇人的专家。

西伯利亚的楚科奇萨满的神奇戏法。波荀拉斯于1904年出版的专著催生了西方的萨满研究，也是该领域初期的代表作之一。[17] 譬如，波荀拉斯对萨满的口技非常着迷。萨满们能通过口技创造复杂多维的音景，让你感觉仿佛沉浸于精灵的世界。波荀拉斯费尽心思地去捕捉声音中的戏法，他用一台蜡筒留声机将那些声音录了下来，并且对自己变出的戏法也满心惊讶、洋洋自得。萨满坐在那里，发出各种声音，而声音就从这张唱片中传了出来！一个世纪之后，我有幸听到了那些声音。两年前，一位博士生得到了该唱片的一张副本，并且在口头答辩中播放了一遍。从任何人的角度听来，这都是一种技艺精湛的戏法。在白人看来，这混合了两种魔法，一种是模仿能力极强的萨满巫术，另一种是现代模拟机器的魔法。对原住民来说，多拥有一个开心的客户必然也是件让人心满意足的事。

萨满还会变另外一种戏法。她会绞动双手，变出一大块卵石，随着阵阵鼓声，一连串的小石子就会从大卵石中源源不断地冒出来。波荀拉斯试图骗她说出巫术背后的诀窍，但没能如愿。这是西方萨满研究历史中的重要一刻，虽然我们大多数人的注意力都集中在萨满的巫术上，也绝不能让这一刻从眼前溜走。人类学家试图智胜萨满的这一刻十分动人，但像《笔记和调研》(Notes and Queries)这类标准的田野方法文本通常不会向读者们推荐此类做法。之后，我们还会在E. E. 伊凡-普理查① 于20世纪30年代早

---

① E. E. 伊凡-普理查（Sir Edward Evan Evans-Pritchard，多称 E. E. Evans-Pritchard，1902—1973），英国人类学家，著有《赞德人的巫术、神谕和魔法》《努尔人》等。

期所做的非洲研究中具体观察这些智胜之术。

　　这位萨满的另一种巫术就是割开她儿子的腹部，从中找到并除掉病源。"那确实看上去就像皮肉真的被割开了一般，"波苟拉斯说。小股血液从萨满指间渗出，顺着她儿子身体两侧，流到了地上。"那男孩一动不动地躺着，期间就微弱地呻吟了一两次，抱怨刀子碰到了他的内脏。"萨满把嘴凑到刀口处，对着那里说话。过了一会儿，她抬起头来，男孩的身体就全然无恙了。其他的萨满也会这样用刀戳自己的身体。戏法无处不在。波苟拉斯总结道："若要描述楚科奇和因纽特萨满变的任何相当数量的戏法，此处空间恐怕就不够用了。"[18] 不过，我们真能忍住不再多提两个吗？比如，尤普娜"假装用一根绳子穿过自己的身体，从一点穿梭到另一点。然后，她突然把绳子抽了出来，之后立马假装把它割成两截，并用绳子把坐在她面前的几个孩子的身体也割成两截。这同世界各地的其他戏法一样，其招摇撞骗的手段都惊人地相似。在每一场表演之前，尤普娜甚至都会摊开双手，用魔术大师一般的优雅姿态，向我们展示她手中空无一物。"最厉害的戏法并非遁地行走，而是改变性别。凭借精灵的帮助，这场改变最终都会实现，至少在对男性施法时便是如此，而实现的方式就是与男人交欢或嫁给另一个男人。他们把这些人叫作"软男"（soft men）。相比没有变性的男女，人们会更害怕这些"软男"的魔力。[19]

一罐蠕虫

自1975年至1997年间，我每年都会走访哥伦比亚西南部的普图马约地区。那里的风景美得摄人心魄，山顶云林笼罩，山坡峻峭抖擞，山脚下的溪谷则遍地都是巫术。我住在一位名叫圣地亚哥·穆屯巴乔伊的萨满朋友家中，他是一位著名的原住民治疗师，会用致幻剂和音乐进行治疗。曾有一段时间，我们在游击战争变得异常激烈之前还想一起开个诊所。我用西方疗法，他来负责其他疗法。他经常大笑，喜欢开玩笑，经常用八卦或故事的形式，讲些不同人和他们奇怪遭遇的笑话。他尤其偏爱其中一个笑话。总结起来，这个笑话说的是几个世纪以来的殖民历史，以及这段历史如何对自己变了一个戏法：欧洲征服了新世界，将魔法的力量归咎于野蛮人，以至于该地区现代的殖民者、贫穷的白人和黑人，还有近来生活富裕的城里人，都不得不去森林里寻找印第安人，求助于传说中的萨满神力。圣地亚哥·穆屯巴乔伊觉得这个笑话特别滑稽，令人捧腹大笑。他觉得这个戏法能打败所有其他把戏，仿佛能够借此保存另一种魔法，也就是一种"真正"的魔法，它来自就算没有上千年至少也有几百年的印第安历史和文化。当然，我们在实践中难道真的能将两种魔法区分开来吗？

不过，在我看来，这个笑话还有许多其他含义。譬如，我会问穆屯巴乔伊，他如何成为一位萨满。他回答，年轻时，他和妻子新婚宴尔，妻子总是生病。他俩去咨询了一个又一个萨满，开销很大，却没能减轻妻子的病痛。直到有一天，他们听说政府派了一名白人医生到附近的城镇为印第安人治病。他们盛装打扮，挂上了大串大串用细小彩珠制成的项链，步行到了附近城镇。"给印第安人让路！给印第安人让路！"人们喊着。医生就在一幢二层小楼的阳台上等他们。让他妻子惊愕的是，医生让她脱掉衬衣，开始为她触诊。医生摊平十指，用一根手指在另一根上头敲打，每一次这样沉闷的声音之后都会伴随一些空洞的嗡嗡声。医生说她患了贫血，给她开了一些杀寄生虫药。在回家的路上，他们遇到了一个小男孩，男孩跟他们解释说贫血症其实不止一种。

在排便一天多后，她拉出了许多蠕虫。"快来看啊！"她大喊大叫。圣地亚哥·穆屯巴乔伊过去看了看，内心感到异常愤怒。所有那些萨满都是假的。正是在那一刻，他下定决心要变成一个萨满。

"一种奇特的心态……如果一个人能同动物和鱼说话，那该多么美妙"

"所有相关人士都十分清楚，"在他职业生涯的末期，著名人类学家弗朗兹·博厄斯写道，"萨满施法的大部分过程都是基于骗局；然而，萨满本人、他的病人以及病人的亲朋好友都仍然相信萨满的力量。揭穿那些把戏并不会削弱对萨满教的'真正'力量的信仰。出于这种奇特的心态，萨满本人对自己的力量总是心存怀疑，并且无时无刻不在用骗局增强这种力量。"[20]

请允许我冒着令人作呕的说教风险，试图为您抓住瓜求图族萨满教这条滑溜溜的鱼儿。我会为您逐项列出博厄斯在翻译当中遇到的矛盾部分。我很清楚，本文展示的所有内容都是如此，你越试图钉住它，它越挣扎。我想，这也是我努力尝试的意义，那就是看着逻辑在受限的情况下以针尖对麦芒的复仇形式浮现出来。

1. 所有相关人士都知道萨满施法的大部分过程都是基于骗局。
2. 然而，萨满本人、病人及亲朋好友都仍然相信萨满的力量。
3. 而且，揭穿那些把戏并不会削弱对于萨满教的信仰。
4. 不过，跟第二和第三点相反的是，骗局的存在确实会让萨满怀疑他或她本人的价值。
5. 第四点产生的效果就是让萨满（进一步）求助于骗局。
6. 现在，回到第一点重新开始。

作为弗朗兹·博厄斯的学生之一，欧文·戈德曼[①]强调："瓜求图族萨满在公开展示时极度仰仗复杂的戏法。他会制造隐蔽的暗门和间隔，还会利用绳子巧妙地操纵假人。从外表来看，他就像一位现代魔术师。"[21]

可是，此事不尽其然。毕竟不是所有穿帮的魔术师都会被处死。说到底，那不过就是个戏法。但请您听听斯坦利·沃伦斯[②]是

---

① 欧文·戈德曼（Irving Goldman，1911—2002），美国人类学家，著有《天堂之口》等。
② 斯坦利·沃伦斯（Stanley Walens，1948— ），美国人类学家，著有《瓜求图族》《与食人族聚餐》等。

怎么说的吧。"人类学家经常在想，"他说，"为什么土著人不会抱怨萨满，说他们不过是变戏法，而不是真的在治疗？人类学家发现很难解释这个看似矛盾的悖论，因为瓜求图人依旧十分崇拜萨满耍花招的能力。但若某个萨满搞砸了其中一个戏法，他就会被立即处死。"[22]

且让我们在这里暂停一下，将目光投向萨满使用的策略。或许，我们可以把那些所谓欺骗的策略另作他解，它们其实并不具有欺骗性，而是一些真实存在甚至颇有效用的东西。我坚持称这些策略为**作为技术的巫术**。我们可以从博厄斯的说法中寻求一些安慰，他认为只有一（大）部分的萨满程序基于骗局，剩下的一小部分到头来才更为重要。如果"萨满本人、他的病人以及病人的亲朋好友都仍然**相信萨满教的力量**"，我们不妨探究一下**信仰**的意义，由此就信仰的不同维度阐明立场。一方面，信仰被当作个人的心理状态；另一方面，它又被看作某种文化"剧本"式的"传统"（这也体现了英国的"唯智主义"[intellectualist]学派和以埃米尔·涂尔干与吕西安·莱维-布吕尔①为代表的法国学派之间的分歧）。诸如此类的问题还有很多，我们也会想问，比如，信仰到底在何种程度上是毫无瑕疵、自信且贯彻始终的东西？一个人需要在多大程度上"相信"萨满教才会使之生效？（其实这些也都是老掉牙的问题）。

或者，我们可以采取泰勒式策略。接下来，我们还会看到伊

---

① 吕西安·莱维-布吕尔（Lucien Lévy-Bruhl, 1857—1939），法国社会学家、哲学家、民族学家，法国社会学年鉴派的重要成员，著有《孔德的哲学》等。

凡-普理查也采用了这种策略。由于证实或证伪巫术治疗有效性的程序不是不存在、没人实践，就是从定义上而言并不适用，**我们总能找到其他解释失败的方法**（比如，治疗师的恶意或是仪式上的错误，或者背后做法的巫师或精灵更为强大）。这种论证通常都会成群出现：首先宣称这是个臭名昭著的"封闭系统"，这也是描述非洲再常见不过的说法；然后再用某些尚不可信的方式，将其与尚未解释清楚的信仰联系在一起。人们相信，尽管任何一个特定的萨满或许是个骗子，萨满教本身还是行之有效的（可以相信、似是而非、值得一试？）。只不过，害群之马总是不止那么一两个……

抑或，我们可以用**模拟**或**模仿**来替代骗局。此举不仅在诗意也在哲学层面有着惊人的后果，它与民族志记录本身产生了神秘的共振——我们将在下文中看到这种共振。在这种替代品的作用下，我们的鱼儿兴许会停止摆动，开始畅游。这不乏为一种"解决"矛盾的方式，而相较于针尖对麦芒的形式，我也更偏爱这种替代方式。

博厄斯在这种"奇特心态"方面知识渊博，这源自他与瓜求图族报道人乔治·亨特①长达14年的关系。他们共同出版了上万页资料，还有几千页原稿尚未发表。在斯坦利·沃伦斯评价中，弗朗兹·博厄斯对瓜求图社会的研究文本是"美国文化人类学的一座里程碑"。[23]沃伦斯同时指出："博厄斯的作品之所以如此出

---

① 乔治·亨特（George Hunt, 1854—1933），特林吉特印第安人和英国人的混血儿，博厄斯长期报道人兼合作者，他本人也是出色的民族学家和语言学家。

色，离不开两个人［亨特和博厄斯］事无巨细的勤勉工作，但这一点从未被充分地讨论过。"[24] 欧文·戈德曼形容这些文本"大概是［现存］最伟大的一份民族志瑰宝"。[25]

亨特和博厄斯就前者的萨满经历展开对话，该对话始于1897年，并在将近30年后到达了顶峰。1930年，亨特写于1925年的**自传体**文本以瓜求图语和英文双语发表，题为《我渴望了解萨满的世界》。[26] 20年后，这个鲜为人知的文本奇迹般地被克洛德·列维-斯特劳斯重新发现，并写入了题为《巫师及其巫术》的名篇之中。[27] 在此文中，斯特劳斯试图提供一种阐释，但从当下的角度来看，这种阐释更像从结构主义出发去**表达**信仰，而非从巫术出发去**解释**信仰。亨特的文章侧重点则与列维-斯特劳斯不同。在1930年发表的文章伊始，亨特便以千金散尽（Giving-Potlatches-in-the-World）① 的美名著称。他承认，自己之所以成为一位知名的萨满，最重要的原因在于他对此一直保持深刻的怀疑态度。

事实上，自1897年到1925年的29年之中，**亨特向博厄斯提供了至少四份他成为萨满经历的自述**。对博厄斯而言，最后一份自述——也就是以《我渴望了解萨满的世界》为题出版的文章——尤为特别，文中删掉了所有博厄斯在前几篇中所说的超自然元素。在最后这份自述中，亨特生动地描述了各种经历：如何像孩子般神秘地昏厥；半夜三更发现自己全身赤裸地在墓地里；强大精灵的各种造访，比如一头名叫洋中倾斜（Tilting-in-

---

① 本文的印第安人名字均根据英文做出适当意译，以符合中文的表述方式。

Mid-Ocean）的杀人鲸告诉他如何在第二天治好酋长儿子的疾病；在他噬取疾病的同时，代表疾病的羽毛如何在他嘴里自动出现；一群杀人鲸如何伴随他的独木舟同行；他如何啃噬名为生命创造者（Life-Maker）的萨满的尸体；诸如此类。在早期版本中，亨特似乎大部分时间都在无意识的状态下进入了其他领域，而在1925年最后的版本中，博厄斯认为，亨特采取的立场是"揭露萨满们设下的骗局，这也是他的唯一目的"。[28] 难怪，博厄斯不像当时刚起步的英国社会人类学，在布罗尼斯拉夫·马林诺夫斯基开拓性的带领下，采用功能主义模式将部分与整体联系在一起。相反，博厄斯面对此类矛盾说法，依然坚持用手头的事实说话，他从未提出过一条普遍性理论，或给出过一幅有关瓜求图社会的全景。

博厄斯曾一度常识性地指出，瓜求图人对巫术展现出来的怀疑应该被看作一种政治防御，因为印第安人不想让白人认为他们没有理性，所以他们会假装对萨满教持有怀疑态度。（如今，"萨满教"俨然已成白人的宝贝，真是世事无常！）因此，我们能够一举摈弃那些有关信仰中怀疑的地位问题，只需把这种困惑当作另一场骗局中的产物——它抑或是一种模仿？——该产物就是印第安人在彼时彼地面对白人时的自我呈现。不过可想而知的是，另一种假设侵入了我们的视野。在这种假设中，骗局是（瓜求图）萨满教不可或缺的一部分，或如博厄斯在别处生动指出的那样，至少是萨满教的"大部分"。而且，怀疑与骗局在萨满教中相伴相生。那么，印第安人就不需要太费劲，甚至是不费吹灰之力，就能在和白人交流时"抱持"（adopt，用博尔斯的说法）一种怀疑的态度。该假设之所以能够成立，其背后有两个相关的理由：其一，怀疑是萨满教的一大组成部分，而印第安人不过就是坦诚相待，通过承认骗局，事实上提供了"土著人的观点"。其二，既然印第安人欺骗白人对话者，想必他们在和自己人讨论萨满教时早已有过不少欺骗和怀疑的实践。

与此同时，我们又如何理解以下事实呢？1925年，亨特用一种无情的讽刺态度自述了他对萨满教的认识，但这种态度并非始终如一，而是出现在他与博厄斯四十年友谊的后期。相较于最终版本，早期的各个版本难道不都颇具神秘色彩，并非那般充满怀疑？博厄斯试图将印第安报道人的态度解释为真实可靠的表现，他宣称印第安人为了显得理性，一般情况下都会在白人面前强调怀疑态度。如此来看，亨特在发表文章的时间选择上岂不驳斥了博厄斯的说法？难道不是越后来的版本会越诚实，也越不在乎创造一个好的——也就是理性的——印象吗？四十年都过去了，还有什么有关文化的东西值得隐藏呢？[29]

在任何情况下，萨满教都是一种敏感且充满想象力的行为，它通过殖民关系得以表达。除了萨满教本身值得研究之外，这种殖民关系也成了我们重要的研究对象。我们开始意识到，了解萨满教的真相，意味着了解一段跨文化关系的真相。自我民族志的跨文化文本将这段关系物化，而其中代表作之一就是时隔三十多年发表的《我渴望了解萨满的世界》的第四个版本。[30]

然而，这绝对不是说，殖民主义无所不在的影响力决定了有关巫术的自我民族志中的怀疑态度。事实恰恰相反。此处,我们所考察的巫术涉及的首要方式,就是如何将殖民存在也转化为一个对象,通过曝光和隐蔽的各种手段将其捕获。

我们不妨借鉴亨特写于 1925 年的最后一个文本,对他流星般的萨满事业做出一份概述,这或许会对我们理解亨特有所帮助。不过,就算这份事业能为亨特带来一丝慰藉,它也不可避免地充满了各种矛盾和蜿蜒崎岖。首先,让我们思考这样一个事实,从自传的第一行开始,亨特就将自己表现为一个"主-怀疑者"(arch-believer),但同时又想要学习成为萨满的方法。

此处,作者看起来相当细致地强调了这种冲突。那么,我们也就有充分的理由提出这样一个假设:学习萨满教意味着更深地陷入似是而非的矛盾。这是否是一个有趣的困境,或许,甚至是一种神秘的练习?你需要一边相信它,一边怀疑它,怀疑那些实践者,但相信这种实践本身。不断摇摆,没有定论。唯有如此,才是整个学习过程的真谛。

"我渴望了解萨满,"亨特以此开头,"不管那真假如何,也不管他们是不是都在假扮萨满。"但根据他的说法,跟他打交道的两位萨满都是他的"密友"。鉴于这种状况,他的怀疑也就更让人吃惊了。

亨特成为萨满的第一步,就是在一场公开的治疗仪式中成为治疗对象。一位萨满吐出一块石英水晶,为亨特进行治疗。我们不妨说,亨特本人成了一件展示品、一场仪式内的仪式,以及一种治疗的把戏。后来，他学会了将羽毛藏在嘴里进行治疗，而那种羽毛戏法与当时的水晶戏法也不无相似之处。接下来一步，亨特出现在一个生病男孩的梦中，那个男孩是一位酋长的儿子。在男孩的梦中，亨特是一位神通广大的萨满。男孩的梦就像一部事无巨细的剧本，充满了各种治疗技术。随后，亨特就用梦中的技术有效治愈了年轻的做梦者。他借此机会声名大噪，也随机改了名字。为了探寻真相、学习技术，亨特四处游历，一系列的萨满竞争也接踵而至。在那些竞争中，亨特揭露其他冒牌的萨满，或至少让他们治疗技术的有效性看上去大打折扣。如此一来，那些萨满们就确信亨特拥有比他们更为强大的**秘密**。

这里需要注意的是，**秘密**被诡异地替换成了**神圣**（sacred）。譬如，欧文·戈德曼告诉我们，在许多地方，"亨特的原稿要比［博厄斯编辑发表的版本］更为准确地表达了瓜求图人的意思。举例来说，一个明显的特征就是博厄斯把亨特的'秘密'折兑成了'神圣'"。[31]这段话的弦外之音似乎有毁灭性的效果。我们立即注意到，这是某种游戏，甚至是一场变戏法的游戏。在这场游戏中，信众社群不得不将某些作为秘密的东西保持在相当高的地位，但秘密本身必须维持神秘。此处，重要的是保证持续不断的曝光和隐蔽。

从一开始，亨特就不仅在私底下怀疑萨满教，还用他自己的方式公开宣扬这个事实。他清楚地表明自己是"主要怀疑者"之一，他说："我已经非常明确地告诉他们，自己对萨满教的所有方法并不是照单全收。"[32]他这么做似乎在文化上意义重大。

然而，他除了告诉你自己是"主要怀疑者"之一，还让你知道别人的态度。在那块石英射入他的身体之后，亨特随后遇见的第一个人问他："你难道没有感觉吗？那些萨满都是骗子，那块石英水晶，那个他们说丢进你胃里的玩意儿，你没有感到它的存在吗？……你永远也不会感觉到它的存在，因为那就是萨满的漫天大谎。"[33] 第二个跟亨特说话的是那位叫作让您安好（Causing-to-be-Well）的酋长头领，他也用类似的方式开解亨特："萨满说的尽是谎话。"

如此看来，每个人似乎都醉心于宣称萨满就是骗子，他们极少错过任何坚称这个基本事实的机会。更重要的是，在此处名为千金散尽的亨特，每次在**打假**中被当作靶子使用之后，**他学习萨满技术的渴望就会成倍增长**。我们不得不佩服他学习的热情——而能与这种热心不相上下的，莫过于功成名就的萨满们主动向亨特透露他们秘密的劲头。

以科斯基摩族①的著名萨满艾克萨吉达拉吉利斯（Aixagidalagilis）为例，他曾如此自豪地吟唱他那神圣的歌谣：

没人能够看穿巫术的力量，
没人能够看穿我的巫术力量。

不过，在千金散尽（也就是乔治·亨特）**假装**颤抖、**假装**吸出带血病虫，治好了艾克萨吉达拉吉利斯无法治愈的病人之后（我

---

① 科斯基摩族（Koskimo），加拿大英属哥伦比亚温哥华岛的一个印第安人族群。

这里强调的就是亨特本人在文中所说的话），后者就恳求亨特揭开他的秘密：

> 我请您大发慈悲，告诉我昨晚粘在你手掌中的到底是什么。那是真的疾病还是瞎变出来的东西？[34]

说这些话的男人不久前才唱过，"没人能够看穿我的巫术力量"。"您这么跟我说话就不太好了，"千金散尽回答，"您怎么能说'那是真的疾病还是瞎变出来的东西？'"

各位看官请注意，这位如假包换的千金散尽，才在汇聚一堂的众人面前完成了一场成功的治疗。在做出回答之前，他刚刚唱完圣歌，羞辱艾克萨吉达拉吉利斯：

> 那个失败的人呐，他曾试图阻止我获得成功。啊哈，我也要试着拥有一些神圣的秘密。[35]

在千金散尽技高一筹之后，一件神奇的事情发生了。艾克萨吉达拉吉利斯一股脑儿地倒出了他的秘密："让我来告诉你我头冠上红松树皮的秘密。"他说：

> 所有人都觉得这是骗人的，没错，这就是骗人的把戏。来吧！摸摸我的红松头冠，感受一下头冠背后那个细长的尖刺。我假装从病人体内吸出点东西，谎称那就是疾病……这些傻瓜都

相信真的是疾病在咬我的掌心。"[36]

一旦那些功成名就的萨满们在竞争中失利，他们就会央求亨特，请他说出技术背后的秘密。然而，他们在这么做的同时，似乎更愿意将自己的秘密告诉亨特。事实上，他们对秘密供认不讳的倾向着实令人吃惊。由此可见，萨满教秘密的教学中其实包含了这种蓄意强调、滔滔不绝的揭秘演说！[37]

如此一来，骗局的细节在热情洋溢、情深意切的叙述中被一一揭露。这揭开了一个怎样的世界啊！当然，除了曝光行为本身之外（也不包括那条中间长有人头的双头蛇，更多细节请待下文），所有巫术似乎都在惺惺作态。一次，艾克萨吉达拉吉利斯说："如果一个人能同动物——比如鱼——说话，那该多么美妙。那些说自己抓住病人灵魂的萨满都是骗子，因为我知道我们都只拥有一个灵魂。"[38]

艾克萨吉达拉吉利斯还有一个女儿，她叫邀约姬女（Inviter-Woman）。后来，正是这位犬儒操纵者的女儿复述了发生在她萨满父亲身上的故事——十分邪恶的灾难降临在她和她父亲身上。她父亲在羞耻之中，和她一起逃离众人的围诘，四处游荡，中途路遇一只横躺在岩石上的生物。他们认出那是一条双头蛇，两端各有一头，中间还有一只硕大的人头。看到这条蛇后，他们死去。一个男人让他们死而复生。他告诉他们，那条蛇本来可以给他们带来好运，但因为那时她正在行经，所以他们至死都会麻烦缠身。[39]自那时起，他们就失去了理智。当邀约姬女讲述这个故事时，她还在大笑，之后就扯着头发，放声大哭。她的父亲，也就是那位伟大的骗子，于三冬之后疯狂地死去。这个故事的寓意是什么？"如今，再也没人谈论艾克萨吉达吉利斯了。曾经，所有部落都真心相信他是一位伟大的萨满，经历过（所有秘密）。然后，我发现他就是一个伟大的骗子，在他的萨满术里无所不骗。"[40]

因此，我们或许能说萨满是骗子，但毫无疑问的是，行经和双头蛇的潜能确实十分可怕。这种故事不仅盖过了某种道德或任何其他系统带来的满足感，反而还因利用了某种道德而沾沾自喜，但果真如此吗？我们不妨切实地把这叫作"神经系统"。在这个系统中，萨满教的兴盛建立在一种具有腐蚀性的怀疑论上，怀疑和信仰积极地吞噬着对方，因此需要不断注入像千金散尽这种不断发出质疑的新手。这么看来，新手需要去检验这个系统，并据此撑起该系统中的混合成分。他们既不是作为怀疑的原材料、作为信仰者而被消灭，也尚未成为犬儒的操纵者，他们就是**曝光者**——为下一次秘密曝光而存在的招供工具。

因此，**技术**以**巫术**的方式示人。我们有必要进一步探索二者之间的重大区别——您可还记得，在霍克海默和阿多诺令人信服的论证中，从巫术到技术的转变起着至关重要的作用。他们探讨了萨满教中模仿的作用，认为这是通向启蒙时代和现代科技的大门。在这点上，斯坦利·沃伦斯对我影响颇深。在对博厄斯-亨特文本的解读中，沃伦斯把萨满巫术当作一种技术。他指出，精彩的巫术就是模仿，若施法者进行一场完美的表演，精灵就会复制这场演出。这种论断基于以下事实：瓜求图人相信，他们的世界在某些方面具有双重模仿。"动物和精灵过着同人类一模一样的生活，他们住在过冬的村庄，表演舞蹈，穿戴面具，结婚，祈祷，做人类做的所有事情。"当萨满从人体内把疾病吮吸出来时，精灵也在一旁吮吸。根据沃伦斯的说法，巫术通过这种方式把"人类行为强化，将其提升，使之获得更高层次的力量"。[41] 他也因此宣称，萨满教中并没有真正的悖论，因为巫术成了精灵模仿的典范或场景，而精灵才是最终治愈疾病的源泉。

启蒙时代造成了一个显而易见的悖论。在世界祛魅之后，对我们大多数人来说，精灵都是需要被解释的对象，而非提供解释的来源。我认为，阅读斯坦利·沃伦斯带有颠覆性的意味。他告诉我们，萨满无时无刻不在仰仗精灵："当萨满施法时，瓜求图人根本不在乎萨满脑子里到底在想什么，因为精灵才是让治疗生效的原因，它们利用萨满，把萨满当作工具，而萨满的想法和他治疗技术的有效性毫不相干。"[42]

在亨特的作品中，我们读到一位萨满的故事。他对着拨浪鼓说话，让拨浪鼓把一个病人的疾病吞下去。接着，他对旁观者们说："你看到了吗？我的拨浪鼓吞下大病之后咬了我的掌心。"

然后，这位萨满让领唱们随着他，一字一句跟唱他的圣歌。

> 那些超自然的精灵果真能看见它吗？
> 那些超自然的精灵分明就能看见它，那些超自然的精灵啊
> 没人能够效仿我们伟大的朋友，超自然的精灵啊
> 无人能及。[43]

歌词虽是这么唱着，但一个动摇根基的反对意见不请自现：这种归因于精灵的解释如何帮助我们理解对于假装的持续性焦虑，我们又该如何理解通过揭秘不断挖出骗局的做法？换言之，既然萨满创造出这些绝妙的拟象，怂恿精灵采取行动，为何还要有持续不断的隐匿和曝光，还要进行另一场有关体内性、信仰和怀疑的表演，这场表演内的表演（play-within-the-play）意义又何在？

我怀疑，这个问题并没有一个令人满意的答案。不过，我们还有一丝线索。沃伦斯指出："治疗成功的关键在于萨满表演巫术时的流动性、技巧性和身体上的完美程度，因为影响治疗效果的是巫术的动感（精灵通过精确复制加强了这种效果）。"[44]

"巫术的动感"，沃伦斯把这叫作流动性（fluidity），而我称其为纯粹的生成。在这场生成中，存在与非存在转变成了变化中形式的存在性。换言之，对我而言，"流动性"意味着模仿成了一种流动的变形性（metamorphicity），而不是照片那样的复制。借用《金枝》的语言，这是**接触**（contagion）巫术，不是**相似**（likeness）巫术。后来，著名语言学家罗曼·雅各布森[①]受到《金枝》一书中概念的启发，提出了**换喻**（metonomy）的概念，与**比喻**（metaphor）相对，前者意味着一种物理联系，后者则意指相似性。但是，无论哪个概念都不能充分说明流动性，即沃伦斯所指的"治疗成功的关键"。这是由于那两组概念都过于静态，指向的都是最终的结

[①] 罗曼·雅各布森（Roman Jakobson，1896—1982），苏联语言学家、文学理论家，著有《语言的基础》《语言的声形》《语言的结构》等。

果，而我们的注意力应当转移到纯粹发生的运动中来。

我建议，我们需要对"回报"（reciprocate）这个概念采取一种特定的解读。回报并非人类和精灵之间为了有效治疗而订立的契约，我们必须摒弃这种想法，不要再用工具理性将回报当作某种形式的互帮互助。相反，模仿的流动性才是我们需要关注的重点。我这么说的意思是，表演者既不是在征求礼物，也不是在和精灵签订合约，而是通过完善他**存在性的表演，嵌入精灵的世界**。在尼采人生的后期，他认为这是酒神精神的必要特征。无论是神游天外还是心醉神迷，酒神式角色都会载歌载舞，千变万化，具有彻底的可塑性，在一阵匆忙中成为他者。与其说这是要变成某个具体的他者，不如说是要变成生成本身（becoming becoming itself）。

或许，我们可以因此断定，巫术的关键就在于反复隐蔽和曝光，人体中挪进移出的运动则是其最典型的体现。"施法者的身体运动特征至关重要。"沃伦斯说："因为他在仪式表演中的运动特征会被精灵以更强的力量一五一十地照搬照抄。"[45]

除了完美和技巧，还有一个极富蕴意的特征仍悬而未决。"只要萨满流畅地表演他的动作，"沃伦斯坚称，"精灵们会结合洪荒之力，施展它们治疗的能力。"[46] 不管这种流动性是什么，它都不会是**粗制滥造的**。"那些巫术拙劣的萨满，"沃伦斯接着说，"会迫使精灵不得不模仿他的动作，表演那些断断续续、毫无章法、具有杀伤力的行为。"这些拙劣的巫术不但不会治愈病人，还会释放沃伦斯所谓的"世界上不可控制的混乱力量"，在现实中害死他人，造成极为严重的后果。出于这个原因，手法拙劣的巫师必须被立即处死,以防他们造成更大的伤害。若沃伦斯所说非虚,那么成为萨满就成了一种近乎自杀的选择。最起码,从这个角度来看,千金散尽对学习成为萨满的渴望还是非常值得敬佩的。

我记得博厄斯对此有所描述。在冬季仪式的舞蹈或歌唱表演中,当海豹社会①的成员注意到某个表演者犯错时,就会从座位上跳起来,抓咬那个犯错者。而那人会假装昏厥,表示精灵已经把他带走了。海豹社会的成员们会端坐在屋里的平台上,或在他人跳舞时站起来观望,确保他们能够发现那些错误。在早些时候,听说如果食人舞者在跳舞时跌倒,他就会被其他食人舞者杀掉,而坚持这场杀戮的往往是该舞者的父亲。[47]

无论我们如何理解神圣性的含义,它必然与瓜求图萨满教中的技术流动有着莫大的关系。这种萨满教非常看重让灵魂从身体出窍的灵巧性,这个过程涉及的不止一副躯体。能量在不同躯体之间流进流出,跨越各种界限,通过梦寐、超现实主义和动物附身得以实现。譬如,蛤蟆或狼群会踏上沙滩,朝着人体吐出白色泡沫。与此同时,其他人正躺着等死。白人社会带来了致命的天花,这场屠杀使瓜求图人口在 1862—1929 年期间,减少了 80% 到 90% 之多,令人难以置信。(在新旧世界接触之前,瓜求图人口预计在 1.5 万到 2 万之间。)[48]

根据我的理解,流动性就蕴含在歌曲体内,将言语置于存在

---

① 海豹社会(the seal society),在夸富宴中,海豹和三文鱼是两种主要的食材,其中海豹也是这一社会的图腾。

之存在的另一层面。动物和人类之间发生的就是这种流动——在瓜求图族的时间伊始，最初的祖先摘下他们的动物面具，脱去动物外皮，呈现人类的自我。这种流动也来自服饰，想必是白人的服饰带来了天花的流动。"我们走下独木舟上岸之后，"愚人（Fool）复述道，描述他成为萨满的经历，"我们发现了许多衣服和面粉。我们穿上衣服，吃了那些面粉。十天之后，我们都病了，得了可怕的天花。我们躺在帐篷里的床上。我也躺在他们当中。现在，我看到所有人的身体都肿了起来，全身酱红。我们的皮肤裂开了，我不知道他们都死了，而我就躺在他们当中。然后，我以为我也死了。"在他的复述中，狼群踏上沙滩，呜咽嗥叫，舔着他的身体，将吐出的泡沫放进他的身体。他解释说，狼群非常努力地把泡沫吐满了他全身，然后不断地舔他，翻来覆去地舔他。当白沫都被舔光之后，狼群又在他全身吐了一遍。在这个过程中，它们把天花的结痂也舔掉了。

　　从白人造成的致命天花开始，所有不可思议的事都在这儿发生了。接着，其他事实出现了，其中一匹狼像人一样说话了，说他的名字叫作鱼叉身体（Harpooner-Body）。过去，愚人出海时在一块礁石上救了他，当时他被一根骨头呛到半死。这匹狼不仅在濒死的愚人身上吐着白沫，还用鼻子紧挨着他的胸骨，仿佛在努力钻进他的身体。或许，愚人就是在胡诌，这与以诡计闻名的萨满教不相上下。但是，这种在其他现实之间穿梭的行为，与在其他身体之间穿梭的方式类似，共同构成了瓜求图人生活的全部世界。"他朝海坐了下来，靠着我，用鼻子拱我，让我躺下来，然后，他呕吐，用他的鼻子抵着我胸骨的下部。他把魔力吐进了我的体内……此刻，我成为萨满。"[49]

然而说到底，我认为整个过程中最引人注目的特征还是一种流动内的流动（flow-within-flow）。这种特征由类似呕吐物和泡沫等材料构成，这些材料被努力用于覆盖人体，然后又以同样的努力从人体上被舔掉。这与遮蔽和曝光的行为同构，继而通过服饰这层外部覆盖物得以强化。事实上，白人把那些衣服留在沙滩上，为的就是吸引印第安人。在天花症状首要的表现形式中，其中一条就是长满脓包、发红肿胀的皮肤，它像一个气囊，从身体的骨架上被吹得胀了起来。此外，那匹狼的器官（它的舌头）舔光了从它更深处的内脏吐出来的物质（它的泡沫状呕吐物）。在这个过程中，体内和体外紧紧交织，在天花横行的沙滩上，在漫无边际的死亡点，不断重复进进出出的流动。"此刻，我看到自己躺在早已过世的侄子们当中了。"[50]

"我们不妨说，"沃伦斯说，"瓜求图人与精灵的对手戏，并不比人与人之间的对手戏要少。"[51] 在这点上，博厄斯在翻译冬季仪式的名称时几经改动，了解那些变迁会对我们颇有启迪。冬季仪式对瓜求图人意义非凡，在每年的十一月份到次年，精灵们会以全貌示人，接管村庄里的生活。人类会在这段时间内模仿精灵，重演有关超自然力量之源的神话，大概有53对人类－动物的对应物会出现在那些神话中，包括狼、杀人鲸、鹰、雷鸟和食人者（"食人舞者"）。[52]

冬季仪式的名字十分奇怪，在瓜求图语中叫作 tsetseqa。博厄斯认为它有两种意思，一种是"骗人的"或"欺骗"，另一种则与"好心好意"和"幸福"同义。"举个例子，当一个人想要搞清楚某位萨满究竟是真的有实力还是在骗人，他就用这个词来形容'假装的、骗人的、装模作样的'萨满。哪怕在仪式中最严肃的表演中，人们也会清楚肯定地表明这种安排就是一场骗局。"[53] 在《天堂之口》（*The Mouth of Heaven*）一书中，欧文·戈德曼试图论证博厄斯的翻译太过粗糙，从而使这一切看起来不那么奇怪。戈德曼宣称，我们应该采用博厄斯死后的语法，将该词的意思理解为"模仿的"。[54]

这里虽看似偶然，但我认为已经找到了谜语的核心。根据戈德曼的说法，尤其值得注意的是，博厄斯曾经"在之前一次翻译的尝试中"暗示，冬季仪式一词的词根 tseqa 意为"秘密"。

戈德曼激动地坚称，模仿并不一定意味着世俗化。在他的论断中，我们能感受到某种焦虑，甚至是痛苦和疯狂。谁说模仿就一定意味着世俗化了？问题到底出在哪里？所有这些词语都开始游动，各种可逆的词意汇聚成流，繁衍出互相冲突、联系重叠的形态。

骗局

伪装

崇高

模仿

秘密

幸福

神圣

自此以后，大地变得陡峭湿滑，表象和现实的奥秘全力涌现。光是在西方哲学中，这个谜团就叫人捉摸不透，更别提瓜求图族的秘密了。或许，只有傻子才敢继续前行。

但若非要为以上故事找到一种寓意，我们不妨说：在《我渴望了解萨满的世界》一文中，真正的新手萨满正是博厄斯本人。由此推之，在博厄斯之外还有他引领的人类科学，以及现代性中孕育该科学的重大历史时刻。当然，这很大程度上牵涉了我们，但这种洞见也为我们提供了选择。在我读来，该文没有将博厄斯塑造成一个中立的观察者和记录天使（这点在博厄斯以后的评论中也被充分证实了）。博厄斯并非无端地好运当头，发现了一位独特的启蒙时代个体，后者蓄势待发，准备挑战骗局，并把内部消息告诉这位来自纽约的男人。甚至，文中并未显示还有其他跃跃欲试的怀疑者。这篇文章的意义在于它本身，它就是羽翼未丰的人类学的典型产物，在让原住民说出本地人观点的尝试上尤为突出。这个例子十分完美地体现了秘密的自白，揭露惯骗的手段达到了炉火纯青的地步——在这个例子中，使用的是一份经过润色的学术性人类学文本——这是另一种形式的"冬季仪式"，文本作为执行仪式的工具，其本身也成了另一种仪式。

换言之，这篇文章不仅和萨满教有关，更重要的是，它具有萨满特征，遵从食人逻辑，为了保持源源不断的自白，需要不断吸收新鲜血液。巫术的深奥之处就在于对巫术的怀疑，这也使我们很难接受列维-斯特劳斯的结论。他认为，千金散尽最终似乎不再怀疑他的造假技术，其言下之意即千金散尽跨过了从怀疑到信仰的门槛，从科学世界进入了巫术大门。列维-斯特劳斯犯了两个错误。首先，他不够重视巫术中怀疑态度的必要性，没有看到曝光和揭穿的仪式起到了传递的作用；其次，他没有意识到，《我渴望了解萨满的世界》本身就是转换成文本形式的一种仪式，经由人类学家打点妥当，成为一门科学。如果我们把这篇文章当作瓜求图人通过博厄斯的模式在叙述，或是看作列维-斯特劳斯用于验证结构主义的证据，那就没有理解它的意义，也错过了这场仪式对我们的邀请。它以巫术的形式存在，甚至也不放过我们这些非印第安人，要求我们给出一个互惠的答复。该答复必须持有相同程度的自白责任，并且由同等程度的怀疑-信仰混合体构成，混合得恰如其分，运动起来错综复杂，在秘密的开合中被不断地延迟。

与此同时，我们也要发展自己的巫术，不妨把这叫作"让石英水晶漂浮的巫术"。我们需要对流动性、体量和运动保持高度敏感，当物体在体内或物体相互之间出现又消失时，对那些狂喜时刻也要保持高度的敏感。名为赋予生命（Making-Alive）的萨满呕吐出来的石英水晶重获自由，进入我们的这位朋友千金散尽的体内。"'现在，这个人将会成为一位伟大的萨满，'他说。"[55] 这意味着就算生成本身的逻辑没有流动性，人类身份的表演也具有一定的流动性。领唱者敲打的节奏加快，愚人抬起头，望见了围绕松木横梁漂浮的石英。赋予生命则面对一大堆旁观者，像个醉鬼似地围着房子中央的火堆又唱又跳。

难道我们不能说萨满教的现实正仰仗于这一瞬间的现实吗？一颗翻滚的石头闪闪发光，在内脏之间穿梭，通过一阵阵呕吐物，优雅地在松木房椽上漂浮，倏忽之间就无影无踪了。

此处还有不少问题，不过，请您将目光放在那颗自由漂浮的石英水晶上。身体互相联结的张力使空气变得凝重，谁知道它会在这样的空气中飘浮多久呢？水晶是一种巫术，巫术又是一幅图像，而巫术的图像则以连续运动和变形得以体现，它进入体内、穿过身体，盘旋在身体之间，一跃就跃过了解读，在解读之间发挥了巫术的力量。有关真假的语言在此处不仅看似无用，而且极像是故意为之的无用。

欧文·戈德曼曾一度挣扎着去理解冬季仪式中剧场的地位和精灵拟人化的作用。他似乎在宣称，模仿的伪装一边维持隐匿事物的隐蔽状态，一边令其曝光；这种伪装在保持秘事的秘密状态的同时，也将秘事公之于众。"仪式处理的是那些总是处于隐匿状态的秘密事件。因此，我们只有通过伪装、模拟的方式才能体验那些秘事。"[56]

戈德曼的这种说法恰恰表达了我对揭露惯骗的娴熟手段的看法，我再也想不到还有什么比这更贴切的说法了。

用舞蹈演绎问题

诚然,怀疑包含在对巫医的信仰模式之中。信仰与怀疑,二者相似,都很传统。[57]

巫技在赞德人(Zande)的生活中无处不在。20世纪30年代早期,在人类学圈内以EP的昵称知名的伊凡-普理查,来到东非尼罗河和刚果河的分水岭,展开他的田野调查。他的第一部著作关注的焦点就是巫技、神谕和巫术。这部有关赞德人的作品,通过极其出彩的写法和作者的才智,界定了巫术以及许多相关领域。然而,我们从一开始就要强调一个奇怪的现象,这本明摆着一清二楚的书,事实上并不清楚。当您检验书中任意一点,都会发现原本确定的事物分崩离析,变得愈加神秘、自相矛盾。作者则泰然自若,为我们解释各种千奇百怪的魔法现象,仿佛随时都能奇迹般地祛除那些神秘的矛盾。我认为,这惊人地验证了一个现象,那就是当巫术看似得到充分解释时,也是巫术最需要被解释且抵制阐释的时刻。因此,当巫术的面具被揭开时,事实上也是巫术变得更为模糊不清的时刻,而这一点又通过技术多了些特别的变化。(克利福德·格尔茨①把这叫作)EP的"透明"(transparencies)技术,莫非这也是一种巫术?[58]

如今,巫医通常都由男性担任,他们的任务是在这片巫师横行的赞德大地上判别巫师的存在及其身份,并且治愈由巫师引起

---

① 克利福德·格尔茨(Clifford Geertz, 1926—2006),美国人类学家,象征人类学代表人物,著有《文化的诠释》等。

的疾病。他们隶属某些组织，那些组织都有团体秘密。进入组织的过程漫长而艰辛。这些秘密与医药知识有关，还有一些被 EP 称为他们的"行业巫术"，其中主要的巫术会通过手或嘴将物体提取出来，那些物体包括诸如炭屑、碎片、黑甲虫之类的东西，或是巫技受害者体内的蠕虫。还有许多其他巫术，比如呕血、从自己体内取出蠕虫、在某人胸口放置重物，还有远隔两地把黑甲虫和炭屑从某人腿部射入另一个人的体内。但是，在 EP 的叙述中，没有人保守巫术的秘密，比如，从病人身上取出巫物（witchcraft object）不算什么秘密。它们究竟是巫术，还是技术？在这一刻，我请您自行决定。（从双重意义上来看，这句话都是 EP 式的句子。）

巫医不会向 EP 透露他们的秘密。既然自己打入组织造成适得其反的效果，EP 转而决定出钱请他的赞德仆人卡曼噶（Kamanga）加入巫医团体，"了解巫医的所有技术"。我们从他的书中得知，卡曼噶是一个容易轻信的男人，对巫医深信不疑。[59]

EP 不仅得到了卡曼噶带来的秘密，他还利用这些秘密令巫医之间互相竞争，从而了解到了更多秘密。但他也确信，巫医们不会把某些事告诉卡曼噶，尤其不会泄露巫物提取的技术，因为按照他的说法，他"直截了当"地知会过巫医们，他们知道卡曼噶需要把所有学到的东西都传授给 EP。"然而，从长远来看，"EP 斗志昂扬地补充道，"民族志学者终将获得胜利。他只要掌握基本知识，充满兴趣，足够坚持，没有什么能阻挡他，他会像打楔子一般步步深入。"[60]

看来，我们与尼采的快乐科学还有一段相当遥远的距离。"在揭开面罩之后，我们不再相信真相还是真相……我们需要勇敢地停留在表面，停在衣褶和皮肤上，崇拜外表。"[61] 但我们大多数人一样，EP 不得不把他的楔子越打越深，直至触底——那些巫物从衣褶和皮肤等表面被提取出来，而他的目标是揭露已经暴露的巫物，就像外科手术般刺透那层外皮。

此外，他对真相的痴迷追求与巫医有不少相似之处，而那些巫医的秘密正是他致力揭露的。他像他们一样耍手段，也像他们一样提取蠕虫或蠕虫的替代品。他宣称："如果我用尽**各种手段**，说不定他们所有的秘密早就**像蠕虫般钻出来了**。但这也意味着给那些人带来不必要的压力，让他们说出想要隐藏的东西。"[62] 请注意，在人类学家掘地三尺的时候，巫医却让秘密浮出表面。这两种对立的运动注定在人类学专著的字里行间相遇。这是一场不同运动的胜利合流，人类学家在合流中被卷入一场仪式，他既无法自主选择，也并不理解——他不明白，当他告诉巫医他的仆人会把他们说出的秘密都回禀主人时，这其实正中后者下怀，满足了巫医们揭秘的需求，这正是他们巫术的秘密所要求的。换言之，巫医仪式当中还有一种隐晦的揭秘仪式，而人类学家的存在正好将其从原本含混的状态中提取了出来。

这种揭秘仪式看似再普通不过了。年轻的贵族喜欢欺骗巫医、揭露后者的骗局——EP 把这叫作"测试"和"开玩笑"。他为我们讲述了他的平民朋友宓必拉（Mbira）的故事。一次，宓必拉在罐子里放了一把刀，封上罐子，请巫医降下神谕，猜猜罐子里面放了什么。烈日炎炎，三位巫医跳了大半天舞，也没能确定罐子里的内容。其中一个巫医逮住机会，在宓必拉的茅舍里找到他，祈求他私底下说出答案，以防众人羞辱。宓必拉拒绝了，说巫医就是个无赖。[63] EP 指出，只有一个充满怀疑的民族才会放任这种事情的发生（他忽略了揣测答应参与此类测试的巫医们的意图）。尽管如此，宓必拉依然对所有巫术都深信不疑，他本人就是一位德高望重的巫师，并且会在有问题时请教巫医。不过，我还想更进一步就此发问。如果怀疑发自真心或不过尔尔，为何这样一位怀疑者会沉迷于此类游戏？我承认，个中答案在很大程度上与需求有关，巫术仪式中需要建立揭秘仪式，从而增强巫术本身的力量。

在 EP 的作品中，他用十分辛辣的语气描述了一个有关揭秘仪式的戏剧性时刻。作为旁白，我要指出的是这部写于 20 世纪 30 年代的作品直截了当，精彩纷呈，颇有后现代的意味。或许您会说，它之所以能偷偷挤进经典的行列，不是因为本身的内容，而是由于其轶事式的分析方式。它孜孜不倦地讲述故事，却近乎狂热地对理论感到反感；它总是绕开正题；最重要的是，就巫技的解释为例，它总是用一种矛盾体取代一个天衣无缝的论点，而那些矛盾体也正是巫技不可或缺的因素。巫技的"闭合系统"（closed system）由一个互相增强的观点网络构成，不受矛盾体的影响。该书使得那些矛盾体名声大噪，但它本身也成了展示闭合系统的一个范例。EP 的作品就是它旨在解释的巫技的最佳例证。

我绝不会曝光这种揭秘的行为，而是想要回顾一个难忘的日子。那天，EP 骗过了一个叫作博格沃祖（Bogwozu）的骗子。那时，他的仆人卡曼噶在导师博格沃祖的指导下，准备将后者备下的植物药膏涂抹到病人的身上（这位病人是 EP 的另一个仆人）。EP 告诉我们，这是标准的医疗实践。药膏被涂抹到病人的腹部，旨在用此提取出一个巫物，一旦取出，该物体就会给病人过目，而病人很有可能就此痊愈。但是，巫医们固执地不肯将这项技术传给卡曼噶，这让 EP 深感懊恼。那些巫医"自然不愿意"让 EP"了解他们的行业秘密"。[64] 再加上卡曼噶本人坚信这项技术没有任何欺骗成分，这令当时本就复杂的事态更是雪上加霜。现在，我请您将注意力集中在这种情境的复杂性上，轻信和骗局、信仰和怀疑，暗影幢幢，繁复多样。

首先，人类学家欺骗了巫医：

> 当老师要把药膏递给学生时，我从老师手里把药膏接过来，递给卡曼噶。我假装随意检查药膏的成分，对材质评头论足。在这个过程中，我摸到了药膏里的物体，并用大拇指和手指把它取了出来。
> 卡曼噶按照巫医的寻常做法，用药膏按摩病人的腹部，接着擦掉药膏，却没有发现任何巫物。这让卡曼噶大失所望。[65]

接着，揭秘时刻到了：

> 我觉得时机到了，就让他们停止治疗。我叫卡曼噶和他的老师到我几码外的茅舍小坐。在那里，我告诉他们是我把药膏里的炭剔了出来，还让博格沃祖解释那东西是怎么混入药膏的。头几分钟，他装出一副难以置信的样子，说那种事不可能发生，要求

亲眼看到这个物体。不过,他也足够聪明,知道再多的掩饰也于事无补。于是,当我们私下交谈时,他就没再制造麻烦,承认了这场骗局。[66]

我们可以把这解读成又一个粗鲁的殖民主义案例。殖民者在原始巫术面前大秀启蒙肌肉,在巫术的心脏地带上演它自己的科学方法仪式。但是,我们也可以用一种非常不同的方式来解读这段文本。人类学家的所作所为不过小小地超过了文化意义上恰当的范围。在上文的描述中,正如宓必拉对捉弄巫医乐此不疲,人类学家也不过是驾轻就熟地捉弄巫医罢了。不过,EP 描述赞德的方式也算独一无二,没有人像他那样偷偷摸摸,也没有人那样恣意大胆,真的敢在巫医施法治疗病人的过程中把巫术的关键剔除。毕竟,测试医生能力是一回事,欺骗医生又是另一回事,何况谁知道这样会不会导致病人的死亡呢?

无论如何,此处思考的关键是人类学家自己是否参与了一场更为庞大复杂的表演,这场表演就叫巫术揭秘,而我们都通过人类学作品见证了表演过程。文中的描写充满了丰富的想象力,尽管出人意料且事出偶然,但它仍旧体现了揭露惯骗的娴熟手段,这对信仰与怀疑的混合必不可少,而二者的混合则是巫术的关键。

最后,我们必须考察一下学生的反应,看看老师的自白和骗局的揭露对年轻的学生产生了什么效果:揭秘非但没有消除,反而看似增加了巫术的魔力带来的**神秘震动**(mysterium tremendum)。

这些泄密对卡曼噶的影响是颠覆性的。从震惊中回过神来之后，他深刻怀疑自己是否应该继续入行。一开始，他不敢相信自己亲眼所见、亲耳所闻之事。但过了一两天，他就彻底恢复了，镇定自若。而且，**他的自信心大大提高，如果我没有搞错的话，他在这件事之前可没有这么自信。**[67]

我们再次见证了揭秘的悖论式影响。当人类学家总是在寻找"骗术"时，他没看到自己反而成了揭露惯骗的老手的同党。譬如，"一个特别聪明的男人"奇桑戛（Kisanga）告诉 EP，一位巫医如何开始治病：

> 当有人生病时，他们就会请来一位巫医。在巫医出发看病之前，他会从动物骨头上面刮下一些东西，鼓捣它，直至它变得很小，然后把它丢进药材，放进他的牛角容器。接着，他到病人的家里，喝下满满一口水，用水漱洗口腔，然后张嘴让人能够看到嘴里的样子。他还会向人们伸出双手，这样每个人都能看到他的手。他会这样对人们说："请大家看好了，我可不是一个骗子，因为我不想从任何人那里骗走任何东西。"[68]

"有一些骗术训练是必需的。"人类学家用那种重拾信心的口吻写道。在谈论他人的骗术时，那种语气似乎总是在灌输这种信心。

首先，赞德社会对那些医生[69]持有普遍的怀疑态度。因此，

> 那些人总是格外小心，唯恐他们的戏法会被别人察觉……如果治疗通过某种特定方式进行，比如用彬嘎草①制作膏药，肯定会让人生疑。但如果巫医坐在一把凳子上，让第三方割下科珀悠（kpoyo）的韧皮来做药膏，而他自己则用水漱口，让人们检查他的双手，人们也就不那么怀疑了。

这些行为通过浮夸的展示来否定弄虚作假，但我们不难感受到，这么做恰恰欲盖弥彰，其实每个人都知道（并且可能享受）这一点。在人类学家笔下："如果你在巫医的某次出诊中与他同行，哪怕你不相信治疗术的功效，至少也会被他的技术征服。在你观察所及的范围内，他的所作所为看上去都光明正大，你不会注意到任何能帮你发觉骗局的东西。"[70]然而，我们很难相信，唯有人类学家才能侦查到骗术娴熟的遮掩手法。

EP 忙于寻找隐匿的骗术，以至于没有意识到他可能有幸见证了骗术的娴熟曝光。他也可能没意识到，秘密的秘密就是没有秘密，或者不如说那就是一个公开的秘密，虽然人们普遍知情，但通常无法表达出来。这里的问题不在于看见多少，也不在于透过外表看到本质。相反，这个问题取决于看到人们看的方式。无论巫术是什么，它都必须涉及一种对外表的新态度。这种态度存在于已知的未知中，也取决于该态度所依赖的前提。尼采或许会说，任何事最大的秘密就是没有"潜在的"或"内部的"秘密。上帝已死，形而上学就是巫术。

---

① 彬嘎草（binga grass），这种植物在非洲经常被用作编织竹篮等日常器具。

表演的迟延

我认为，根据 EP 在书中的推算，对巫医的信仰通过两种方式与怀疑共存，并且以此超越怀疑。一种方式是 E. B. 泰勒提出的**可能性**。我们会说，尽管大多数医生都是冒牌货，但总有一些是真的医生。EP 说，这种现象十分常见。一个赞德人永远都不能确定某个医生是不是骗子，因此，他们在相信任何一个实践者的同时总免不了抱持怀疑态度。换言之，人们对真正有天赋的巫医还是抱有幻想。理想中的巫医能够占卜并治愈巫师的邪恶影响，这个理想形象稳如泰山，且时不时看似能够实现。请注意，离家越远，理想实现的可能性越大，他者的巫术也就更加真实、更具有魔力。因此，距离产生信仰，差异也产生信仰。

信仰与怀疑共存，甚至胜过后者的第二种方式在于**物质**（substances）的使用。其中包括两种物质：草本药物和人类身体。巫师作为巫物"蔓蛊"①的继承者，他/她的身体就是这样一种物质。同理，巫医充满药物的身体也是一种物质，在运动中用舞蹈演绎问题。[71] 如果说第一种可能性模式有赖于普遍和特殊、理想

---

① 蔓蛊（mangu），赞德人的一种特殊巫物。在伊凡-普理查有关赞德人的作品中，蔓蛊有时候与普遍意义上的巫术互相替代使用。蔓蛊是本地用语，巫术是人类学中的术语。但有时候，蔓蛊指的是一种巫物，人类肉眼不可见，但通常被描述为一种"椭圆形、黑色膨胀物或囊包，有时候内含各种小东西……过去，它经常能在人死后从体内被取出来（第 164 页）。"参见 Evans-Pritchard, E. E. "Witchcraft (Mangu) amongst the A-Zande." *Sudan Notes and Records*, vol. 12, no. 2, 1929, pp. 163—249。

和现实的逻辑,那么,第二种模式则建立在物质异质性力量的基础之上。

信仰与怀疑共存的现象看似拥有两种不同的解释,但这二者之间的共性在于迟延(deferment)。它指的是某种持续的、无情的延期——这是一种预设、一场流动的知性思考,与打楔式追根究底形成强烈对比。楔子本身受到的驱动力来自对宣泄的追求,而宣泄则基于揭秘的胜利。可能性的解释模式指引我们回到巫术真相的问题核心,那也是我们开始的地方。在那里,真相不断质问它自身存在的真实性,知性思考造成了循环论证和双重回证,但楔子不会。另外,"陌生人效应"的力量也导致了迟延。真相位于永远不可触及的远方,欺骗仅仅是真实性可能存在的序曲,意料之中,且绵延不绝。真实的完美阴影就站在欺骗背后,但哪怕是这种真实也显得怪诞不经,它从不平凡,或正因其无比完美而注定平庸。真实性就是远方,它永远处于存在的地平线之外。

就药物而言,它在很多方面都可谓是整个巫医系统的基石。药物既是长年训练、悉心指导的课题,也是充满秘密的话题。它依赖于大量的、全球消费的同义反复,由于这种赘述,迟延已经十分明显了。换言之,就像 EP 在文章中孜孜不倦地向我们展示的那样,药物不仅是巫医信仰的基础,它们本身也是巫术力量的精髓。因此,我们最终落入了一眼望不到头的境地,只能通过巫术来解释巫术,在一个无穷无尽的圈子里打转。正如药物能保证卜筮的准确性一样,药物也能确保巫术的力量。"我的老朋友欧高斯曾经跟我说,"人类学家告诉我们,"巫医告诉听众的大部分内容不过就是 bera，也就是'臆测'：他们先想出一个可能致病的最常见的原因，然后提出一个可能的猜想，装成一副获得灵感、接受神谕的样子。但这并不是 sangba ngua，'药物的语言'。换言之，巫医的臆测并非来自他们吃下去的药物。"[72]

一个人若想成为巫医，就必须了解不同药物，同其他医生一起参与社区的品药活动，还要被带到这些药物传说中的起源地。那是尼罗河与刚果河分水岭处的一条溪流，人们能够在那儿的洞穴里发现一些药效更强的植物。药物的神奇之处多得很，这还要从以下事实说起。药物能将人体内部与其他身体连通，它还能打通人体和外部物质之间的关系。确实，药物是实现存在——与意义相对——力量的最佳方式。药物就是流动的流体，从外部穿透内部，在本质上授权予受训医师的灵魂。

新手必须把脸凑到煮锅冒出来的蒸汽之中，然后睁开双眼。只有这样，药物才会最终允许他看到巫师和巫技。品尝药物有一套高度仪式化的流程，供药者从煮锅中盛出一勺药，放进一个人的嘴里，在那个人正要吞下药物之际，飞快地取出勺子，喂给下一个人食用。新手的胸口处、肩胛骨上方、手腕和脸上被切开各种口子，人们会把药物揉搓进那些切口。[73] 当人们烹煮药物时，他们会对着药物说话。当他们把药搓进新手的身体时，他们也会对着药物说话。一旦某个新手吃了药，他就会开始舞蹈。

用药必须支付费用。也就是说，药物必须通过另一种礼物来偿付，并且必须在用药时支付，否则可能失灵。"巫术仪式训练的一部分就是购买，这也是让巫术生效的前提。"人类学家如此告诉我们，而这似乎暗示着药物就像一个心怀不满的小贩，本身具有某些类人的心理状态和支付能力。EP 向我们描述了一位巫医在治疗病人时把他自己的钱——一个埃及皮阿斯特①——放在地上，解释说："如果药物没有看到费用的话，它可能会失效，那就大事不妙了。"[74] EP 曾经一度把这种交换当作一种礼物。

如果一位巫医被触怒了，他也能够使用巫术，祛除"卖给"新手的医药的魔力。他会在地上插一根富有弹性的棍子，从林中取来一条藤蔓植物，把它绑到棍子的顶部，形成一种类似弓弦的东西。然后，他洒上几滴雷巫（the magic of thunder），药物就会开始咆哮，挣断藤蔓，顶端的一半藤蔓高高飞起，剩下一半留在地面。随着上半部分高飞，药物也会从新手体内飞出。[75] 巫术依赖于比喻的例子很少，但这是少数例子之一——与此相对的是互相接触的物质。迄今为止，本章的长篇大论中有关巫医的大量例子都是体内性的，涉及物质力量的流动，这些流动处于变形性联结的连锁反应之中，时不时还会被打断。

无论如何，我们手头的例子看上去都像是用巫术解释巫术的有力例证，尽管在循环逻辑中跌跌撞撞，也卓越地体现了迟延的轨迹。每一层外表之下都藏着一个秘密，它等着某个狂热的民族志学者前来打楔深入，挖出那个秘密——这个想法本身就极其幼稚。

在信仰与怀疑并存的情况下，迟延的存在是二者混合时的本

---

① Piaster, a monetary unit of several Middle Eastern countries, equal to one hundredth of a pound. 皮阿斯特（piaster）是几个中东国家的货币单位，1 皮阿斯特大概价值 1 英镑的 1%。

质特征，而巫医卜筮的降神会^①则是体现迟延最戏剧化的表征。"巫医不光用他的双唇占卜，还用他的整个身体占卜。他用舞蹈来演绎那些对他提出的问题。"人类学家如此说。这应该是人类学写作中有关舞蹈最精妙的描述，可与梅雅·黛伦笔下的舞蹈相提并论。[76]

他用舞蹈演绎问题。他的身体前后移动，他的行动被巫医盛满药物的牛角容器限制在半圆之内。他踢起了腿，年轻男孩们松垮的合唱似乎令他生气。或许，他会气得把黑甲虫射进他们体内。看官们纷纷把那些搅扰他们的巫技问题丢向巫医。一来一回，提问回答，巫医在日中的太阳底下旋转跳跃，在地上画出另一圈清晰可见的痕迹。这个过程持续几个小时，巫医聪明地除去替代选项，通过直觉的跳跃，使答案变得越来越精准。锣鼓喧天，问答来回，智性和身体都在运动，嫉妒和仇恨的公开秘密就在这阵群情激奋中得以曝光。

舞者狂喜，舞姿暴烈。舞者割破自己的身体，鲜血喷涌而出。唾液在唇边冒泡。舞蹈激发了体内的药物，药物也激活了舞姿。当某个特定的医生被提问时，他会走向鼓手，要求来一段独舞。当他不能再跳舞的时候，他仿佛喝醉了，开始摇动手铃，示意鼓手停下，俯身转向地面，去看牛角容器中的药物。然后，他会给出神谕，答复看官。他用舞蹈演绎问题，而舞蹈本身极为壮观。

---

① 降神会（séance）是一种通过灵媒和死者进行沟通的仪式。东亚地区常见的此类仪式称为招魂。

"赞德巫医的舞蹈,"人类学家写道,"绝对骇人听闻,这是少数我在非洲见到的表演中真正够得上轰动性新闻标准的舞蹈。它怪诞不经,且摄人心魄。"[77] 此处,骗局被推延,嬗变成了剧场,而表演则在剧场上遇见巫术——怪诞不经且摄人心魄——成就了一场仪式。巫术和技术、智性和直觉、秘密与公开的秘密,各式各样的二分法被一系列其他类型的知识推延了,而这些知识则来自光天化日之下用舞蹈演绎问题的身体。这既不是一个用身体取代头脑的问题,也不是用情感替代智性的问题。这里的问题在于赋予揭露惯骗的娴熟手段一定程度的密度和流动性,使其近乎充盈,从而驱散秘密激发的对确定性的渴望。曝光已知的公开秘密——这也是巫医在信仰与怀疑之舞中演绎的问题。

反转巫术

这一路写来,我不断在问自己:巫术到底是什么?我坚持认为,巫术不仅是一种骗人的把戏,还凸显了自然的奥秘,突出了那些社会机构和私人关系中的本质属性。巫术让我想到杂技演员的杂耍术,或是跳水运动员表演的转身空翻,还有老千打的一手好牌。所有这些都要求表演者拥有高超的技巧、过硬的技术,以及与现实共情的超人能力。这难道不正体现了巫术等同于科技的道理吗?那种内在认知,那些艺术和巫术,难道必须依附于科技才能充分运作吗?同理,我们要问,巫术欺骗了技术吗?抑或,巫术其实是技术的最高境界,在技术达到炉火纯青之际,它就从简单的技术变成了某些我们美其名曰神秘或神圣的东西——就像音乐家、脑外科医生或是速食厨子？

拥有此等技巧的实践者与赌徒或萨满无异，他们会充分利用自然法则中概率的规律。他们藐视距离，通过模仿与被模仿的对象合二为一。这是一种性行为。作为一个虔诚的赌徒，瓦尔特·本雅明曾将赌博描述成一种热烈的情欲。他指出，这种情欲激动人心之处在于欺骗命运。[78] 这把我们带回了本文的开端，回到那些"身体性技术"。马塞尔·莫斯认为，那些身体性技术是我们所有神秘状态的基础，我们通过那些状态与神进行交流。正如我在本文中试图展示的那样，这些身体技术显然用到了有关曝光与遮蔽的戏法，也就是揭露惯骗的娴熟手段。在正义女神和珍妮·杰克逊的胸脯之间，我们确实能够描绘出我们这个时代的曲线以及它的希望。至于上帝是否真的在聆听，那就另当别论了。

第六章
越 界*

---
* 本章的一个早期版本曾发表在 Mark C. Taylor, ed., *Critical Terms for Religious Studies*. Chicago: University of Chicago Press, 1998。

乍一听说越界是宗教的关键组成部分之一，你就算不觉得荒唐不解，可能也会感到奇怪：它之所以奇怪，是因为我们这个时代的主流宗教似乎更加关注控制并消除越界；你若是不得其解，那是因为越界成了智识和情感不确定性的精髓，而这对于我们讨论神圣有着重要意义。无疑，探索和阐明这些问题的最好方式，莫过于对某个具体地点的特定宗教进行历史性研究，进而摒弃毒害宗教研究的那些普世性假象。然而，由于具体的历史性探究本身预设了与其分析原则之间的辩证依赖，本文旨在从否定（negation）及其与禁忌（taboo）的联系的角度出发，在有限的空间内对越界做进一步阐释。

对于"神圣"（sacred）一词蕴含的否定的弦外之音，在源自拉丁语的各种语言和与此相关的基督教研究中，已然有了不少论述。其中含义包括亵渎与圣洁、污秽与纯洁，由此引申的话，至少还诗意地包括了深刻的创伤以及这种创伤对圣洁本身的必要性。否定作为神圣的内在组成因素的这种认识，在世纪之交[①]现代西方对禁忌概念的探讨中最为常见。举例来说，弗洛伊德将神圣性、

[①] 本文中的"世纪之交"指的都是19世纪与20世纪的转换。

纯洁、危险、污秽不净、怪诞不经和明令禁止相结合，优雅地总结了禁忌的各种含义。[1] 这个迷人的否定综合体由相互滋养的对立面构成，显然有着十分危险的属性。这种危险性体现在它既充满吸引力又让人反感的强大力量，而我们或许还无法定义这种力量（无数有影响力的人比较过这两个对立面！）。

另外举一个惊人的例子，它也涉及否定的主导作用。埃米尔·涂尔干对神圣有着近乎痴迷的探讨。他认为神圣：（1）不等同于世俗，它独立存在，且与世俗保持距离；（2）它被禁令束缚，仿佛神圣的首要特征就是崇拜的负面性。无论我们是否赞同涂尔干的观点，面对这个精雕细琢的分析框架，我们都不得不对其乖僻难料的本质感到无比惊讶。这个观点释放出来的逻辑让人目眩、令人不解。根据这种逻辑，负面性消极地定义了某些不可言传的东西（这让我们联想到了"电力"）。[2]

然而，我们不能把负面性力量看作一种简单的障碍，因为当它被分隔时，不仅意味着它与被分隔之物出现了距离，还意味着二者之间产生了某种联系，而否定在这种关系中的奇特张力正是我们需要关注的重点。这种张力无法被秩序的终极目的所同化，这种秩序特征在法国结构主义的符号学模式（以克洛德·列维-斯特劳斯的作品为例）中尤其显著，在该符号学缩减版的英国结构功能主义中也很明显，后者以玛丽·道格拉斯①的思想为代表。

---

① 玛丽·道格拉斯（Mary Douglas，1921-2007），英国人类学家，著有《洁净与危险：对污染与禁忌等观念的分析》《自然象征：对宇宙观的探索》等。

道格拉斯就"污秽即无序"的观点进行了阐发。她认为:"人们想要对越界进行隔离、净化、界定和惩罚,其主要目的是将系统强加于本质上并不纯净的经历。"[3] 从这种阐述中,我们可以看到从智识上理解越界确实非常困难,因为越界本身的存在侵越了智识根深蒂固的规范,即通过建立秩序来理解世界。

不过,如果没有艰难的冒险,我们能指望自己进一步理解越界这个问题吗?在首次近距离接触中,我们必须认识到,越界中跨越的障碍无法独立存在,它被跨越的那一刻也就是它突然出现的那一刻。其次,我们必须试着去理解,这种障碍是厌恶感和吸引力的共同体,它同时处于开放和闭合的状态。在此基础上,否定应该被理解为一个永无止境的电路,充满禁忌与越界,仿佛可怕的障碍被树立起来的目的正是为了被跨越,而尼采与黑格尔也在其中相遇。此外,正是在这个被越界打开的紧张的空间中,我们才会遇见神圣的赋权仪式,而仪式不光是这个"空间"造成的结果,也塑造了这样一种"空间"。

以入门仪式为例。在瑞士传教士亨利·朱诺德①的《一个南部部落的生活》一书中,他描述了世纪之交的聪加人②(在如今的莫桑比克)中年轻男子和男孩的成人礼。在朱诺德的追述中,聪加族男孩被安置在一个自成一体、与世隔绝的院落里,周围由篱笆围

---

① 亨利·朱诺德(Henri Junod, 1863—1934),生于瑞士,南非传教士、民族志学者、人类学家、语言学家和自然学家。
② 聪加人(Thonga 或 Tsonga),非洲南部莫桑比克民族之一,南非、津巴布韦、斯威士兰也有分布。

成一个禁区。这些男孩会在那里住上三个月,在这段时间中,包括性禁忌在内的其他禁忌都会被打破。男孩经过神秘的转变,最终成长为男人。还有年长男性传递给入门者的秘密配方也同样重要,其中包括人们认为淫秽的意象和思想。女孩也需要经历类似的成人礼,不过仪式规模要小一些。在女孩的成人礼中,我们能看到同样奇特的越界逻辑,其中涉及葬礼、战争和村庄的搬迁。[4]

在第二次世界大战之后,人类学家维克多·特纳①在朱诺德作品的基础上,发展了后者对阿诺德·范·热内普②有关通过仪式的想法,强调了常规之外一个叫作阈限阶段③的重要性。该阶段发生在一个封闭隔离的剧场式空间,人们在其中煞有其事地弄假成真,从而将神圣的力量表现出来,并且使其在体内得以实现。[5]令人震惊的是,在特纳笔下,这一阈限阶段被删减了特定内容④,几乎

---

① 维克多·特纳(Victor Turner, 1920—1983),苏格兰文化人类学家,以其象征、仪式与通过仪式的研究而闻名,著有《象征的森林:恩丹布人仪式诸面向》《人类学的经验研究》《从仪式到剧场:人类表演的认真程度》等。
② 阿诺德·范·热内普(Arnold van Gennep, 1873—1957),欧洲民族志学者、民俗学者,著有《通过仪式》等。
③ 阈限阶段(liminal period)是通过仪式(rites of passage)中的关键概念,也可翻译为中介阶段。liminality 一词意为阈限状态、中介状态、中介性。另,本文中的通过仪式与入门仪式(initiation ritual)意思也有相通之处,入门仪式也被译为成人礼。
④ 原文中,作者的用语是 V-chipped or censored,V-chip 是 V 芯片,指的是美国、加拿大和巴西电视机接收器的一种内容分级审查技术。在本文语境中,译者保留了审查特定内容的含义,但没有直接使用 V-chip 这个中文读者不太熟悉的技术性词语。

完全抹掉了否定和越界的力量。确实，随着时间的流逝和该思想的进一步发展，特纳的描述变得愈加温和纯真，而那些情色、淫秽、虐恋、残酷、浪荡的特色则被漂白得一干二净——这与尼采和巴塔耶描述中基督教本身的演变轨迹极其相似。更重要的是，特纳绝不是唯一这么做的人类学家，他们都有意或无意地尽量避免探讨那些越界特征及其在宗教中的重要性。然而，与特纳同时期发表的其他作品虽然也是基于新几内亚高地的严肃民族志作品（更别提早期民族志记录中的普遍记录了），但那些作品几乎完全没有采取如此温和的观点。

为何如此反感直面越界的内容？为何不愿分析它的宗教意义？从哲学层面来看，思忖这些问题是大有裨益的。无论是朱诺德揭示的细节，还是几十年后 F. E. 伊凡-普理查于 1929 年的短文《论非洲的集体淫秽表达》("Some Collective Expressions of Obscenity in Africa")，都被迅速地遗忘了（但这并不适用于出版了《人类与神圣》(Man and the Sacred) 的作者罗杰·凯卢瓦（Roger Caillois），他举止古怪，虽然不是人类学家，但一度是社会学学院的成员，该学院不久前重获新生）。[6] 从宗教角度来看，同样被忽视的越界的例子比比皆是。中世纪基督教教堂中，礼拜仪式和类似狂欢节的宴会中都少不了越界，古希腊和罗马宗教中的酒神元素也不乏越界。另外，我们在密教、印度教的"左手"流派、佛教和伊斯兰教中，也能发现越界的存在。但是，这些越界及其关键作用都被搁置不提了。

一个症状很能说明这种逃避的存在。实际上，一系列热情洋溢的相关作品如喷涌般地相继问世。例如，马克斯·格拉克曼①的《仪式的特许》("Licence in Ritual")就是其中之一，该作品关注的是"逆转仪式"（ritual of reversal）。在特许的短暂越界中，统治者成为仆人，国王或皇后被羞辱，男人打扮成女人，女人装扮成男人，正经事被暴露在戏弄和可怕的反思中。[7]在现代学术作品中，我们几乎无法避开功利主义的解释。在这些解释中，如此激动人心的仪式沦为某种社会叙事的一部分，其功能则是强化现状。与此同时，这些解释普遍也因秘密的反抗变得更为生动，因为同一批学者也在试图逃离如此无聊的结论，他们会在短暂的癫狂与狂喜中与自己书写的内容产生认同感。换言之，那些有关稳定和功能的声明并不是完全可控的。学者不可避免地用功能主义为那些学术性描述盖戳放行，但总有冗余从那些描述底部悄悄渗透出来。难道那些描述中表达的逆转和越界无法吸引另一个完全不同的世界吗？那个恐怖的世界难道不也同样美好吗？

这个困境在米哈伊尔·巴赫金②的作品面临的反响中尤为显著。[8]在有关拉伯雷和狂欢节的著作中，巴赫金以怀旧的笔法描述了早期现代欧洲，那个时代中"特许的越界"被他精心打造成了一场狂欢节。在与极"左"路线的斗争中，幽默与梦想败下阵来，但

---

① 马克斯·格拉克曼（Max Gluckman，1911—1975），南非－英国社会人类学家，曼彻斯特人类学派创始人之一，著有《东南非反抗仪式》《非洲部落的秩序和反抗》等。

② 米哈伊尔·巴赫金（Mikhail Bakhtin，1895—1975），苏联文学理论家和文学批评家，著有《马克思主义与语言哲学》《中世纪与文艺复兴的庶民文化：弗朗索瓦·拉伯雷的脉络》《拉伯雷与他的世界》等。

这种英雄式的失败却构成了捧腹大笑的诗学。在巴赫金撰写研究报告的 20 世纪 30 年代，他本人也被半流放到了苏联的边远之地。几十年之后，巴赫金的作品被翻译成了英文。但在翻译过程中，冷战留下的伤痛使得学者在反思巴赫金的"讯息"时，只关注了笑声，而恐怖的古拉格①则同狂欢节一道，始终未被当作越界的标识而受到应有的审视。越界在巴赫金笔下大量涉及捧腹大笑和生殖器，但他对越界的认识被解读为与天使结盟，也因此备受尊敬。然而，譬如在萨德侯爵或巴塔耶此类作家传统中，他们笔下的越界无论如何都不能被同化，他们的笑声不得不沉陷在死亡、尸体与色情之中。的确，我们被迫注意到这样一个现象，在我们这个时代，若要研究暴力的神圣维度，就会必不可少地以糟糕的方式去应用越界，这在对大屠杀的研究上可见一斑，在研究 20 世纪晚期日益增长的民族矛盾时也莫不如是。

若有人试着去想明白越界在宗教中的本质特征，这种努力往往在大多数情况下都会引起一阵反感。这种反感并非直接源于对任何特定理论学派的分析偏好，而是现代品味和道德感共同作用的结果。摩登时代关闭了众多人类经验的领域，基督教和启蒙运动联手，结合资本主义常识中的功利主义前提，共同巩固了这一成果。这种封闭人类感受、阻隔表达能力的现象正是乔治·巴塔耶致力研究的对象，同时也是他焦虑的来源。在《色情》的前言中，巴塔耶描述了我们如何"成功地在所有情况下都用空洞的思

---

① 古拉格（gulag），俄语中的意思是劳改营。

考替代那些时刻,而恰恰在那些时刻,天堂的大门似乎正向我们轰然打开。"他想与之对抗,"开辟一种能够匹配那些时刻的思考方式。"这种表象的伤痛将会是一场永恒的挑战,而这场挑战本身就是越界。

超现实主义和世俗启迪

超现实主义能够帮助我们进一步理解这种表象的伤痛(巴塔耶与超现实主义关系密切)。安德烈·布勒东①(在《疯狂的爱》[Mad Love]一书中)提出了"痉挛的美"(convulsive beauty)和"固定的爆炸"(fixed-explosive)等超现实主义概念。[9]这些概念不仅传达了在表现越界时的困境,超现实主义者还在他们的艺术实践中运用各种巧妙构建的矛盾,通过视觉图像、诗歌和非比寻常的叙事形式,使那些不可言传的东西重获新生,其效果振奋人心。瓦尔特·本雅明在一篇评论超现实主义的文章中,将其最佳效果等同于他所谓的"世俗启迪"。世俗启迪与神秘意义上的启迪(而非启蒙)存在冲突,本雅明借此赋予超现实主义以双重含义,一方面世俗且物质化,另一方面依然保持了一些神秘色彩。[10]

此外,在本雅明眼中,世俗启迪建立在一种非话语性(nondiscursive)的现实之上,注重意象和体内性(viscerality),等同于一场对意义的含义的具体挑战。对超现实主义而言,"只有当

---

① 安德烈·布勒东(André Breton, 1896—1966),法国诗人、作家,超现实主义的创始人之一,最著名的作品就是1924年编写的《超现实主义宣言》。

每个人介于清醒与睡梦之间的界线业已磨灭，人生才似乎值得一活；届时，众多意象来回涌动，声音和图像、图像与声音之间自动而精确地互相渗透，语言也唯有在此时才成其为语言，这个过程如此美妙，以至于根本不需要填充那个所谓意义的裂缝"[11]。唯有通过如此激情澎湃的认识论，我们才能开始理解巴塔耶写于20世纪30年代的惊人之作（《过剩的视野》[*Visions of Excess*]）。它不光是越界的典范，也是如何表现越界问题的范本。何况，它还充分表达了表象的困境，宗教和仪式中由于这些困境而熠熠生辉之处也得到了公正的对待。

身体和图像

我们从此不要再把身体和图像当作象征或症状了，把它们看作宗教中越界的媒质吧。就污染及相应的神圣力量而言，尸体排名第一，经血紧跟其后。其他的身体部位或特征，无论男女，通常在神圣的、越界的潜能上都处于相当劣势的地位。不过，就身体而言，人类文化包罗万象，其中就包括把圣体或神灵开光的身体作为神圣的艺术形式。为了理解其中的一些维度，我们不能忽视以下这些行为：切除阴蒂；男性和女性的割礼；包皮系带的切除术；戴面具；身体彩绘；面部刺青；颅骨"变形"；前额整平；放血；拔牙；补牙；雕牙；划伤身体、手臂和腿部；活人祭祀；食人；向太阳祈祷时割除一个指关节（威廉·巴勒斯在他的作品中提到过这种自残行为[12]，而巴塔耶对自残有着极大的兴趣[13]，这在他对凡·高的研究中就可见一斑。他将凡·高的割耳和对日自杀与现代生活联系在一起,认为现代生活将这些行为中的神秘意义都掏空了)。

在1907年至1916年间,著名人类学家罗伯特·洛伊(Robert Lowie)几度拜访克罗部落①的印第安人。在此期间,他说很少见到几个左手完整的老年男性。[14] 19世纪30年代早期,乔治·卡特林(George Catlin)在走访克罗人之后,在密苏里河上游见到了年轻勇敢的曼丹人②。他们会把左手放在水牛头骨之上,然后切掉自己的尾指,有些人还会切掉食指,留下中指、无名指和拇指,因为这三个手指对于掌握弓箭必不可少。几年前,一些酋长和部落首领甚至还切掉了右手的尾指,以示更加了不起的牺牲。然而,这种自残与之前发生的相比,简直就是小巫见大巫。在切掉手指之前,勇敢的年轻人把上半身肌肉串在带绳的木棍上,然后被悬吊在药房的橡梁下,他们的同伴则捻转他们的身体,直到他们因疼痛而晕厥过去。在这个过程中,四位老年男性"不间断地一边敲打水囊、一边唱歌,他们的音调则到了不能再高的地步"。[15] 随后,人们半是竞争、半是舞蹈地把沉重的水牛头骨接到木棍上,穿过腿部和手臂肌肉之间的韧带——并非肌肉本身,年轻男子必须拖着头骨奔跑,直到夹板之间的血肉被撕扯下来为止。

---

① 克罗部落(Crow Nation),美洲原住民,历史上生活在黄石河谷,如今是蒙大拿州的联邦承认的克罗部落。
② 曼丹人(Mandan),北美大平原印第安民族之一,历史上居住在如今的北达科他州,如今大约一半人口仍旧居住在印第安保留地,另外一半分布在美国和加拿大。

接下来还有人血。这里指的不光是令人害怕的经血,因为那本身就成了自己的神圣剧场,一般来说,也是污染源。此处还包括与经血不相上下的男性流血经历。譬如,肯尼斯·里德(Kenneth Read)在《高地河谷》(High Valley)中就详细描述了这样一个场景。他回忆了1950年在新几内亚东高地省的阿萨罗河谷中与加胡库人①的生活经历。在那里,他看到参与成人礼的男性站在浅水中,阳光洒满河面,他们公开展示生殖器,并在一群浑身绘有鲜艳图案、佩戴羽毛的男子面前自慰。与此同时,人们吹响了圣笛。接着,他们手持一卷卷剃刀般锋利的树叶,一个接一个迈步向前,"像闪光灯下的魔术师一般晃动树叶",迅速把这邪恶的工具举至鼻前,用它割开鼻黏膜,迫使鲜血喷涌。当受伤男子沉浸在痛苦中时,观看的男性则唏嘘不已,看着眼前的强壮男子颤抖着双膝,仿佛他的双腿会在痛苦中跪倒在地。[16]通过成人礼的男性随后会与女性发生人生中的第一次交媾。在里德看来,仪式行为在某种程度上是为了祛除女性的污染效果。在这种自残行为之后,他们被迫吞下折叠成细长U形状的硕大藤条。以下是里德描述的亲身观感:

> 他弯着腰,身体向前倾,把藤条弯折处放进嘴里,直起身,斜着头,伸长脖子,让藤条进入胃里。我感到自己喉咙一紧,胃里翻江倒海,不得不看向别处。当我再次看向他时,大部分藤条已经不见了,只剩下两小部分还露在外面,就是U的两个开口

---

① 加胡库人(Gahuku,也叫Alekano),生活在巴布亚新几内亚的东部高地。

处,从他嘴角两边凸了出来。

我不知道他用这种可怕的姿势站了多久,他扭曲的腹部和胸部在煎熬中不自觉地战栗。这场表演令我感到恶心,但更可怕的还在后面。他伸手去取藤条,抓住藤条的两端,快速地上下拉扯,在每次向上扯动中,藤条几乎完全离开了他的嘴巴。我惊呆了,感到全身僵硬。围观群众热情高涨,闹哄哄地大声吆喝,富有节奏的喊叫一浪高过一浪。最后,在一阵高喊中,我也总算放松下来,只见他甩下藤条,弯下腰,开始朝河中呕吐。[17]

类似这种身体使用的例子数不胜数,但举例说明这个想法本身似乎未得其意。这些表演如此令人震惊,以至于它们不再是任何其他事物的例证,而是超越界限,成了里德笔下"加胡库人不遗余力追求过度的倾向"。任何人见了这些场面,若未心生敬畏,那确实可算清心寡欲之人了。那些身体上的比拼一个比一个别出心裁,他们也借用身体来完成超自然的神圣目的。在这个过程中,仪式让位于戏剧,演出的主角是人类,他最惊人的道具就是太过世俗的身体,以及身体上各种附属物、液体、起伏的表面、褶皱、出口和入口。

秘 密

此处,里德对于成人礼的描述为我们提供了一个关键的概念,那就是秘密的地位,或者说公开秘密的地位。好比在加胡库人中,只有通过成人礼的男子才能吹奏秘密的纳玛圣笛（Nama flutes）。重要的是，我们需要意识到秘密和禁忌（因而与越界）如何交缠在一起，共同创造一个强大却又隐形的存在（确实，这就是存在的存在本身）。我们也要思考对通常意义上的宗教而言，这种存在到底有多么必要。例如，在朱诺德笔下的割礼室对女性和未经成人礼的男性而言都是禁区，若一个女人窥见了阴茎伤口的遮盖物，她就必须被处死。1899年，斯宾塞和吉伦在澳大利亚中部阿兰达地区的屈林加①土著部落中考察。在对圣物屈林加的描述中，他们宣称任何女性或未经成人礼的男性见到这样一件圣物，不是面临死刑，就是面临被火棍戳瞎双眼的惩罚。[18] 不难想象，这种制裁及其表达的恐惧与危险遍布澳大利亚大陆，就算不是全部，至少在许多地方都很常见。

这些戏剧性的案例为我们提供了洞察秘密的机会，有助于进一步探索秘密在神圣性中的战略性地位，而这在各个伟大的世界性宗教中都屡见不鲜。"任何宗教都有秘密，"齐斯·W. 博乐（Kees W. Bolle）说："人类若离开秘密，就将不复存在。"在他看来，秘密正处于危险之中。当谈论界限、特殊的奥秘、小心翼翼和自我约束时，他想要激起一种非实证主义的立场，以及对秘密进行自我反省的视角。他的问题不光对学者十分重要，对信徒也极有意义。他问："我们如何充分察觉［秘密］的存在但又不扭曲［秘密］呢？"[19]

---

① 屈林加（Churinga，也叫 Tjurunga），指的是澳洲中部阿兰达部落的圣物。

我们不妨说，否定的力量深植于秘密之中，它取决于一种对越界的可怕预期，其警示标志就是惩罚的威胁。越界的力量不在于实现跨越，而在于通过威胁发挥它强大且富有创意的力量，而威胁已然绰绰有余。不过，我们还需要考虑一个附加特征——焦虑。我们在上述两个例子中注意到，这种焦虑体现在奥秘的**视觉**呈现上。正如以上及无数其他案例中展示的那样，不受控制的窥视行为被严令禁止，因为秘密（以及不得不打破秘密的越界）在现实中不但需被藏匿，而且要被揭露——这是为了与负面逻辑保持一致，该逻辑让越界和禁忌巧妙地互相竞争，我在前文中将这描述为一个永无止境的电路。这种对否定的否定有许多蔚为壮观的体现。放眼全球，不少社会中都有那些原本戴着面具扮成精灵的男子揭下他们的面具，还有那些在亚马孙中部、新几内亚、非洲中部和澳大利亚的人们也会公开展示他们的圣笛或吼牛板[①]。

揭秘至关重要。隐瞒与揭秘都是艺术形式，揭秘在这二者之间刻意地来回运动，这一运动则从禁忌与越界中获得了许多力量。为了体现揭秘的重要性，我们首先要指出，揭秘过程的剧情才是一个人顺利通过成人礼的保障。而且，这种揭秘不但不会导致祛魅，还会由于某种神秘启迪进一步增强魅力。在这个意义上，揭秘会导致更深的隐匿。揭露秘密会导向另一个许是更深的秘密。

---

① 吼牛板（bullroarer）是一件原始器具，在世界各地的古老宗教或部落中都能找到它的身影。它可作乐器使用，通常由 10 厘米至 35 厘米不等的扁平木板制成，一段系有长绳。当使用者挥舞长绳，牪咆器就会在空中发出低沉的、类似动物的咆哮声，以此得名。

不过还不只这些。现在，我们要把目光投向更广阔的背景。在朱诺德的描述中，留在村庄里的女人和儿童必须与割礼室保持一定距离，不得踏入那个神圣领域。当魔礼莫（molimo）的号角在中非的姆布提（Mbuti）部落中奏响时[20]，当圣笛在亚马孙中部和新几内亚高地高歌时[21]，或是当戴着面具的舒特（Shoort）精灵进入火地岛上塞尔克南人的营地时（马丁·古辛德曾在20世纪20年代早期对此做过生动描述）[22]，我们会注意到，一些人必须在此期间躲藏在他们自己的棚屋中。同样地，我们在这些例子中也发现了一种否定的表达，它异常强大，但与先前提到的相去甚远，因为它的表达者是未经成年礼的人（总体而言就是女性）。相对割礼室中进行的活动，这些人的任务是构成**缺席的存在**，并表现出**积极的无知**。请注意，这种缺席的存在和积极的无知如何通过乔装打扮，微妙地表现揭秘和隐瞒。那些女人明白，她们必须一无所知，但事实上她们"知道"的可不少。换言之，一方面，割礼室秘密中强大的揭秘剧情只有通过隐瞒才能实现，室内发生的所有活动都要避开未经成人礼之人；另一方面，这种隐瞒本身就是一场更大揭秘计划的一部分，因为他们关注的秘密在战略上并不完整，那是一个公开或公共的秘密，从某种程度上而言，所有人共同享有这个秘密——这再一次展示了否定的巧妙游戏（artful play），隐匿与揭秘共存，禁忌与越界同在。

"秘密位于权力核心，"卡内蒂如是说。除此之外，这种权力在很大程度上还包括宗教中弄假成真的力量，这种力量对宗教至关重要，没有这种力量就没有宗教。[23]因此，正如赫伊津哈在有关游戏的著作中所说,"巧妙游戏"一词(我在上一段中用它论述否定)必须被看作对越界的精确描述,它既严肃得彻底,也纵情得欢乐,从而能够有效地激发("位于权力核心"的)秘密的创造力。齐美尔把这叫作"现实的放大"(the magnification of reality),意即借助事物表面之下的感官,发现一层更为深刻神秘的现实。我们若不能称其为宗教,至少也能把这种现实视为神圣。[24]

这种游戏也发生在神圣事物的秘密中,再加上通过有节制地越界对其进行揭秘,对探讨男女巫医和所谓的**萨满教**十分有效(萨满教一词具有本质化倾向,它更多受常规用法的制约,而非就事论事;另请参考上文第 197—200 页)。人类学家反复强调,尽管人们普遍质疑这种巫术的真实性,但他们还是相信巫术的有效性或潜在的效用。"所有相关人士都十分清楚,"在他职业生涯的末期,著名人类学家弗朗兹·博厄斯写道,"[瓜求图] 萨满施法的大部分过程都是基于骗局;然而,萨满本人、他的病人以及病人的亲朋好友都仍然相信萨满的力量。揭穿那些把戏并不会削弱对萨满教的'真正'力量的信仰。出于这种奇特的心态,萨满本人对自己的力量总是心存怀疑,并且无时无刻不在用骗局增强这种力量。"[25] 博厄斯所说的"奇特心态"包括"巫术"中的"骗局"以及对"巫术"的"信仰",它们不是熟练的隐瞒,而是熟练地揭秘这一熟练的隐瞒——这种心态在充满期待的氛围中变得愈发厚重。在这种氛围中,跷跷板式的矛盾事物置身于公开秘密的迷宫之内,而这个公开的秘密就是知道如何不去"知道"那些实践中的秘密。1937 年,伊凡-普理查在研究阿赞德巫医的著作中写道:"的确,巫医信仰模式中包括怀疑,信仰和怀疑都是传统的一部分。"[26]

声音和歌曲作为隐形的存在必须被超越

类似牯咆器、圣笛和歌唱发出的声音在这里变得尤为重要。声音与图像不同,秘密的视觉呈现会被禁止,但声音的全部意义都在于公开,它能召唤秘密的现身,同时又不暴露秘密。因此,声音为缺席的存在提供了一种完美的载体。声音就像一个元秘密(metasecret),或像是秘密的"外皮",在宣布秘密存在的同时又隐瞒它的内容。正是这张外皮代表了越界的神秘界线,它必须(但又绝对不能)被超越。

在新几内亚高地或亚马孙中部,在男人们吹起秘密圣笛的关键时刻,女人和孩子们必须遮住双眼,躲在家中或藏身在花园里。缺席的存在会增强精灵的隐形力量,而这种力量则通过隐形圣笛的声音得以体现。肯尼斯·里德对人造声音的描述惊人地体现了这一点。里德笔下的声音来自新几内亚加胡库人为期三个月的男性成人礼。譬如,男性成人礼的初始阶段会有一种人声鼎沸的感觉——女人们的恸哭"刺穿了我周围的喧闹";男人们唏嘘哀鸣、捶胸顿足;"凌驾于这所有喧嚣之上的……是笛子的呼喊,这是我第一次如此近距离地聆听,那种声音仿佛带着巨大的翅膀,拍打着耳鼓,在颅内空旷的部分拍打着、悸动着。"他注意到,男人们此时"与一种无形的力量在狂喜中交合"。他宣称,尽管他无法体会他们的感受,但"我觉得那一刻他们可能想要[被女人们]看到,我自己也被这个念头震惊了"。[27]

科林·特恩布尔(Colin Turnbull)运用令人难忘的笔触,在著作《森林人》(*The Forest People*)中对声音进行了细致入微的描写。在非洲中部的伊图里森林,姆布提部落的俾格米人会吹奏神秘的魔礼莫小号。这种属于男性的乐器,一旦奏响就会召唤出隐形的存在。但若女人看见这件乐器,她们就会被死神带走,至少她们应该那么相信。这种声音、这件隐形的乐器在事实上成为宗教本身,为人们带来美与慰藉,创造神秘感,产生实效,提供一个道德体系,使人们拥有一种扎根于林中的"存在"感。正因如此,特恩布尔的描述才更加经典,或者,我们应该说姆布提人的行为至少在那一刻才愈发值得效仿。毕竟,宗教首先就是秘密,在被小心隐瞒的同时也被精心曝光。

整整一个月,我每晚都坐在库玛魔礼莫[魔礼莫仪式]上,一边听,一边看,一边感受——首先就是感受。哪怕对发生的事知之甚少,至少我还是感受到了那种对重大事件的期待氛围。每天晚上,号角的发声器都会模仿豹子、大象和水牛的声音。女人们都会把自己关在屋子里,装出一副害怕见到"林中动物"的样子;男人们会聚集在火堆旁,装出一副他们以为女人都把发声器当成动物的样子——这种假戏真做每晚都在进行,我每天都会感到那底下正在发生一些非常真实而伟大的东西。每个人都认为这理所当然,只有我对此一无所知。[28]

1970年至1980年间，我与哥伦比亚西南部普图马约的萨满教建立了一些联系。那里的萨满通过唱歌接触到强大的精灵，并与它们建立关系。那些精灵也是如此，把萨满的身体作为媒质，诵过他的身体来歌唱。在声音的奥秘中，个人和精灵之间辩证地相互作用。萨满借此突破秘密的围墙，打破被秘密笼罩的禁忌，不仅接触到了精灵，并且使精灵在现身的同时又保持隐形。[29]

歌唱过后，萨满会使用一种叫作死藤水①的致幻剂。人服用后会产生幻视，原本只是通过声音而存在的隐形精灵幻化成视觉形式。这种幻视固然极其振奋人心，但幻视图像的真实性却很不靠谱。不过，服用致幻剂的意义恰恰就在这里。幻视图像是现代性中所谓拼贴和蒙太奇的化身。它们一会儿出现，一会儿消失，自相矛盾，在情感上两极分化。它们可能是另一个不怀好意的萨满发送的图像，也有可能故意让人误入歧途——因此，这种形式中出现了另一种揭秘和隐瞒的模式，也产生了通过揭秘而掩盖秘密的方式。我们必须时刻注意，服用类似死藤水这样的药物除了能够造成视觉显像、具有治疗功能之外，还会打破原本属于精灵的禁地，其诱发的情感强度代表着越界的深度，而其中的危险也不可小觑。（我们或许还会注意到，禁忌首先出现的对象就是女性、经血和怀孕，这些可怕的状态能够在萨满作法时摧毁他的法力。）

在隐形之物通过歌曲和音乐得以现身的同时，人体成为一种

---

① 死藤水（yage；克丘亚语：Ayahuasca），美洲原住民将其广泛应用于宗教仪式中，用以达到通灵状态，巫医也会将其用于治疗病患。

哲学"工具"（device）。我们可以通过这种工具，反思真相不可侵犯的内在性和掩饰性，并将其戏剧化。在上文中，以成人礼为例，身体成为宗教仪式的神圣舞台。我在此处考虑的不仅包括上述的身体使用，还有世界范围内对人体的使用。我关心的是人体如何作为舞台，上演有关内在性/外在性、穿透与恢复的剧情，并由此挖出并曝光隐瞒的真相，不时上演隐瞒和揭秘的壮观剧目。譬如，要治好某人身上的巫术，通常要从那个人的体内取出某个物品，可能是一块碎片、一条虫或一只动物。同理，巫术——宗教的固有成分，兴许是宗教最具"越界性"的成分——也涉及把那些物品放置进同一个身体之中。（同样受到内在性/外在性驱动的，还有基督教中驱邪、忏悔、净化和涤罪这些概念，以及用基督教概念轻易翻译所谓原始宗教中的关键元素，比如灵魂。）此外，我还关注存在与虚无的游戏，巧变物体的巫术就是范例。那些物体惊人地变换节奏，在身体内外时而出现、时而消失，而那些物质在本体论上也经常无法定性。

在不少亚非拉社会中，内在性/外在性的概念并非通过巫术物质展示，而是经由亡人的灵魂得以演绎。这种现象经常被归类为"神灵附身"（spirit possession），它十分强大，足迹分布极广，构成了基督教礼仪的基础，尤其是圣灵和圣人膜拜的前提。类似地，这种用身体来凸显原本隐匿的戏剧性与神秘性的方式也被称为面相学（physiognomy）——这是一门通过外表读出内在的古老科学，通过外部的生理特征读出性格和灵魂，并由此读出一个人的未来——正因如此，面相学也成了理解电影（魔幻）力量的理论基础，尤其适用于对面部特写镜头的探讨。然而，这种具象化的内在性/外在性思考并不意味着净化的胜利，也不意味着隐瞒最终被公之于众，其意义在于隐瞒本身的表演，它位于一场永恒且不稳定的运动之中，持续放射禁忌与越界、隐瞒和揭秘的电流。

否定和不遗余力追求过度的倾向

肯尼斯·里德让我们注意到了"不遗余力追求过度的倾向"，也在无意中强调了乔治·巴塔耶于1933年提出的"耗费"理论[30]，且因无意为之而更添说服力。该理论不但适用于经济学，也适用于宗教。巴塔耶在之后三卷本著作《被诅咒的部分》中更加充分地发展了这个理论。[31] 他假设所有人类社会中都有一种超越限额的内在需求，驱使人毫无目的地奢侈消费、浪费挥霍。人类总在追求一种"过多性"（借用诺曼·O. 布朗 too muchness 的说法）[32]，因而也会只求付出不求回报地损耗自身。在此基础上，巴塔耶建议换一种方式理解世界史，这种方式与祭祀密切相关，而祭祀也是许多宗教的重要特征。祭祀的主要特点为：（1）献祭者与神之间存在一个作为牺牲品的媒质。（2）媒质的毁灭。巴塔耶强调："祭祀毁灭的对象正是它神化的对象。"他在寻找一个公式。在这个公式中，对功效和利益的否定会使耗费产生神圣的特质，而耗费则与越界密不可分。[33]

巴塔耶对祭祀的看法与一场哲学辩论密不可分。在这场辩论中，巴塔耶和黑格尔就死亡空间（the death space）的意义持有异议，而死亡空间源自黑格尔对扬弃（Aufhebung）①这一概念的著名阐释。黑格尔认为，扬弃意味着一个概念或事件在否定中被超越，同时又被保存在否定之中。在巴塔耶看来，黑格尔本人并不知道他对死亡和分解的强调在多大程度上是正确的。黑格尔在《精神现象学》的前言中有这样一段名言，他说精神"只有在完全分解时才能发现它的真相。哪怕它拥有巨大的力量，也不会因其积极性就远离消极性……精神之所以成其力，乃是由它直面消极性且与其共存的程度而定。精神与消极性的共存时间越长，越能发挥魔力，将消极转化为存在。"[34]巴塔耶反对这种巫术，在他看来，否定影响人类的历史进程，精神是某种脱轨的扬弃，既没有终结救赎，也对这种结局不感兴趣。辩证关系的终结事实上意味着非辩证关系。相反，否定意味着放弃终结，不断直面死亡和分解。[35]

自残和杀死上帝

死亡和分解将我们带回人体，这是一个上演神圣活动的特别剧场，我们难以在这个剧场中绕开自残、杀死上帝和上帝自杀的话题。这些行为不仅是基督教的基石，也暗示着那个宗教的核心包含着程度非凡的越界，这对尼采著名的启蒙概念产生了深远的影响。在他看来，启蒙与上帝之死同义，上帝自杀被抬到了新的高度，从实际上定义了现代性中越界的空间、特征与意义。

---

① 在德语中，Aufhebung通常有两层意思。第一层意思是"举起、拾起、抬至高处"，第二层意为"取消、撤销"。

这位上帝并非死于衰老。尼采认为，上帝死于谋杀，整个社会和时代都是凶手。面对此等滔天大罪，尼采在《快乐的科学》中问道："我们都做了什么？""我们如何能将海水吸光？谁会给我们海绵，让我们将整个地平线抹去？"惶惑统治大地，地球挣脱了太阳的束缚。"它现在移足何处？我们又将前往何方？"此外，这起事件本身并未得到认可——这或许是越界最显著的特征了。捎信人把他的灯摔在地上，摔了个粉碎。① "我来得太早了，"他说："我来得还不是时候。这件惊人的大事还在路上，还在游荡；它还没传到人们的耳朵里。电闪雷鸣还需时间。"[36]

上帝之死如此彻底，以至于米歇尔·福柯在《僭越序言》（"A Preface to Transgression"）中也从越界的角度对现代性本身做了定义。福柯全情投入于一项新的哲学项目，该哲学围绕经验的诗意逻辑构建，而这种逻辑则挑战了祛魅世界的边界（边界的无穷性取代了上帝的统治，而上帝的局限恰恰在于他的无限性）。[37] 在我看来，这正是福柯的关键洞见，对研究宗教意义重大。神圣本身就是越界的舞台（上文中的例子也旨在说明这一点），它没有像著名的"世界的祛魅"（the disenchantment of the world）理论所暗示的那样被现代性消弭，相反，神圣本身的界限也被超越了。这种对越界的超越看似矛盾，却能被看作终极的神圣行为。在这种行为中，亵渎（sacrilege）成了现代性中最有可能体验神性之处。

---

① 在《快乐的科学》中，带来消息的人是一个疯子。在卷三的125节中，尼采写道，一个疯子清早提着灯，跑到菜市场，大喊："我找到上帝了！我找到上帝了！"陶西格在本段中的引用也出自疯子之口。

亵渎与牺牲相反，亵渎空间中充满了消极的神圣性。该空间以极端行为的汇聚著称，**通过转喻不断增生，如同永无休止的浪潮**。对福柯而言，现代性中这个紧张的越界空间就是性，或者不妨说是性和语言。它们不在上帝之中，而在上帝的缺席之中。越界借此获得了一种特殊的意义，它召唤一种彻底崭新的"非辩证哲学"。这种哲学注定使用一种兴奋的、不可能的极限语言，会让人想起巴塔耶有关过剩和寻觅笑声的死亡空间。福柯抒情的描述中也带着同样的悲凉："泡沫的边界展示了言语在沉默之沙上可能前进的地步。"这里的一切都基于语言，作为哲学的语言，作为存在的语言，作为越界的语言（这将我们带回有关超现实主义、本雅明和表象伤痛的问题）：它是"罅隙、骤降和破碎地形的产物，这种危岩峭壁般的扭曲语言在沙滩上画了一个圈；它指向自我，折回自身，质问它自己的局限"。[38]

在福柯生平最后一部有关性史的作品中，我们极少注意到其中一个提纲挈领的主题。在福柯看来，性越界的神圣力量不但与极限语言紧密相关，而且也受制于秘密，尤其与隐瞒和揭秘的游戏密不可分。"现代社会的特殊性在于，"14年后，他在《性史》中反复写道，"性并非一种阴影般的存在，相反，人们一边喋喋不休地谈论性，一边把它当作最大的秘密加以剥削利用。"[39] 现代社会催生了新的混合体，宗教与越界相伴，图像和身体并行，超现实主义正是在这些十字路口对新的混合体产生了影响。本雅明的建议十分明确，他在谈论世俗启迪时提出了这种真知灼见："我们对神秘的探寻受限于在日常世界中感知到的神秘，但我们可以借助于辩证的视角，从深邃中觉察到普通，从普通中感知到深邃。"[40]

迷　醉

本雅明于1928年写下的建议极富远见，他的灵感源自对迷醉（intoxication）的思考。迷醉具有一种神秘的力量，无政府主义的阶级斗争在使用这种力量上可谓驾轻就熟：制图者在迷醉中爆炸性地打破并重整身体和图像的关系。另外，我们还可以从更字面的意思来理解迷醉，那就是嗑药之后带来的灵感。在本雅明看来，这种迷醉会减弱世俗启迪中的世俗成分。这是一片危险的领域，但我们若要探讨20世纪末的越界和现代性，就无法避开这个领域。毒品堪与性的地位匹敌，在政治、革命、反革命和神性中都占据了战略性地位。毒品在现代作品中被奉为经典。威廉·巴勒斯通过大量写作和绘画为毒品大唱赞歌（对巴勒斯而言，在哥伦比亚和秘鲁与印第安萨满一起服用死藤水的经历对他的成长影响深远）。卡尔·马克思把宗教比作人民的鸦片，但他当时并不知道，这种评价从字面上而言将变得何等正确。这个公式不仅能够正着读，还能反着读——鸦片就是人民的宗教。继尼采和巴塔耶之后，福柯很早就意识到，在有关越界的宗教/哲学中，没有教堂或牧师会是什么样子。毒品（或被认为）可能会提供某些入口，有助于我们理解现代性中神圣和美妙的概念，并以自残和自我牺牲的方式表现出来。这一点在巴勒斯笔下显而易见。从《裸体午餐》开始，他的作品就不断质疑图像和语言的淫秽和越界，加上时不时地抒情美感，将宗教、性、毒品和蒙太奇混合在一起。人们把如此富有越界性的现象误解为反宗教的行为，但这种误解本身就证明当今宗教组织中存在着狭隘的道德主义。事实上，我们还能从现代社会发现这种宗教组织的其他同类。尤其在美国，毒品被非法化，其使用和销售面临着惊人的惩罚。如此一来，禁忌和越界的可怕逻辑作为神圣的基础，反而变得益发完美而恐怖。

第七章
纽约警察局布鲁斯[*]

---

[*] 本章早期的版本以《不公正的警务》("The Injustice of Policing")为题发表在 Austin Sarat and Thomas R. Kearns, eds., *Justice and Injustice in Law and Legal Theory* (Ann Arbor: University of Michigan Press, 1996)。

纽约警察局，简称为 NYPD 或"纽约最棒的人"（现在是"纽约最勇敢的人"）。2004 年，乔治·W. 布什在纽约参加了共和党的国民公会。开会期间，纽约警察局每天都用巨大的塑料托网将成千上万的游行者拖出街道，而这些游行者绝大多数并未有丝毫违法迹象。大量的视频证据都能够证实这一点，哪怕其中有些视频被警察局或检控官办公室做过后期处理。纽约警察局在哈德逊河第 57 号码头上匆忙地搭建了临时"拘留所"，现在则以"哈德逊的关塔那摩湾监狱"为人熟知。抗议者在那些受化学物质污染的房间里"接受处理"。在正常程序中，审讯最多不能超过几个小时。但是，关押在那里的 1800 名游行者大多数都被"处理"了三天以上，还被剥夺了食物和饮用水。不少人因为不得不睡在受化学污染的地板上而出现了严重的皮疹，还有一些人出现了系统性的身体失调症状。抗议者的身影在开会期间从纽约市的街头消失了。整个事情的关键就在这里。纽约就像舞台布景一般，一度被改造成波将金村庄①。那段时间，纽约成了一座虚假的城市，人们露出幸福的微笑，用玫瑰欢迎持枪行凶的解放者，这也正是那

---

① 波将金村庄（Potemkin Village）原是一个俄语词，取自波将金将军，意为骗人的村庄。1787 年，在叶卡捷琳娜二世出巡因为俄土战争获胜而得到的克里米亚的途中，格里戈里·波将金在第聂伯河两岸布置了可移动的村庄来欺骗女皇及随行的大使们。后来，波将金村庄成为政治隐喻，意指专门造成虚假印象的建设和布置。

些解放者早先入侵巴格达时期盼见到的情景。

每当美国第四十三届总统和他的车队驾临某个第三世界国家，这种波将金村庄都会被搭建起来以供观赏。纽约也不例外。警务不仅仅是一个有关实力的问题。小说家 J. M. 库切在描述美国中情局在越南战争中的活动时，把警务称作"神话战争"（mythological warfare）。[1] 年轻时的瓦尔特·本雅明根据他 1920 年在德国的所见所闻，向我们暗示警方极易陷入这种战争，因为他们的存在如同鬼魅，仿佛某种悬滞的东西，充满暴力又空无一物。[2]

本雅明的意思是警察占据了某种无人之地，这对维系法律是必不可少的。他说，警方的"法律"独立于法律的其他部分。这"确实是一个分水岭，体现了国家……无论愿意付出多少代价，都无法通过法律系统保障它想要达到的实际目的"。[3] 如此断言骇人听闻，它意味着我们出钱请人维护法律，但若要指望那些人能完成我们交给他们的任务，那他们就必须不受法律约束。在一个强调国土安全的时代中，这一点显然再清楚不过了。如今，例外大摇大摆地成了常态，人们被关押在类似古巴关塔那摩湾那样的拘留所里，受到虐待，自生自灭（而美国还以缺乏民主为理由痛斥古巴这个国家）。而且，证据还以"国土安全"的名义被扣押。如果你认为这种例外状态①只发生在"9·11"之后，那么让我们

---

① "例外状态"（state of exception）在德语中的对应词为 Ausnahmezustand，这个概念源自德国法学家卡尔·施米特（Carl Schmitt），类似于紧急状态（state of emergency），指的是君主在例外状态之下能够为了公共利益而僭越法律。意大利当代政治思想家乔治·阿甘本（Giorgio Agamben）在此基础上著述了《例外状态》一书。

来查阅一下那起事件之前的记录。可别忘了，本雅明在写下他有关警务的想法时，距离纳粹掌权还有十余年。

从本雅明的视角出发也好，或从纽约警察局的记录来看也罢，无论我们多么希望像除草一样根除警力的腐败，这看起来都不过是凭借着某种"意志之乐观、智识之悲观"①在思考问题。我们心中十分清楚，这项任务必然没有尽头。那么，我们的任务究竟是什么？我们难道不是以自己的方式在尝试治警吗？或者，我们对这个陷阱心知肚明，在治警的同时也需要监察自身？或许还有第三种替代方案，那就是提供一种批判，该批判屈服于对自身的批判，并以此作为智慧的源泉。

自本雅明的时代以来，治警就与所谓的"人权"有关。人权观察者形成了全球化的文化兼官僚运动，尤其对第三世界国家盯得很紧。尽管人权问题在纽约或美国也越来越突出，但我们很难想象这些问题会在那里被提出来。然而，本雅明对警方的分析与这些机构有所差别，也和普遍意义上的自由主义大相径庭。他认为，警方不会也永远不可能受到法律约束。[4] 那么，警方受制于什么呢？带着这个问题去思考库切有关"神话战争"的概念，我们就会发现这种想法显现出了意料之外的力量。"神话战争"首先在类似越南或伊拉克这样贫穷的第三世界国家打响，当这种战争从那里撤出之后，就被应用在了自己的国土上。当我还在为

---

① 这句话出自安东尼奥·葛兰西（Antonio Gramsci）的一封信件。信中，葛兰西用"意志之乐观、智识之悲观"描述小说家罗曼·罗兰。

本文构思打草稿时,《纽约时报》社论如是呼吁:"要强悍的条子(cop),不要残忍的条子。"该社论试图把强悍和残忍分离,却发现自己陷入各种矛盾,充其量不过是用虔诚的责备取代了理性的论证。引述纽约警察局局长的话来说就是"警官们'左右为难',因为他们如果不那么强悍,就没法拿下那些毒品肆虐的社区。""确实,"社论作者继续写道,"但警察局局长同时也指出,'既有正确的方式也有错误的方式',所有配得上他们警衔的警官都知道侵略性值警和残忍之间的区别。"[5] 然而,问题就在于这种差别只是幻觉,矛盾是不可逾越的,这与"不必要的暴力"或"非理性暴力"的想法有异曲同工之妙。这也是为什么社论作者会套用警察局局长的辞藻,他们在结论中都把警徽当作具有魔力的护身符,也就是那块盾牌形状的警察徽章。

下面,让我们往回追溯几年,回忆一下有关警徽的一幕场景。纽约市哈莱姆区西南部是纽约警察局治下的第三十辖区,也是我所在的哥伦比亚大学即将购置的产业,一旦购置成功,那将导致纽约市历史上最大规模的黑人迁置状况之一。几年前,就在那个辖区,警察局局长神情严肃地从被控腐败的警察胸前取下了他们的警徽,一位名叫乔治·诺娃的警官也被迅速撤职审讯。据说,这位警官自从孩提时代就想成为一个"条子"。长大后,他确实成为一名出色的警官。"我实在无法想象一个人怎么能这么优秀。他就是有这种才华。"这曾是第三十辖区一位监管者对他的评价。诺娃对犯罪有种异乎寻常的直觉。但同时,根据现在已经曝光的证据,他成为那帮人当中最狡诈的一个。最好的警察就是最坏的警察。这就是履行警务的手段。请注意,在他光辉灿烂的职业生涯中,直到被捕,诺娃也只受到过一次"长官训诫"①,原因还是一个小过失——他把警徽借给一个朋友用于装饰万圣节服装"。[6] 这不仅让人想到了变身窃贼的警察,更让人联想到一位变成伟大作家乃至圣人的法国窃贼——让·热内②。他在酒吧里被布尔纳迪诺的强健与自信征服了:"虽然看不到,但只要一想到他那个检察官徽章,我就兴奋不已。对我而言,那个金属配件拥有的力量不啻工人指间的打火机,或是军装皮带、弹簧刀和卡尺上的扣子,那些物件都强烈地凝聚着男子气概。如果当时和他单独待在某个漆黑的角落,我说不定就会鼓起勇气去抚摸那块布料,把手放在"条子"通常佩戴徽章的翻领下面,我的手说不定会忍不住颤抖,仿佛掀开的不是那块翻领而是他的裤门襟。"[7]

这个窃贼对"条子"、警徽和他们的生殖器如此着迷,看来似乎自相矛盾。但或许这就是问题所在——人尽皆知矛盾的紧张。这并不意味着"条子"也是窃贼。不!我坚持认为二者有别!如果"条子"当真是窃贼,那他们就是"警—贼",也就是埃利亚斯·卡内蒂所说的那种双重人。在卡内蒂看来,狼人和那些巫术

---

① "长官训诫"(Command discipline)是纽约警察局中对警官过失的一种惩戒。该惩戒由警员的上司直接下达,分为A、B两种类型,B类比较严重。被判"长官训诫"的警员会被剥夺不多于十天的假期。

② 让·热内(Jean Genet, 1910—1986),法国当代著名小说家、剧作家、诗人、评论家、社会活动家,著有小说《小偷日记》《鲜花圣母》,戏剧《严加监视》《阳台》等。

附身并与图腾产生神秘对应的人都是双重人。[8] 这里的关键在于"条子"和窃贼之间有着情欲的勾连，那道划分二者的蓝色细线更像是脱衣舞表演中的纱巾。或许，话毕事尽，那也不过一场糟糕的性事。或许，热内本人有什么问题，但这就要择日再论了。我们需要关注的是警与贼之间差异的奇特属性，因为这种属性将罪犯和警察结合在了一起。尼采就曾说过，相较于罪犯，警察更为糟糕，因为二者虽然干着一样的事情，但警察却打着法律的招牌。

"情场与战场都是不择手段的。"这句话来自 1994 年《纽约客》的一篇文章，该文报道了美国伊利诺伊州北区检察官办公室对黑石突击队①的指控，它用一种令人惊讶的方式表明了尼采所说的这种关系。那篇文章让人们注意到了一种所谓的"现代"趋势，也就是执法部门的指控矛头正在从个人转向类似黑帮和黑手党家族的整个犯罪团伙组织。该文指出，这种趋势高度依赖于检察官和那些组织叛变者之间的联手合作。这种关系充满风险，但合作中最危险之处"并不在于看似处于两极的对立面——检察官和罪犯——或许永远无法找到合作的方法"。作者坚持认为，"恰恰相反，最大的危险就在于——好人和坏人或许会坠入爱河。"[9]

如今，"坠入爱河"作为一种充满宽泛寓意的表达，完美演绎了"条子"和罪犯——"好人和坏人"——之间的戏剧世界。二者旗鼓相当，激情和矛盾心理从他们的每一个毛孔里渗透出来。在

---

① 黑石突击队（Blackstone Rangers）起初成立于芝加哥南部黑人社区，由问题少年组成，在 20 世纪 60 年代初期迅速发展为芝加哥最臭名昭著的黑帮之一。

这个世界中，堕落——从法律高处跌落坑洼之地，坠入罪犯的欲望之中，堕入罪恶之境——就是命运的前定，如同古老的神话一般，而将传真机、自动化武器、磁带录音机等"现代性"因素统统排除在外。一次，首席检察官助手和狱中某个"叛变者"之间的电话被偷偷录了下来。这段录音作为指控检察官的证据，在法庭上公放，它美妙地展示了检方究竟如何治警。退一步说，这段对话令人尴尬：一起电话性爱事件，电话一端是芝加哥市中心联邦检察长办公室，另一端是大都会惩教中心，打电话的人一方是检察官的助理，另一方则是被收容的杀人犯，没人能厘清是谁在干谁。

她笑了。"十分钟。一个锁起来的房间。这些就够了。""好吧，琳迪，"亨特说着转换了话题，"我们今天忙得够呛。你得给我讲个睡前故事。"

"给你讲个睡前故事？妈呀。""是的，我也有紧张的时候。你知道的。""可怜的小东西。"

"你能帮我减压。""我不知道，尤金，"露切塔说，"哦，让我想想，能给你讲个什么故事呢⋯⋯你想先让我干什么？""我只想看看。""只能看不能碰哦。"露切塔说。"你骗人。"[10]

对话就这样继续下去了。电波不断积聚、膨胀，将逮捕者和被捕者、检察官和杀人犯兼报道人捆绑在了一起。

当这段音频公放时，法庭上一片寂静。"事实上，"作者在文中点评道,"人们并不能清楚确定这段对话是否触犯了某条法规……它不合时宜,诡异而尴尬,但是,它可能并不违法。"这种模糊性具有色情和幽灵般的效果,作者象征性的语言选择又进一步加强了这种效果。根据作者推测,对审判长而言,这段对话录音是压死骆驼的最后一根稻草,它最终清楚证明了检方和罪犯早已"在合作中不再保持一定距离。这种联盟是罪恶的。"[11] 热内则第一个站出来为该联盟的内在必要性做证,同时也为其中的罪恶做证。

上帝死后,乔治·巴塔耶和米歇尔·莱里斯①呼吁在现代世界中建立一种"神圣社会学"。他们的理念恰恰总结了上文中罪犯和警方的罪恶联盟。莱里斯试图在世俗世界中寻找一种神圣的理念,他认为这种理念以模糊性、危险、兴奋和禁忌为主要特色。巴塔耶又在此基础上增添了恶心、恐惧和吸引力等元素。但更具决定性特征的则是世俗世界中神圣的两极性,它的消极性和积极性互相转变,而我们也更有理由把魔性、污秽和邪恶囊括在内,因为邪恶本身的神圣性就和我们通常标榜神圣的美好事物不相上下。现代世界已经把这种恐怖的意义从神圣性中抽除干净,它也尽其所能地净化教会,压抑宗教力量的肮脏本质。但是,原始社会要

---

① 米歇尔·莱里斯(Michel Leiris, 1901—1990),20 世纪重要的自传式作家和人类学家。早年受到超现实主义和弗洛伊德的影响,后加入巴塔耶创办的《档案》杂志。20 世纪 30 年代,莱里斯接受人类学家马塞尔·加布里埃尔(Marcel Griaule, 1898—1956)邀请,以档案秘书的身份,前往非洲进行历时两年的考察。他之后出版的《非洲幽灵》(L'Afrique fantôme)成为重要的反身性人类学著作。

比现代社会更能理解这种力量，警察亦然。

警方与法庭之间的关系也如幽灵般矫饰谜团、盘根错杂，一边是警方在街头混战、履行警务，另一边则是法庭上冷静的司法裁决。二者之间如何起承转合？暴力法则何时让位于法律效力？人们又该如何理解那种"皇帝新装"般的情景？譬如，我们该如何理解纽约市的法官和检方竟然默许警察在庭上做伪证？最近，纽约法律援助协会下属的罪犯辩护分部的领导人说："警方经常提供假的证人，改编证词，以符合宪法反对条例，还篡改逮捕记录。"此外，"控方和法官都对此睁一眼闭一眼"。[12]

这个公开秘密成功的关键在于戏剧性表演，美国司法系统核心不断上演着暴力与欺骗的戏码，庭审则是一场剧中剧。举例来说，一位名叫约翰·洛斯的警官因做伪证被起诉。事情缘起如下。洛斯警官有轻微的违规行为，他为了脱罪，殴打一个名叫路易·莫拉的囚犯，逼迫后者作虚假供述。"这一伪证极为恐怖，因为伪证中的谎言看似与真相无异。比起约翰·洛斯警官，路易·莫拉看上去就像一个罪人。他打扮得像个罪犯。他有一段犯罪记录。路易·莫拉就是一个完美的堕落罪人。约翰·洛斯多年来都与地方上的助理律师合作，多年来都有在大陪审团和法官面前做证的经验。他明白，把路易·莫拉这种人送进监狱不会造成任何麻烦。"[13] 然而，对于警察社区而言，对洛斯警官的指控则是"矫枉过正的错误判断"，因为这项指控忽视了警务工作中的危险和困难。

最奇怪的是，对洛斯警官本人而言，整起事件似乎从未发生过,他甚至不相信自己会因此被起诉。"从我意识到他们要起诉我的那一刻起到现在这一秒,"他在判刑之后说,"这件事已经超出了我的理解范围。它看起来就像一场虚构。"[14]

面对笼罩在这场虚构之上的致幻迷雾,洛斯警官或许有足够的理由感到头晕目眩。毕竟,一位律师在这则新闻报道发出的一个月前还如此写道,她在十六年的职业生涯中,从未见过或听说过任何一位纽约市检察官以做伪证的名义将一名警察告上法庭。而且,她还说,按照惯例,警方经常在法庭上提供证据以削弱七岁儿童证词的可信度,但法官反而极少否认儿童证词的真实性。[15]

不过,难道不正是这个系统让我们了解到了它自身的腐败吗?这难道不也是它的可取之处吗?但若这些供词无法改变现状呢?这种结局极有可能发生。如果那样,我们又该如何理解?这算是终极的剧场和仪式吗?在每一位新市长上台之时或每隔十年,共同演绎一场公共洗罪仪式,包括调查取证、授权调查、传唤头戴黑色面罩的证人,加上整个配套演职人员班底,迫使警察向该市诸神坦白罪行。永别了,众神之域;永别了,豁免之地。你能祈祷的最好结局就是将罪行降到"最低程度",人们为了达到这种效果,就像清洗马桶般频繁地定期去污。莫非,这就是神性的终极标志?它不仅揭示了正义的稀缺,也确实体现了正义的神奇。

下面,我们就来看这样一起清污案。据说来自廉政公署……两位警员开着车在哈莱姆区西北角的第三十片区巡逻。他们收到报告称"一个嗑药发狂的人"在朝另一名男性开枪。随着其他毒贩加入火拼,两位警员"争相冲出"巡逻车。一位警官说,"外头就像越战"。瓦斯克斯警官射中了其中一名男性，但在他重新装弹之际，中弹的男人虽然身受重伤，仍颤抖着用双膝支撑起身体，用枪瞄准了瓦斯克斯。当时，瓦斯克斯的搭档豪尔赫·阿尔瓦瑞兹毫不犹豫地冲到同伴身前，将谋杀未遂的嫌犯当场击毙。接下来，这个故事就发展成了希腊式悲剧。几个月之后，阿尔瓦瑞兹为了减轻自己的罪行，供出了他同伴的贪污行为。没错！或许"外头"确实像越战。阿尔瓦瑞兹的英勇行为还在其他警官的脑海中挥之不去。"你不得不回头想想，豪尔赫究竟是帮了瓦斯克斯还是害了他，"一位警官评论道。"或许，瓦斯克斯当场阵亡才是最好的结局。那他就成英雄了。他的家人也能拿到一份抚恤金。现在可好，他的家人都因他而蒙羞。这人要去吃牢饭了。谁会想步他后尘？"治警的调查人员"仍然无法确定事情到底是在什么时候、出于什么原因急转直下的"。他们指出，最好的掩饰就是干好你的本职工作，而且不光要干好，还要干得异常出色。成为最差"条子"的最佳方式就是干得最好。调查报告上将"条子"比作"沙滩"——多么奇怪的比喻——犯罪的诱惑不断朝他们涌去，沙滩不断受到侵蚀。[16]你能看到从汹涌的海面滚滚而来的浪潮，金钱之浪、毒品之浪、秘密之浪，都从受污染的海洋翻涌着卷向沙滩。

这份报告提到，这帮男人就像"一盘散沙"。他们被每月按揭付款的金额压得喘不过气来。他们拖欠税款，手头的达特桑车已行驶超过33万千米（20万英里）的里程，房产还用于抵债。他们或分手，或离婚。背景调查显示，这帮人个个都负债累累。然后，他们在便利店①拿到的棕色纸袋里,每袋都是几万美金。谁能抵挡这种诱惑?

但是,任何上述理由可否解释舍身冲到同伴身前的救命行为?

这种剧情虽然平铺直叙,却也引人入胜:正派人受到引诱慢慢堕落,这不仅犯法,更是一种背叛。毕竟,他们是警察,而警察向犯罪行为低头哈腰就是双重犯罪。他们不是窃贼,而是"警—贼"。他们是双重人。这是转变的艺术:或许其本身就充满诱惑?作为通向神圣道路的伟大越界,背叛就是"永恒轮回"(eternal return)的第一步,背叛令热内感到快乐,这难道不就是热内所说的愉悦感吗?面对"通往法律阴暗面的道路",这份报告提及的正是对这条道路的一知半解。一想到通往风暴深处的"道路",就想到某种可怕的必然性,让我们惊恐万分,却又深受吸引。这是一条什么路?上述报告着迷于人间戏剧,却没能就此见解追根问底——法律本身与人类一样,均有赖于这条道路的"阴暗面",并将其作为存在的一部分,然而,二者都不得不同时否认这一面的存在。

随着警务在"通往阴暗面的道路"上大步前进,这也为其他负责治警的警察——或许那些就是"更好""更体面"的警察——创造了一种具有无形阶层的等级制度。请注意,用贼抓贼的方法久经考验。如今,"监听"方案也成了惯例。每个"条子"都随时配有微型传声器,另一段连接着记录仪。他们像猎食动物

---

① 原文中,作者使用的是西班牙文bodega,在英语中对应词为grocery store,意即杂货店或便利店。Bodega这种说法在美国东海岸的拉丁裔社区比较常见,纽约的拉丁裔社区多直接使用该词指代便利店。

一般给同行警员设下陷阱，在警察仁慈会①的烧烤聚会上同他们聊天，监听的对话内容则成为控罪证据。这种行为在警察中催生了新的应对方式。目前，他们可以在纽约市的"间谍商店"中买到监听探测器，并在出警时秘密佩戴。请别忘了，美国联邦调查局（FBI）在"卧底"（sting）行动中颇有一手。他们使用诡计，耐心等待数月，（再次）使用那些臭名昭著的棕色纸袋，装上一万美金，放在厨房的柜台上，在暗处装上监控录像。当警方搜索那些涉毒公寓时，监控仪就会记录下那些无法抵抗诱惑的警察。所有这些都导向了有关"神话战争"的其他问题。无论是艺术还是真实生活，"神话战争"就像间谍惊悚片一样，在充斥着互相怀疑、伪装和欺骗中还存在着另外的世界。警务在无限倒退中变得阴晴不定，难道法律能仰仗这种警务吗？谁来监管那些治警的检方？这就像柏拉图在《伊安篇》（*Ion*）中所描述的巫师，也正如我在哥伦比亚西南部发现的那些萨满，每个人都仰仗于一个更强大的人——那么，最终那个站在河流源头、消失在森林里的人，他长什么样？他说着哪种语言？他在醒悟或虚弱时又该向谁求助？据说，恶名昭彰的联邦调查局局长约翰·埃德加·胡佛曾经拥有三十五个档案抽屉、六个文件柜，记录历届总统和重要政客、官员（包括调查局官员）的丑事。除了他的私人秘书，没人有权获得那些资料。难道那就是结局吗？胡佛去世时，那些档案引起了

---

① 警察仁慈会（Policeman's Benevolent Society）是代表警察的联合工会，其中一个工会就是纽约市的巡警仁慈会（Patrolmen's Benevolent Association）。

一阵恐慌。他的秘书海伦·甘迪不得不把档案藏匿在胡佛家中，随后又销毁了其中数目不明的一部分。然而，她真的把全部档案都销毁了吗？为什么这条涉及达官显贵丑事的神秘矿脉，有时被叫作"金矿"，有时又被称为"一揽子招惹是非的蠕虫"呢？[17]

不过，在这场可见与不可见的剧场中，最引人入胜的莫过于媒体上对便衣警察的关注了——比如，媒体会报道那些未执勤的"条子"如何在发廊中或超速驾驶时逮捕罪犯。那些故事总是令我印象深刻，至于个中原因，我自己也不清楚。那是因为警察——举例来说就像宗教部或医生这些行业——不光是一份工作，哪怕不在执勤，依然还需要履行职责吗？还是由于我突然意识到，自己永远都不确定身边的人是不是便衣警察？或者说，我一直以来都以为警方和公众泾渭分明且理应如此，但其实二者之间的界限划分并不均匀齐整？或许是因为在克拉克·肯特式的人物摇身一变成为超级英雄的故事中，有种近似好莱坞的超自然力量？或者，我那么想是出于某种喜悦，就是那种当你看到一个罪犯出人意料地伤害公众、继而又出其不意地被扳倒时的喜悦？

上文中，我在"警察"和"条子"之间不断来回转换，其间体现的叛逆精神相当可悲。此刻，我不得不停下来反思自己的转换。"条子"这个词和"警察"一样，都属于弗洛伊德所说的"原始"词汇，那些奇怪的词汇似乎拥有一种极其含混力量。[18]不过，"条子"这个词的奇异程度还要加倍，因为作为一个不被重视或略带贬义的词，"条子"一词不仅与"警察"这一官方用语相对，而且已经深入美式英语。它备受尊重，就算不是完全官方也是一种半官方的说法。"条子"的用法不但体现了与"警察"之间的临界距离，而且表达了一种奇特的混合感情，侮辱中夹带着亲昵。同样复杂的情感也体现在一连串对"条子"的称呼上，比如鸡鸡、毛毛、扁平足、探子、橡胶鞋，诸如此类。(此类称呼似乎正在逐渐变少，这种现象值得关注。或许它们玩笑开过头了？或许，能够容纳这些名称的神秘空间已然消失，警察已经实现了终极的完美，那就是无名状态。)

假如"条子"与警察之间的游移不定为警察制度核心的双重性提供了语言学证据，那么，民间对"好警察、坏警察"的日常观察则为我们提供了证据（如今我也无法抵抗司法语言的诱惑了！）证明警务在事实上极易臣服于戏剧性的表象。这里的重点在于，"好警察"惊人的双重性甚至比"坏警察"带来的威胁更重要。这种民间观察也见证了权威机构制造神圣的含糊性，权威的腐败体现的是一种特定力场，其中的吸引力和排斥力同等强烈。[19]

因此，我们要在此刻强调弗洛伊德对现存民族志和经典文献的演绎，他据此指出了如下几条与禁忌相关的突出特征。他（在1913年）写道："根据我们的理解，'禁忌'的意义沿着两个相反方向偏离。对我们而言，一方面，它意味着'神圣''神化'，另一方面，它还有'诡异''危险''禁止'和'不净'的意思。"而且，他还指出（其中最奇怪的一个事实），与禁忌之人或禁忌之物的接触导致传染，在同种力量的驱使下，那个接触的人就会由此拥有禁忌的特性。[20]

在我看来，本雅明笔下鬼魅般的警察形象，似乎恰恰建立在警务中同样神圣的纯洁与污秽之上。不消说,死者的魔力是一个近乎普世的现象。但对本雅明而言,警察制度的核心有一种令人不安的败坏,正腐朽地冒着泡泡,极大地增强了死者的魔力。下面,请允许我解释一下。

本雅明在描述警察的时候写道,他们的暴力不可名状,就像他们"在文明国度中鬼魅般的存在,无从把握却也无处不在"。[21]那是一个革命与反革命的年代,充斥着各种暴力。其中,暴力之于理性的意义并不比其对于法律的意义小。早在1920年,本雅明(当时只有28岁)就努力地定义暴力的权利——他把无产阶级大罢工定义为"破坏性的神圣正义",这种暴力与"构成法律基石的神话式暴力"截然不同。[22]他对那些搅乱强权和权利边界的现象尤其感兴趣。例如,他单独以死刑为例,对此加以说明。死刑通过执掌生杀大权,实施法律系统内的最高形式的暴力。作为维系法律的手段之一,死刑会不可避免地凸显法律的暴力起源,但同时也维系了法律,并且由此揭露本雅明所谓的法律内部的"腐坏"(rottenness)。"腐坏"意味着故弄玄虚,一面把暴力与理性分离,一面又将二者结合在一起——没人能比警察更加胜任这个角色,警察通过暴力或暴力威胁,不但天天**维系**法律,而且天天**制定**法律。警察制度超越了死刑意味的"腐坏"。在本雅明眼中,警察制度就是"耻辱",它结合了维系法律与制定法律的暴力,因而也是一种"远远更为恐怖的组合"。

本雅明公然反对我们身着蓝色警服的男孩,毫不掩饰他的反感之情。这让我百思不得其解,因为除此之外,他的文章通篇都十分精彩，其崇高严肃的语气近乎神咒。相比起文中试图阐明的暴力现实，更令本雅明沮丧的似乎是不同类型的混合。因此，在他试图确定警察制度的核心内容时，本雅明迅速地使用了一系列词汇，从死刑揭示的法律内部的"腐坏"一词出发，转移到了更加非自然的恐怖组合、幽灵般的混搭、分离暂停带来的耻辱，最终落脚于从维系和制定法律的暴力条件中获得解放。[23]

我的意思很简单，正是"腐坏"这个词吸引了我的注意力。正如巴塔耶所说：

> 毫无疑问，神圣与我之前所说的恐怖物体两相对应。那种黏糊糊的物体散发着恶臭，没有边界，充满生命力，却又是死亡的象征。就在它冒着泡泡将生死结合之际，就在死亡用腐败物质吞噬生命之时，自然出现了。[24]

那么，"腐坏"和"恐怖组合"是通过什么与"幽灵性状"结合起来的呢？假如正是警察系统中不断扩大的"腐坏"如幽灵般困扰其所在的民主国家，那我们必须思考，暴力作为任一社会建立法律的基石，还会继续在何等程度、以何种方式"寓居"于当代法律体系。我们还要思考，这种恐怖除了意味着"恐怖组合"中目的与手段、制定法律和维系法律的结合，还有什么其他意义。

我们可以在此处引入禁忌和越界的神圣社会学，重新演绎本雅明从神学角度界定民主体制中警察暴力的尝试。在神圣社会学中，**我们并不认为警察的幽灵本质出于界限不清，相反，正是由**

于界限本身需要不断被跨越而导致了这种幽灵本质。[25] 请别忘了，警察就是"维持"这条细蓝线的"男人"。① 他们就是界限。界限无法独立于他们而存在，况且这种界限根本不是一条线，它漏洞百出，只存在于被跨越的那一刻。在最后的分析中——不过，这种分析当然从不存在——我们可以从民族志清楚地看到这一点：对警察而言，生命就是沙滩。

沙滩介于大地和海洋之间，生命就源自这片史前区域。这种史前性——本雅明在有关卡夫卡的文章中也持有这种观点[26]——被现代国家重新激活，而警察就是这项原始任务的最前线。如此一来，托马斯·霍布斯的权力理论该如何理解？霍布斯从唯物主义的角度出发，提出了有关"敬畏"的神秘理论，他认为"不带剑的契约不过是一纸空文"，而"敬畏"正是那柄臭名昭著之剑的内在本质。② 我们又该将利维坦置于何处？利维坦是否从泥潭爬

---

① 首先，"细蓝线"（the thin blue line）是一个英语俚语，原本指的是在高犯罪率地区维持秩序的警察，后来也引申为区分民主与极权的分界线。美国导演埃罗尔·莫里斯（Errol Morris）曾拍摄过一部该类型电影，名为《细蓝线》（1988年），也被译为《细细的蓝线》《一线之差》或《正义难伸》。其次，原文中的"man"既作动词，也作名词，为了突出这种一语双关的效果，故将两种意思同时译出。

② 托马斯·霍布斯（Thomas Hobbes，1588—1679）是英国著名的政治哲学家，于1651年出版了《利维坦》（*Leviathan*）一书，对社会契约论和绝对君主制的认识有其独特贡献，深刻影响了之后的孟德斯鸠和让-雅克·卢梭。"敬畏"（awe）的概念在《利维坦》一书中有所提及。引文出自《利维坦》第二部分第十七章，原文为"不带剑的契约不过是一纸空文，它毫无力量去保障一个人的安全"（And Covenants, without the Sword, are but Words, and of no strength to secure a man at all）。

上了同样的沙滩？

保障契约力量的剑，位于契约的框架之外。剑的"意义"来自其他相当不同的参考领域和身体感受。谈论这些并非易事，我们不禁理屈词穷。在这种由身体和武器构成的物质世界的他者性中，霍布斯之剑带来的敬畏感成就了利维坦神秘的完美——这是由于法律的实现需要敬畏的力量，敬畏是亵渎的神秘产物；当游离物外的高贵法律向残暴低头哈腰时，神韵就出现了。这就是决定性的运动。这就是关键的一刻。利维坦是一只妖怪，这尊凡人之神从残暴到神圣力量的变形中获得了崇高的地位。但说到底，它就是上帝的大敌。

除了残暴这种神圣特性，纯粹的不可解性也是恐怖的**必有特征**——尤指那种支撑理性的恐怖，它在世界范围内成为历史性的神话式运动。本雅明的文章警告我们，在法律创立和现代国家的神话中，暴力无所不在，并且至关重要。我们之前已经提到过弗洛伊德的弑父寓言对（乱伦）禁忌形成的意义，同理也适用于法律的创立过程。不过，我们同时也要注意，伟大的资产阶级革命其中也存在着立法暴力。同时别忘了，还有众多伟大的反殖民斗争中的暴力。最后，还有这些西方神话：伊甸园的驱逐出境（我一边写着，一边看到天使正挥舞着她的怒剑）；在柏拉图的洞穴寓言中，暴力是解救奴隶的必要手段，他们被拖出洞穴，在美丽而耀目的阳光之下，踢着踹着，大声尖叫，就此建起了纯粹基于法治的共和国；黑格尔神秘的暴力属于神来之笔，开启了主人与奴隶之间生死斗争的现象学——"因此，"科耶夫在观照现象学时写道,"若论自我意识的'起源',就有必要谈到为'认可'而战的殊死搏斗。"[27] 所有这些之所以令人如此不安,是因为恐怖虽然为理性的统治铺平了道路,但却仍旧游离于理性之外。这种恐怖就是一种既定。面对这种绝对的东西,解释也只能望而却步。它属于众神。

随着社会科学的普遍兴趣转向文化和符号,路易·阿尔都塞将他心目中的庸俗马克思主义(vulgar marxism)重新进行了解读。他告诉我们,国家不仅仅是一个"武装力量的实体",而且也是一股文化力量。不过,他似乎恰恰忽略了武装力量的文化,也就是暴力的文化。在他看来,**蛮力和不加节制的暴力除了自身之外,再无其他意义**。[28] 在今天看来,阿尔都塞对文化的涉猎建立在一种相当可悲的贫瘠视野之上。他把仪式叫作"物质实践",而文化就是仪式力量的外在压迫性表现。相比之下,他的一位学生尼克斯·普兰查斯①则更有洞见。他在自杀前不久,提出了有关国家暴力的戏剧性本质的理论。在该理论中,普兰查斯至少在人体和武器科技方面,结合他老师的"唯物主义",阐述了与暴力相伴的那些美妙的——戏剧性的——人物和情感激荡。这就像承认一种模糊的东西,它一直以来都存在于现代社会学和政治理论的巨大系统中,但却一直被否认,直到五月风暴和越南战争的出现,才激发人们从舞台艺术的角度去鉴赏治国之术。"压迫,"普兰查斯写

---

① 尼克斯·普兰查斯(Nicos Poulantzas, 1936—1979),生于希腊,当代法国结构主义马克思主义代表人物,著有《政治权力和社会阶级》《当代资本主义中的阶级》《国家、权力和社会主义》等。

道,"绝不是纯粹的消极性,它也不会在有形暴力的实际执行或内化过程中被消耗殆尽。压迫还意味着其他的一些东西,人们极少谈起它;那就是所谓的恐惧机制。""我已经提到过这些机制,"他继续写道,"作为剧场,它们就像现代国家中的卡夫卡式城堡。它们被写进迷宫般的现代法律,而法律则成为实际的现实。"[29]

令人着迷的是,普兰查斯努力与之交谈的恐惧机制却沉默不语。同样有意思的,还有这种沉默所隐含的意味。就城堡的戏剧性力量而言,当我于1995年开始写这篇文章时,无论在纽约还是别处,人们都以惊人的活力发出呼吁,要求雇佣更多警察、建立更多监狱,以及判处更多死刑。如今回想,当年的情景竟也显得如此天真。"9·11"事件之后,普兰查斯所说的那种恐惧,还有我所说的警察体系的"污秽的神圣",早已不言而喻,但同时又如此缄默不语。

之所以沦落至此,是因为沉默显然在他者剧场找到了出口,而那些就是"消极神圣"的最佳幻想剧场——下流社会、黑手党、街头黑帮、猥亵儿童者、毒贩、俄克拉荷马自杀式袭击者,以及如今各方各界均如临大敌的"敌人",也就是所谓的恐怖分子。城堡借助这种邪恶的绝望形象来维系自我。城堡的剧场需要这个他者剧场,反之亦然。通过这种方式,一方的神秘力量转变成了另一方的神秘力量,似乎永远都是消极神圣——地狱和下流社会——为权威的神秘基础提供最引人注目的情景和表演能力。这也解释了为何**能够**言说的恐惧都被置换到了别处。

在本雅明的感受中,卡夫卡笔下的国家世界的史前性绝对要比神话世界更为古老。本雅明觉得救赎是能够被想象的，哪怕无法获得救赎，我们至少也能想象救赎就位于神话和童话之间的某处——因为，就算我们会对不可避免的腐败持悲观态度，也无法不朝救赎的方向点头致意。当然，纯洁也好，邪恶也罢，神圣的神话都是在媚俗的生活剧场中才被突然逐出警察系统，接手演出的则是三个臭皮匠①。这就像在卡夫卡的审判中，取代悲剧的喜剧方式几乎总是能够以犯罪的形式出现。真正腐败的警察并不是沙滩一般的人，被犯罪的浪潮冲刷侵蚀直至淹没。恰恰相反，那些笨拙地阻挡禁令顺畅运行的人才是真正腐败的警察，他会把警徽借给朋友当万圣节装饰，却不让犯罪顺畅无阻地转变为正义。

---

① 三个臭皮匠（Three Stooges）是美国杂耍喜剧组合，活跃于 1922 年至 1970 年，他们的招牌是闹剧及巴掌棍。

第八章
花 语*

---

* 本章早期版本发表在 *Critical Inquiry* 30, no.1 (fall 2003): 98—131。

几年前，著名卡通画家查克·琼斯①接受一个电台的采访。作为兔八哥和哔哔鸟的创作者，当被问到为何只画动物不画人这个问题时，琼斯回答道："展现动物的人性要比展现人的人性更容易。"[1] 近来，哥伦比亚艺术家胡安·马纽尔·埃查瓦里亚②在此基础上推陈出新。他通过展现花的人性，来反对其祖国规模庞大的暴力。他像对待生物标本一样，用看似人骨的东西取代枝叶、花朵和果实，并摄制了一组影像作品。这一系列共有32张黑白照片，他把该系列命名为《瓶花裁切》(Corte de Florero)。这个名字影射了哥伦比亚20世纪40—50年代暴力时期的尸体肢解案之一。据说，当时那些残肢通过无头尸体的颈部被塞进了胸腔。

我们会嘲笑卡通中身体的各种扭曲，这暗示了暴力与幽默其实只有一步之遥。的确，当人哭泣或大笑时，脸部呈现的表情

---

① 查克·琼斯（Chuck Jones，1912—2002），动画师、漫画家、编剧家、制作人和动画电影导演，他执导了许多经典短片动画，创作了许多经典卡通形象如兔八哥、达菲鸭、威利狼与哔哔鸟。

② 胡安·马纽尔·埃查瓦里亚（Juan Manuel Echavarría，1947— ），哥伦比亚艺术家、摄影师，生于麦德林地区（哥伦比亚主要贩毒地区），目前在纽约也有工作室，其作品多关注暴力、死亡、战争等主题。

就算不是一模一样，也是相当接近的。此外，伟大的喜剧演员和小丑也都背负着上演伟大悲剧的重担。不过，我的这点观察也近乎陈词滥调了。至于暴力中的卡通式特征，让我们来听听迈克尔·海尔①如何评价他在越南战争中的经历；他不遗余力地否认这两个因素具有任何共同点。"不要什么捷舞卡通②，"他说道，"那些卡通人物四处被殴打、被电击，从高处掉下来，被砸扁后抖抖毛恢复原状，又像个盘子一样被摔碎，接着又站起来，完好无损，重新投入游戏。"[2]

不要什么捷舞卡通——确实如此！但既然如此又何必唤醒那个幽灵，难道只是为了否定它吗？靠近它只是为了临阵退缩吗？这么做是因为暴力与幽默的相似之处如此真实，但又令人太过不安吗？而通过捷舞卡通这种手段，我们恰恰做了必要之事，瞅一眼这无法想象的不可能性（the impossible unthinkable），随即又避而不谈吗？这种无法想象的不可能性将战争与卡通相提并论，同时加深了二者的巨大落差。但是，这种无法想象的不可能性又是什么？

正如海尔所说的那样，我不是也提到了**加深**二字吗？海尔让

---

① 迈克尔·海尔（Michael Herr，1940—2016），知名美国作家和战地记者，曾于 1967 年至 1969 年间为《时尚先生》杂志报道越南战争，并出版了《急件》（*Dispatches*）一书，被纽约时报书评誉为描述越战的杰作。

② 捷舞卡通（jive cartoon）一词中的 jive 源自美国黑人文化。20 世纪 30 年代，捷舞首先作为一种黑人舞蹈为人熟知，推动者包括爵士歌手和首席领班凯伯·凯洛威（Cabell Calloway）。Jive 作为市井俚语，流行于 20 世纪 40—70 年代之间，与爵士乐、嬉皮文化紧密相关。

我们注意到了卡通式的运动,从高处被抛落、砸扁,"接着又站起来,完好无损,重新投入游戏"。这种落差被加深后的坠落跨越了怎样的情感场域,越过了怎样的美学法则和逻辑准则,之后甚至坠落得更深,落入……落入什么呢?并未落入救赎。那是肯定的。它落回了战争,也就是——"又站起来,完好无损,重新投入游戏"。类似的事不也发生在埃查瓦里亚展现花朵而非动物的人性之时吗?他将人骨照片的底色漂白,一丝不苟地复制植物学绘图中的精准和奇思妙想。

在一次采访中,埃查瓦里亚说:"我的目的就是创造一些美的东西,人们会不由自主受到那种美的吸引。观众会靠近它、观察它,然后,他们就会意识到这种看似像花的东西其实并不是花,而是由人骨组成的花形——那个时候,某种东西肯定会在他们的脑袋中或心里咯噔一下,觉得哪里不对劲。我希望是这样的。"[3]

我自己并不那么认为。那些显然不是花。相反,令人觉得不安的正是用人工手段将骨头摆成花朵的粗拙和刻意——也正是同样的人工手段使《瓶花裁切》系列中实际的肢解如此触目惊心。

埃查瓦里亚照片中的那些花枝,或用弯曲的肋骨、或用腐烂的手臂长骨拼凑而成,花瓣则由看似人类髋骨或脊椎骨的部分组成。在某些照片中,像牙齿或骨头碎片等细小的骨头被摆放在一侧,由此打破装腔作势的对称性或完整性。一节脊椎骨挂在一根肋骨上,摇摇欲坠。五根这样的脊椎骨被攒在一起,就像植物枝干一般,从粘成一排的三节脊椎骨上绽放开来。这三节脊椎骨并不像人类脊椎形状那样排列,而是互相分离,像孩子玩的积木,

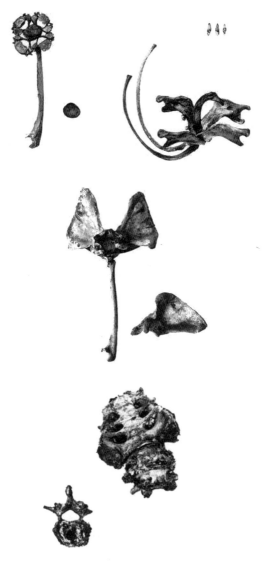

来自胡安·马纽尔·埃查瓦里亚的《瓶花裁切》展览册
(B & B Gallery, New York, n. d.),第5、7、9页

一个堆叠在另一个之上，前后相对地粘在一起。

那些花朵躺在漂白过的背景之上，悬停在半空，无根无基，显得脆弱不堪。它们可能正在飞翔。地心引力法则失效了。你感觉世界暂停了，没有声音，令人痛苦。我们看到四下一片沉寂，人类世界出现了可怕的问题，我们所有人，包括上帝在内，都屏住了呼吸。当你越坠越深时，大概也是这种状况吧。

这组照片更为诡异的特征在于每张照片上的拉丁语名称。18世纪末期，西班牙王室在哥伦比亚组织了一次著名的植物学考察，由何塞·塞莱斯蒂诺·穆蒂斯①带队，绘制了一系列植物插图，其拉丁语名称就与这组照片的标题类似。埃查瓦里亚十分清楚这一谱系。事实上，他把他的花朵看作了这一谱系的最新呈现。不同的是，埃查瓦里亚取的拉丁名称是暗示着怪诞艺术的合成词。一朵髋骨花被命名为"德拉库拉·诺斯费拉图"，另一朵花则被叫作"可怜的捕蝇草"，后者由一截弯曲的肋骨构成，一端缀有一捆掌骨，代表花瓣。②尽管这些名称由细小的字母谨慎地拼写而成，它们对这件作品的重要性仍旧不容置疑，其重要性从肢解的名称中就可见一斑——《瓶花裁切》。这个名称至关重要，因为如果只看

---

① 何塞·塞莱斯蒂诺·穆蒂斯（José Celestino Mutis，1732—1808）是一位西班牙牧师、植物学家和数学家。他是西班牙美洲启蒙运动中的重要任务之一，与德国地理学兼植物学家亚历山大·冯·洪堡（Alexander von Humboldt，1769—1859）曾在美洲有过交集。

② 这两个拉丁语名称运用了不同的译法。前者德拉库拉·诺斯费拉图（Dracula Nosferatu）取自吸血鬼的不同名称，因此按照人名翻译方法意译。后者"可怜的捕蝇草"（Dionaea Misera）根据植物学名和形容词，采取意译方式。

到肢解的尸体而不见其名，我怀疑观察者可能会不解其意，就像我们说一个笑话而无人理解那样。若是没有名称，观察者所能看到的就会是一堆混乱的残肢和无肢的躯干。

如果没有名字，肢解就会不再完整。我这么说的意思是，未被命名的肢解将会缺乏消解意义的意义。我不理解这件作品。或许，我并不需要去理解它。但是，我确实了解这种肢解以及所有肢解指涉的对象。它所指的就是这片浪潮，这场持续不断的、像浪潮一般的运动，意义和作为艺术品的尸体一起，先是被加深，后又被名称驱散，在这场运动中实现了自动牺牲。在我看来，整个过程如下：当我们用一个普通的名字为某种越界行为命名时，这种行为不知何故就变得完整了。我们不妨说，它获得了尊严，变得有意义，到头来只是为了打破那个名字，粉碎那种意义。这时，我想起了海尔在越南看到的故事，人们用割下来的人耳做成项链，他们把那叫作爱珠。[4]

自然界的艺术形态

18世纪穆蒂斯考察绘制的植物插图引人入胜，其中许多都是彩色绘本。如今，这些插图蜚声海内外，实质上成了哥伦比亚的国家标志，且因其象征自然而更具感染力。它们代表了某些谦逊而又崇高的东西，一方面是谦逊的植物，另一方面则是伟大的国家。它们吸引着欧洲的各路学者，为他们展示新世界的奇迹，向他们证明这确实是一个崭新的世界，科学的好奇心和征服在这个

第八章 花语 299

图片来自何塞·塞莱斯蒂诺·穆蒂斯在哥伦比亚的探险绘图

世界并肩而存。它们的美丽有多少是出于这种殖民主义和对植物学猎奇的混合呢？

穆蒂斯的作品还引发了另一个问题：自然界的艺术（an art in nature）和自然艺术（an art of nature）是否同时存在？同样的问题早在恩斯特·海克尔[①]于1904年出版的《自然界的艺术形态》(Art Forms in Nature)一书中就不言自明。此外，著名现代主义者卡尔·布劳斯菲尔德[②]的植物摄影中也含蓄地表达了这个问题。布劳斯菲尔德"相信最好的人类艺术须以自然界预先存在的形态为原型"[5]。他拍摄的图像如实复制自然，但放大了原物尺幅，灯光也经过精心调控。奇怪的是，这些图像出现在乔治·巴塔耶编辑的《文献》(Documents)中，那是一份伟大的超/现实主义杂志，巴塔耶把那些图像作为他《花语》("The Language of Flowers")一文的插图，布劳斯菲尔德的照片令那些页面熠熠生辉。

第一次看到穆蒂斯的作品时，我以为看到的是自然界的艺术，于是兴奋地把它当作一本在眼前展开的自然之书。然而，不久之后，我开始自省。我意识到，艺术家为了让花符合某种审美，编排了花朵和枝干的摆放，正如植物学家为了视觉信息也会进行类

---

① 恩斯特·海克尔（Ernst Haeckel, 1834—1919），德国生物学家、博物学家、哲学家、艺术家，他是最早将达尔文的进化论引入德国的人。海克尔的《自然界的艺术形态》一书深刻影响了20世纪早期的绘画、建筑和设计，卡尔·布劳斯菲尔德也深受海克尔影响。

② 卡尔·布劳斯菲尔德（Karl Blossfeldt, 1865—1932），德国摄影师、雕塑家、艺术家，以植物和其他生物的特写镜头出名。他的代表作《艺术原型》(Urformen der Kunst)于1929年问世。

似操作。曾几何时，我作为一名医学院学生，在学习人体解剖时也深有同感。桌上摊着一具尸体，展开的四肢上布满各种蓝灰色调，混有一片片发黄的脂肪，散发出甲醛那令人难以忍受的臭味；我把笔记本放在尸体的一侧，那种精确的转绘使尸体变得更加美丽，人体在各种红蓝色调的勾画中闪现出迷人的对称。所以解剖室里发生了什么？自然界的艺术变成了自然艺术！这就像背叛，跟一个孩子意识到圣诞老人只不过是人乔装打扮而成没什么两样。但这能怪谁呢？怪我自己如此幼稚，还是怪艺术家太过聪明？虽然穆蒂斯的植物插图从现在看来都是纯粹的刻奇，但当我每次回头去看它们时，都会傻傻地经历一系列同样的愉悦与失望、隐藏和揭秘，随着人与自然界的艺术进行深入接触，就会把它转变为

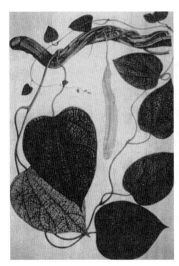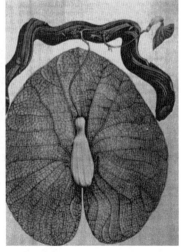

图片来自何塞·塞莱斯蒂诺·穆蒂斯在哥伦比亚的探险绘图

自然艺术。

为什么会出现这种你一会儿能看到一会儿又看不到的现象？莫非这就是超现实主义超越的原因，也是巴塔耶使用布劳斯菲尔德图像的理由？尽管布氏是在放大镜下追求自然界的艺术，让巴塔耶着迷的却是那些图像创造的分裂。显然，巴塔耶并非意在指出表象战胜自然这个初级结论，他旨在体现布氏的图像就像魔术一般，就算你对变戏法本身感到怀疑，但当你看到兔子从魔法礼帽被揪出来时，心中依然会惊讶不已。你的感官在这里被暂停了，你无法判断什么是艺术、什么是自然。你的常识被暂时剥夺，而那些常识通常会让你对自然的本质持有预判，更别提艺术的本质了。当涉及仲裁自然/文化分界线的人体时，这种感觉变得愈加明显。无论是尸体还是活体，这种现象正是所有肢解的基础。

人骨艺术

人类头骨的缺失引起了我的注意。在巴洛克艺术和孩提时代对死亡的各种幻想中，那个邪恶的、咧嘴坏笑的家伙都会把死亡放在中心地位。但是，你在埃查瓦里亚的作品中却找不到它的身影，它显然也不在肢解本身之中。你会想，那些实施肢解的哥伦比亚人都对头部做了什么？为什么我们看不到死亡的脸庞？"哎，可怜的约里克。"① 无疑，头骨在其他形式的人骨艺术中——

---

① 此句出自莎士比亚的《哈姆雷特》。约里克（Yorick）是曾经的宫廷弄臣，陪伴

且允许我为这种艺术指派一个类别——当之无愧地占据了中心地位,它空洞的眼窝幽暗地提醒着我们过往的时光。许多国家的孩子无论在什么年龄都喜欢海盗旗上的骷髅图案,但那个图案背后的想法才是最重要的,至于设计的实际执行往往差强人意、不尽完美——但是,只要风在刮、旗在飘,就能发挥自然的活力,谁又在乎其他事呢。之所以不在乎,还有另一个原因:这面海盗旗同时也是一面反旗——它不仅是一个不属于任何国家的标志,也是一个反对所有标志的标志。因此,随着自然展开它自己的国度,这面旗同时也成了反对表象的标志。[6] 不过,巴塔耶于1930年8月在《文献》上展示了一组图像,与这个无政府主义标志相距甚远。巴塔耶展现的是罗马的嘉布遣人骨教堂(Capuchin catacombs),那里布满头骨和其他尸骨。1528年至1870年间,超过4000名弟兄葬身于此。那些图像让人的下巴都快掉下来了!头骨被一个一个地仔细并排堆列在一起,数量之巨令它们失去了所有的个性,仿佛成了阴间海堤上的白色涟漪,遥遥位于梦的边缘。

哈姆雷特王子度过童年时光。在第五幕第一场中,他的头骨被第一个掘墓人挖出,呈现给哈姆雷特。约里克的头骨勾起了王子的儿时记忆。哈姆雷特当时的完整回复如下(引自朱生豪先生译文):"让我看看,可怜的约里克,我以前见过他,他是个滑稽百出妙想天开的家伙。他老是把我背在他的背上,现在叫我一想起来就不好受,就觉得心里直恶心。这两片嘴唇我不知道亲过有多少次了。还挖苦人吗?唱歌吗?调皮吗?你那股逗得大家哄堂大笑的滑稽劲儿没留下点来笑笑你自己吗?下巴笑掉了,你现在到小姐房里去,对她说,抹粉抹一寸厚,临了还不是这样,让她笑笑吧。可慢点,国王,皇后和宫里的人,他们给谁送葬呢,仪式这么草率。"

毫无疑问，这就是艺术。捷克共和国的塞德莱茨藏骨堂（Sedlec Ossuary）将这种人骨艺术向前推进一步，将发自内心的宗教情感与娱乐行业相结合，把它转变成了纯粹的刻奇艺术，将人骨可能拥有的任何虔诚或宗教潜质都抽得一干二净，那种令巴塔耶痴迷的效果也被彻底消除。换言之，那种从反感到吸引的摇摆消失了，而我认为，这种运动正是一般意义上肢解的基础，也是具体意义上埃查瓦里亚《瓶花裁切》作品的基础。塞德莱茨藏骨堂的刻奇艺术告诉我们，死亡的幽暗脸庞及其喜剧效果就像卡通和暴力的关系那样，二者之间的界限极其微妙。巴塔耶在他的调查中一次又一次跨越那道界限。圣人的尸骨被安置在教堂或圣坛的石头之下，从可怖的尸体转变为光彩熠熠的摆设，巴塔耶研究的正是这场转变中诞生的神圣剩余物。每当一具尸体被埋入教堂公墓，这种转变就会发生，但规模就要小得多。肢解也涉及同样的运动，只需逆向而行，但它的宗教意义并未减弱半分。

可是，无首现象呢？

鲜花与死亡

鲜花有可能其实是人骨吗？之所以这么问，是因为《瓶花裁切》中的肢解借鉴的是基督教世界中鲜花与死亡的相互联系，鲜花在墓地和葬礼上的使用可谓历史悠久。[7] 不过，鲜花不仅用于向死亡致敬，也向生命致敬，例如生日献花。鲜花频繁地出现在死亡情境中，这或许是因为它们被看作生命的承载者。这种"混合"相当自然地进入我们日常生活中的仪式,它充满了讽刺与野蛮,残忍却又振奋人心——就像卡通和暴力之间不安地碰撞,表达了一种坠入虚无的感觉。"那儿没有黑色花朵,"让·热内在提及越界时写道,"不过,他拇指指尖的黑色指甲像极了一朵花。"[8]生命与死亡在花中交缠,海尔在他对越战西贡战役的描述中就是为了表达这一点:"坐在西贡就像坐在一朵毒花之中,你被蜷缩的花瓣包围,无论追溯多远去寻找过往的踪迹,你都会发现,这段有毒的历史从根部就烂透了。"[9]

鲜花就像生命一样,甚至比生命更为美丽、脆弱。或许,这也是许多人认为鲜花适用于象征死亡甚至灾难场合的原因。2002年9月22日,芭芭拉·斯图瓦特在《纽约时报》上发表的一篇有关世贸中心的文章中就强烈地表达了这种观点。她注意到,消防站门阶上、教堂里、草坪、门廊、窗台和人行道的临时神龛前,都堆放了大量成把成把的鲜花,多达四五层之深。她随之注意到在过去十年间,城市各处的小花园中种植了许多鲜花。在她看来,这些花与城市的背景并不协调,它们"明媚而脆弱,让人心碎"。

"还有什么比一朵花更加脆弱?"她的一位采访对象反问道。在芭芭拉笔下,这位迈克尔·波伦先生人如其名①。作为一位植物学作家兼哲学家,他认为鲜花的价值就在于它的无用性。"鲜花就是一件奢侈品,"波伦先生说道,"它们没有实用价值……在你

---

① 迈克尔·波伦(Michael Pollan)的家族姓氏叫作波伦(Pollan),在英语中,花粉(pollen)与波伦(Pollan)发音相同,正因波伦先生是一位植物学家,作者故说人如其名。

解决生活中许多其他问题之后,才会想到鲜花。"哪怕是他的问题——"还有什么比一朵花更加脆弱?"——也能被想象成一朵花,我们不妨把这看作一个修辞问题。

然而,当灾难来临时,无用之物就变得有用了。

巫师曼德拉草

在生死一事上,有一种开花植物尤为突出,它和埃查瓦里亚的花一样,都极大地挑战了许多虔诚的老生常谈。这种植物叫作毒参茄或曼德拉草,据说是2000多年来西欧和近东最重要的致幻剂。[10]耶稣会士雨果·拉内①认为,曼德拉草"是生命之草,也是死亡之草,它既是肉体情欲的象征,会带来死亡;也是神圣之爱的象征,能起死复生"。[11]注意,不光是生命,还有爱情;不仅关乎生死,还能起死回生。宗教史的实际创始人米尔恰·伊利亚德②教授把它叫作"一种神奇的植物,比任何其他类型都要强劲……它能让生命勃发,或令死亡降临"。[12]的确,曼德拉草具有神奇的功效,可用于治疗不孕不育,使器官再生、财富累积,还能消灾避难。而且在中世纪的欧洲——我们称之为"黑暗时代"③——

---

① 雨果·拉内(Hugo Rahner,1900—1968),德国耶稣会士,知名神学家兼基督教史学家。
② 米尔恰·伊利亚德(Mircea Eliade,1907—1986),罗马尼亚宗教学者、小说家、哲学家。他生前在芝加哥大学任教,在代表作《圣与俗》中提出了著名的"圣显"(hierophany)概念。
③ 黑暗时代(Dark Ages)一般指西罗马灭亡到文艺复兴,约公元476年到公元1453年。

它是女巫之釜中必不可少的成分。在有些说法中,赫尔墨斯送给奥德修斯用于抵御女妖喀耳刻魔法的植物正是曼德拉草。它的身影在《旧约》的创世纪篇和雅歌篇中也有出现,学者将其与现代魔法联系在一起。即使在 20 世纪初期,伦敦贫民区的许多草药店仍旧在贩卖曼德拉草。[13]对圣女贞德的众多指控中的一项,就是她在胸前佩戴了一株曼德拉草。贞德在辩护中否认了这一点,但她承认自己曾听说家乡附近有过一株曼德拉草。在宗教裁判所,女性因拥有这种植物而被当作女巫活活烧死,她们被指控培育并穿戴曼德拉草。曼德拉草就像人一样,从地里被挖出来之后,一年之中需要沐浴好几次,然后用昂贵的布料或衣服包裹起来,有时候甚至需要一天两次地饲食喂水。

曼德拉草半草半人,绝妙地介于自然艺术和自然界的艺术之间。它的这种特征至少在一定程度上解释了它的法力。它被描述为一种表征奇特的多年生宽叶植物,花朵色彩鲜艳,呈白色、黄色或紫色,果实就像一颗梅子或小苹果。总体上,它会散发出一种特别显著的香气。但是,曼德拉草的地下部分才是关键。它的根茎呈黑色,约 30 厘米(一英尺)长,经常开叉,许多人——但不是所有人——都说它拥有人形,甚至还有从主茎上凸出来的男性生殖器般的副茎。出于这个原因,曼德拉草在许多语言中都有一个暗示男性或生物的名称。它从古代世界的那些地区——古代波斯、希腊、罗马、小亚细亚——流传至北欧和亚洲以东地区。在基督教传统中,据说构成曼德拉草的成分正是上帝用于创造亚当的泥土。[14]

在如今的叙利亚和小亚细亚地区,人们依然在应用培养曼德拉草的最佳技术。首先要拔除根茎,通过裁切和压力改变它的形状,打上绷带,然后重新植入土壤,让它再生长一段时间。如此一来,当它再次从土里被挖出来时——用某个信源的话来说——"外表变得如此自然,以至于很难或不可能分辨出哪部分经过了艺术修形。"[15]

1891 年,冯·卢珊① 展示了 6 株来自小亚细亚的曼德拉草。他宣称:"一个聪明的艺术家从此就能借此培育出这些小人,看上去完全就像自然生成,没人会怀疑它们的真实性。这些小人'不仅十分稀缺,需要冒着生命危险才能获得,而且价值不菲,都是些贵重的护身符'。"[16] 及至 16 世纪,这种结合了自然艺术与自然界的艺术的综合型小人被运送到世界各地,从波斯到印度北部、从德国到法国和英国,还被进口到了埃及。[17]

从地下拔出曼德拉草又需要怎样的诡异仪式呢?它会在拔出来时尖叫,叫得跟人一模一样。正因如此,你需要用一条狗(黑狗)去拔出曼德拉草,但在拔出草的同时,狗也会因曼德拉草的尖叫而当场暴毙。在我看来,这个仪式的重点在于:当半人半草的曼德拉草从地里被拔出来时,它处于一种经典的阈域(liminal space),也就是自然艺术和自然界的艺术之间模棱两可的状态。这正是它超越人类——也就是超人——的保证,也正是它如此危险的原因。当它处于自然界的艺术到自然艺术的转折点时,它对人

---

① 全名菲利克斯·冯·卢珊(Felix von Luschan, 1854—1924),奥地利医生、人类学家、探险家、考古学家、民族志学者。

类而言太过危险,人类无法亲手处理它。

在这些自然与艺术之间的所有状态中,头部再次成了最令人费解的问题。根据至少一位基督徒评论家的说法,也就是拉内的说法,曼德拉草很不幸地没有头部,这使它极易在陶醉状态下获得救赎。相较之下,古代和中世纪插画中既描绘了无头的曼德拉草,也描绘了有头的曼德拉草。从这个角度来看,我发现的这些插图确实相当惊人,它们不但有些有头、有些无头,而且还在各自富有尊严、充满灵魂的神性上大相径庭。有些插图带有一种明显的圣像气质,类似教堂里使用的那些神像,而另一些看上去就跟卡通无异(比如,在一幅画中,一条狗追着一只球,后面拖着一株曼德拉草)。无论如何,这种拟人法都相当引人注目,它虽然令人不安,但也趣味盎然。

曼德拉草的药效错综复杂,与它模棱两可的状态两相一致。它被认为拥有止痛和助眠的功效,还能刺激情欲。人们会从刊物

曼德拉格拉(曼德拉草)皇后的加冕仪式

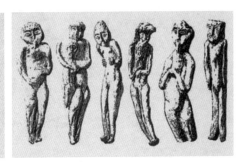

12世纪的微型人像,慕尼黑 MS clm 5118(霍诺留大帝对《雅歌》的点评)

曼德拉草，来自公元 2 世纪的《伪阿普列尤斯植物志》(Herbal of Pseudo-Apuleius)，基于一份公元 4 世纪的希腊文献

曼德拉草，来自一本 15 世纪的意大利植物志

上读到"曼德拉草麻醉剂",也会读到它具有激发性欲的能力。我在基督教的《圣经》里读到:"阿拉伯人把它称为'魔鬼的苹果',因为它具有激发性欲的力量。"[18] 它是一种"毒药",具有镇定效果;它"介于毒药和昏睡的半途之间"。[19] 致幻植物专家宣称,曼德拉草之所以名声大噪,是因为它能引起"诡异的心理状态",其中包括出现在清醒和睡眠之间的幻觉。[20]

花语的语言:阿瑟法尔 ①

谁能想到呢?1929 年,《文献》杂志主编巴塔耶居然在《花语》一文中选出曼德拉草作为植物界的典型代表,借此阐明美与死亡和性之间的关系。[21] 虽然在今天看来,《文献》杂志不过昙花一现,但在当年欧洲的先锋派中,它可是考验无畏智识的熔炉。

当时,巴塔耶正在自然界中寻找某些过程,它们一旦被某种特定方式表达出来,就会让你意识到,自然的模型如何在暗地里塑造我们的思想。我在本文中借用了巴塔耶的标题"花语",但这个说法本身也借用了一个 18—19 世纪的西欧传统。该传统与文艺复兴时期对埃及象形文字的设想相差无几,都把象形文字当作一种将上帝与自然相结合的普世语言。我们不妨说,象形文字之

---

① 阿瑟法尔(Acéphale)源自希腊语 ἀκέφαλος,拉丁化之后为 akephalos,意为"无头""无首"。乔治·巴塔耶还创办过一本同名杂志《阿瑟法尔》(Acéphale,也有直译为《无首》杂志),1936 年到 1939 年间共出版了五期。另外,Acéphale 也是巴塔耶创办的一个秘密组织的名称。

于文艺复兴时期诸如费奇诺①和布鲁诺②之类的巫师,正如鲜花之于后来几个世纪中那些兴奋地认为花也有某种秘密语言的人们。1876年,一本延承该传统的书就以此开宗明义:"我向花倾诉,'请告诉我上帝让你转告的话'。"根据古迪③的说法,这种语言源自18世纪的东方主义思想,当时的人们认为闺房中自有一套私密语言。一位奥地利学者则断定这是女同性恋表达爱恋的秘密语言。[22]尽管如此,法语中对花的表述似乎更多与分门别类有关,这让我们想起了克洛德·列维-斯特劳斯后来提出的结构主义。比如,他的名著《野性的思维》一语双关,另外一层意思就是"野生的三色堇"。④19世纪末期,花的分类表着重关注气味和色彩。作为系统构建的一部分,这种花语传统也令我们联想到了19世纪早期法国空想社会主义者夏尔·傅立叶的思想⑤。卡尔·马克思和瓦尔特·本雅明都十分喜爱傅立叶的作品。尽管巴塔耶没有

---

① 马尔西利奥·费奇诺(Marsilio Ficino,1433—1499),文艺复兴时期欧洲学者,新柏拉图主义的捍卫者。
② 乔尔丹诺·布鲁诺(Giordano Bruno,1548—1600),文艺复兴时期的意大利哲学家、数学家、诗人、宇宙学家和宗教人物,以日心说为大众熟知,于1600年在罗马鲜花广场被罗马宗教法庭处以火刑。
③ 杰克·古迪(Jack Goody,1919—2015),英国社会人类学家,其研究涉猎极广,著作颇丰,包括《偷窃历史》《烹饪、菜肴与阶级》《神话、仪式与口述》等。
④ 《野性的思维》一书原来的法语标题为 La Pensée sauvage,英文中翻译为 The Savage Mind,其实也未能保留法语中的双重含义。
⑤ 夏尔·傅立叶(Charles Fourier,1772—1837),法国著名哲学家、经济学家、空想社会主义者,他首次提出了妇女解放的程度可以作为人民是否彻底解放的衡量标准。

提到任何这些事实，但他的《花语》确实源于过去两个世纪的传统，扎根于秘密、神秘学、东方主义幻想，同时也包括对某种自然逻辑的诉求，而这种逻辑能够令神圣智慧变得平易近人。与此同时，巴塔耶的文章也标志着对这种传统的决然背离。

巴塔耶和法国民族学家罗伯特·赫尔兹一样，都对人体的对称和差异很感兴趣，并对那些形态为文化提供模型的方式兴奋不已。赫尔兹的关注点在于手部差异及身体的左右区分。右手代表所有的荣誉：公平、善良、太阳、男性特征、写字的手，以及保守政治。左手则代表魔法、月亮、女人，还有共产主义者。20年后，巴塔耶关注的不再是这种垂直对称，而是水平对称。他把人体分成上下两部分，上半部代表高贵，下半部分则不值一提。

巴塔耶热衷于黑格尔的辩证法和对立统一，并将其奉为圭臬。他把身体上下两部分与和解和救赎的宇宙性主题联系在一起，并加上了他作为超现实主义者的敏感和对荒唐的热爱。正是巴塔耶提出，真正的辩证法永远都不会消停，上下之间也永远不会休战。而且，由于思想有赖于写入自然的语言类别，它本身也永远都处于半开半闭的不适状态。因此，巴塔耶在批判花语这方面——尤其是对可怕的曼德拉草上——也算是火力全开了。

就花的功能而言，巴塔耶的想法与世贸大厦被袭击之后刊登在《纽约时报》上的文章有些异曲同工之妙。不过，它们之间的区别也颇有启发，因为巴塔耶把花当作性比喻，通过性将死亡与情欲和美结合在一起。他把花比作人类的性器官，雄蕊和花瓣朝向太阳，它们美的真谛很大一部分源自生命的脆弱。它们几乎一旦绽放就注定死亡，在枝干上悲伤地枯萎，杂乱不堪，最终落回初来的大地。因此，巴塔耶在《花语》一文中如此结尾："所有这些美好的东西难道不都有可能沦落至某种不堪的境地吗？"他问道："它们难道不是注定要使亵渎变得更为不堪吗？"[23]

如果说赫尔兹在双手之间可悲的不对称中看到了某种互补性，那么巴塔耶则在构成神圣领域的善恶之间发现了一种类似的不平衡。善恶不仅在基督教天堂和地狱等主题中互补互促，二者的不对称还确保某种过剩的东西不受对立游戏的限制。这就是巴塔耶的标志性思想，也是他在花语问题上做出的暗示："它们难道不是注定要使亵渎变得更为不堪吗？"为了使他的思想更为尖锐，也为了把他喷涌而出的思想带到压强的最高点，巴塔耶转而将矛头指向了曼德拉草。

曼德拉草以一种惊人的方式清晰地展现了从神圣到亵渎的转变。从形状来看，我们可以说它体现了天堂和地狱的宇宙性结构，以及它与人体的相似性。对基督徒而言，无首意味着将来赎罪的可能性。但对于巴塔耶来说，这种无首状态是自然的阿瑟法尔。20世纪30年代晚期，一帮人组织了一个名为阿瑟法尔的神圣秘密社团，以安德烈·马松①绘制的无头男性为会徽。该男子全身赤裸，双臂展开，一手持刃，一手抓着一颗像手榴弹一样燃烧的心脏，乳头呈星状，生殖器被一个骷髅头取代。"我立马看到他没有

---

① 安德烈·马松（André Masson, 1896—1987），早期法国超现实主义画家之一，和布勒东、米罗、恩斯特等人关系密切。

第八章 花语　315

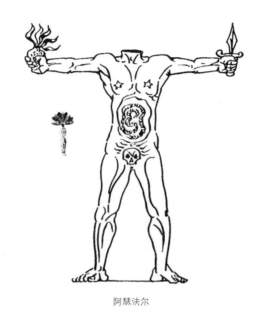

阿瑟法尔

头的样子,就像他本应如此。"马松说道:"但是,我该对这个既笨重又充满怀疑的脑袋怎么办?——它发现自己不由自主地取代了性别,藏在了一颗'死亡的头颅'后面。"[24]

阿瑟法尔不仅仅是一个秘密社团。它令人胆战心惊。该团体成员之一的帕特里克·沃尔伯格[①]在回忆中提到,当年在巴塔耶的怂恿下,一些成员准备在巴黎郊外靠近圣诺火车站的一片孤零零

---

① 帕特里克·沃尔伯格(Patrick Waldberg,1913—1985),艺术评论家,生于美国,少时随家庭移居法国,与乔治·巴塔耶关系甚密,曾参与阿瑟法尔社团,著有《超现实主义》等作品。

的树林中表演一场人祭仪式，但在最后一刻决定放弃行动。巴塔耶如此描述他们聚会的地点："在一片湿软的土地上，在一片森林的中心，暴动似乎已经搅乱了寻常的秩序，那里立着一棵被闪电劈过的树。你能在这棵树上通过展开的双臂辨认出那个名叫阿瑟法尔的男子，他沉默不语，却没有头颅。"[25]

同样地，我们难道无法在曼德拉草中辨别出沉默不语的阿瑟法尔吗？

阿瑟法尔团体的另一个聚会地点是协和广场，路易十六正是在那里被革命的绞刑架给"阿瑟法尔化"了（这是《阿瑟法尔百科全书》[*Encyclopaedia Acephalica*]编辑们的描述）。几年之后，拿破仑在那里立起了从埃及偷来的著名的方尖碑。这可谓是拉下了太阳仪式中的阳具，取代了绞刑割下的脑袋。

安德烈·马松用割下来的脑袋取代了男性的生殖器。之后，他面对作品凝神沉思，说道："好吧，至今为止都还不错，但是我该怎么处理胃部呢？那个空荡荡的容器可以盛放一个迷宫，反正我们已经在别处把这个迷宫变成集会标志了。"[26]

这个像肠道一样纠结的迷宫既是解剖学记录也是图片账簿，将那些超越对立面的过剩之物记录在册。"迷宫"也由此得名：这是一个混乱的迷阵，没有出路，没有启蒙。我们甚至可以说，除非像希腊神话那样出现某条奇迹般的线索，否则迷宫本身并不包含对立面。

在《花语》刊载后的五个月，巴塔耶在《文献》上刊载了一篇长达三页的《大脚趾》（"The Big Toe"）。其研究结果令人捧腹，而他也在文中发现了一个相同的肠道迷宫。巴塔耶将大脚趾与头部做对比，进行了一系列有趣的探究。他在文中提到了四仰八叉的状态、启蒙的理性和黑格尔的辩证法，还提到了拇囊炎和恋足癖等性吸引力。巴塔耶向我们展示，那些高高在上的事物一方面看不起大脚趾的卑微，另一方面又不得不依赖于谦卑的大脚趾。文中配有几张放大的大脚趾照片，触目惊心，占据了整整一页，有效地将这部分人体构造变得疏离而陌生。它看起来很可怕，但也很滑稽。你可以说这是一种彻头彻尾令人苦恼的辩证法，也再一次让人想到了穆蒂斯/埃查瓦里亚的困境：这究竟是自然界的艺术还是自然艺术？

不过，除了大脚趾之外——此处就出现了无法约减的过剩——还有**语气**（tone）和**肠胃**（stomach）。在这里，语气意味着荒唐和嘲笑的语气，确切来说，语气不是想法，而是某种其他东西。但这种其他东西到底是什么？同样地，肠胃不仅是狂欢节上拉伯雷式的捧腹大笑，还是一个具有能动性的肠胃。舒展的肌肉不时痉挛一下，发出"砰砰"的遥远回声，正如一块石头被丢进了一个充满水的矿井，颤抖和食糜不稳定地向前推进，取代了环形运动构成的整个污秽的泥淖。条条大道都通往这片**不可名状**的沼泽湿地，通往巴塔耶的罗马和他的《大脚趾》一文。当巴塔耶想象一个对禁令毫无知觉的无头男子时，他想到的就是这片沼泽——"他不是人，也不是上帝。他不是我，但他超越了我：他迷失在他肠胃的迷宫之中，我也和他一同迷失其中，我在那里发现自己就是他。换言之，我就是那只怪物。"[27]

总而言之，正如曼德拉草一样，阿瑟法尔这幅图像并非简单地颠倒了天堂和地狱的关系，而是打乱了二者的相互依赖，致使辩证性恢复几乎不可能实现，而辩证性救赎的可能性也几近为零。辩证法仿佛在自我损耗。它提醒我们，正如上帝自我了断一般，自我牺牲是神性的标志。这种认识的背后同时潜藏着幸福与绝望。我们由此意识到，理性就像语言，最多也不过是现实的近似值，而现实总会超越我们用来组构它的词语和主题。同理，我们也在曼德拉草的作用下，被迫进入一个充满"诡异的心理状态"的世界——介于昏睡和清醒的半途之间——那是个盘根错节的块茎世界①，而根据巴塔耶的说法，那些块茎"在土壤的表层地下翻涌，令人作呕，如害虫般一丝不挂"。[28]

可是，为什么人们只有在绞刑架下才能找到法力最强的曼德拉草呢？

绞刑架小人

事实：几个世纪以来，欧洲都有这样一种说法，国家每吊死一个男人，他的精液或尿液射到的地方就可能会长出一朵白花。那朵花不是别的，正是曼德拉，人们把它叫作"绞刑架小人"。[29] 但此处引人注目的并不是那朵无辜的白花。事实上，花只

---

① 块茎论（rhizome）是法国哲学家吉尔·德勒兹（Gilles Deleuze）和菲利克斯·伽塔利（Pierre-Félix Guattari）提出的哲学理论，主要见于《资本主义与精神分裂》（*Capitalisme et Schizophrénie*）。

是一个记号,虽然它本身美得惊人,但奇迹却发生在地下。那些黑色根茎努力曲折盘绕,钻进土壤,变成人形。

早在 1587 年,《圣经植物志》(An Herbal to the Bible)就很好地介绍了英国当时的情况。每涉及一种重要植物,该书就用单独篇章进行描述。第一章致力于曼德拉草,第二章则与吗哪①有关。在该书的描述中,曼德拉草气味强烈,味道浓重。它能诱发睡意,令人产生愉悦感,是一种美好的植物。它的根茎分岔成枝丫或四肢,就像腿一样,一条附着在另一条上,互相包裹,细线或绒毛覆盖了整块根茎。鉴于曼德拉草的这些特性,众多临时替代品层出不穷。诡计多端的小贩把替代品塑成人形,或男或女,巧言令色地欺骗那些单纯无知的人,说他们的曼德拉草都是在土里自然生长的,具有神奇的法力。[30]

> 某些滥交的、淫荡的暴民和无耻的骗子,不要脸地大胆宣称这是一种有生命的活物。他们总是肯定地说,这种生物的种子来自某些躺在地下的死人,那些人因为一些重罪或谋杀罪被判了死刑。[31]

16 世纪时,据说只有绞刑台下收集的曼德拉草才会有效,这也是它如此昂贵的原因。[32] 其他人则认为,曼德拉草只会生长在

---

① 吗哪(希伯来语:מן;英语:Manna),意为神赐的神奇食物。在《圣经》和《古兰经》中,古代以色列人出埃及时在旷野中度过了数十年时光,其间,上帝赐给他们名叫"吗哪"的神奇食物。

绞刑台附近。[33] 还有一些人公然宣称，最厉害的曼德拉草只有在绞刑架下才能被找到。[34]

民间传说：通过一些诡异的魔法把曼德拉草从土里拔出来，用红酒洗净，包裹在珍贵的红白丝绸里。这个绞刑架小人能够回答任何有关未来或秘密的问题。"你会不会发财？"晚上，你把钱放在它身边，一早起来就会翻倍。[35]

事实：德国诗人里斯特（Rist）曾经描述过一株百岁高龄的曼德拉草。它住在一副棺材里，棺材上盖着一条挂毯，上头织有一个上绞刑架的小偷，绞刑架下长了一株曼德拉草。这株曼德拉草会经由父亲传给他最小的儿子。[36]

虚构：在热内1947年首印的小说《水手奎雷尔》（*Querelle*）中，小说开篇不久就出现了这样一个场景。吉尔和他的同伴奎雷尔走过法国北部布雷斯特海港的街道，街上雾气朦胧。他们一边谈论做爱，吉尔一边用揣在兜里的手把他的阴茎对着肚子撸平。"的确，它长得就像一棵树，"热内写道，"那种树干上长着苔藓的橡树，树的根部长出了悲伤的曼德拉草。（有时候，当他勃起着醒来时，吉尔会把自己的阴茎叫作'我的上吊小人'。）"[37]

事实：从18世纪下半叶到19世纪早期，据说有将近十万名观众在伦敦观看过绞刑，少至三人，多达七千，都是正常的人数。[38]那种公开绞刑场面盛大（在18世纪后半叶的某一年甚至达到过每天8起绞刑的地步），伦敦民众会在绞刑架下与官方发生冲突，争夺尸体。这背后的动机五花八门：确保死者能有一场基督教葬礼；防止尸体被卖给外科医生和医学院；伯纳德·曼德维尔① 这位自由市场资本主义的天才拥趸，在 1725 年将个中原因描述成 "平民百姓对尸体甚至罪犯的迷信崇拜"。[39]

事实：但是，国家绞死的人并非一具普通的尸体。社会史学家犹豫着对那些阴沉恐怖的世界避而不谈，他们的理由也很正当，因为打开这个世界中各种奇怪的恋尸癖挑战了所有礼仪，其中也包括知性礼节。正如我们在热内或威廉·S. 巴勒斯的作品中见到的那样，只有小说家才能跨越那道界限。但是，哪怕我们只是稍微涉猎国家在死刑上的投资——更别提当今美国公众的投入程度了——那种想象力难道不是必需的吗？如今看来，尸体的魔力似乎特别上不了台面，更别提它的性能力了。但在不久之前，就在看似斯文健全的西方社会，绞死的尸体还被看作一种特别美妙的东西，能够帮助病人恢复生机与健康。如果我们连这一点都无法理解，又该如何理解尸体的魔力？

托马斯·拉科尔② 最近发表了一篇与英国绞刑中群众、狂欢节和国家相关的文章。拉科尔在文中把绞刑架上的尸体称为"神奇身体"（the magic body）。他引述了詹姆斯·鲍斯韦尔③ 于 1776 年

---

① 伯纳德·曼德维尔（Bernard de Mandeville，1670—1733），哲学家，英国古典经济学家，著有《蜜蜂的寓言》《关于宗教、教会和国家幸福的自由思考》等。
② 托马斯·拉科尔（Thomas Laqueur，1945—　），美国历史学家、性学家与作家，任教于加州大学伯克利分校历史学系，著有《孤独的性：手淫文化史》与《制造性：从古希腊到弗洛伊德时期的身体和性别观念》。
③ 詹姆斯·鲍斯韦尔（James Boswell，1740—1795），英国传记作家，生于苏格兰爱丁堡，代表作为《约翰生传》和《黑白地群岛之旅》。

目睹的一桩迷信事件。当时，鲍氏在伦敦目睹了一起绞刑。"犯人的双手在死亡的剧痛中变得汗涔涔的，至少有不下四个病患蹭过死刑犯的汗手，他们相信这样就能治愈自己的疾病。"[40] 据说，如果把萎缩的四肢放在一个刚被吊死的人的脖子上，萎缩症就会痊愈。如果女人参观刑场，被刚死之人的手触碰一下，她就能怀上孩子。护士会让托管的婴儿去触碰一下死者的手，从而保佑那些孩子健康无恙。1768 年，一个名叫墨菲的煤炭搬运工在泰伯恩被处以绞刑。当他的尸首从绞刑架上被放下来时，一位打扮姣好的妇人带着一个三岁的孩子出现了。她用墨菲的右手连续三次拂过"孩子的左手，你能看到'国王的邪恶（瘰疬）'（the King's Evil）在孩子手上留下了四个疮痂"。[41] 名字能够说明一切。国王的邪恶。如果被国家处决的犯人的尸体能够治愈这种疾病，那么，国王只需用手一挥，也能治愈这种致死率很高的可怕顽疾。幸亏国家会判人死刑，国王和罪犯的尸体就这样被神奇地等同了。

虚构：

"你得把胳膊放到一个被绞死的男人的脖子上。"

他提到的这个画面让她吃了一惊。

"赶在他的尸体变冷之前——就在尸体刚被抬下来的时候。"巫师继续面无表情地说。

"那能有什么用呢？"

"那会让血脉逆流、改变体质。不过，就像我说的，这事儿不容易。行刑时你必须去监狱，等着他从绞刑架上被放下来。过去好多人都用过这个法子，不过像你这样的漂亮姑娘可能还没有。

我让不少有皮肤病的人都去试过。"

这段对话出自托马斯·哈代的故事《萎缩的胳膊》("The Withered Arm"),说话的是19世纪中期英国的一位巫师。[42]他在跟一位年轻女子说话,这位女子患了一种久治不愈的怪病,她的胳膊受到魔法的诅咒,日益萎缩。

行刑前一天,她去见了绞刑绳索的制造商。"在人吊死之后,这条绳子可是按照英尺卖的,"他告诉她,"不过你想要的话,小姐,我可以免费给你一小截。"

那天晚上,她还偷偷去见了刽子手。在这个乡镇上,他平时的职业其实是一个园丁。刽子手告诉她:"你为了套索来这儿是没用的。"她解释说她只想在那个男人刚被吊死的时候碰一下他的脖子。他检查了一下她萎缩的胳膊,大叫起来:"这个伤太适合用这个法子治了,我不得不承认!我喜欢这个伤口的样子;我从没见过这么对得上号的病。让你来这儿的人不管是谁,铁定是个行家。"

插曲:为什么要这么强调套索?如果要活活勒死犯人,但不要在身体下沉时折断犯人的脖子,那么动了手脚的套索可以给罪犯一线生机。出于这个原因,彼得·兰博在有关伦敦绞刑一文中,用了挖苦的语气提到公众对套索传说的极大热忱。

虚构:第二天,她走近了那具尸体。尸体正被两根支架撑着。她感到眼前飘着一片灰色的雾气,但几不可见。"她觉得自己好像快要死了,"哈代写道,"但像是经历了一场电击疗法,硬撑着没倒下去。"

插曲:处于濒死状态和电击疗法之间。这是否能等同于上文中提到的"诡异的心理状态"呢？根据民族植物学专家舒尔兹和霍夫曼[①]的说法，这种状态还要归因于曼德拉草。

虚构：刽子手抓起她被诅咒的可怜的胳膊，揭开尸体脸上的布，把她的胳膊搁在了死人的脖子上，脖子上有一圈印记，颜色就像还没成熟的黑莓。她尖叫起来。巫师预言的"血脉逆流"起作用了。

性的绞刑也是国家的魔法

绞刑不仅能够令那些触碰脖子的人血脉逆流，还有可能让受绞刑的人勃起。至少有一部分跟性刺激相关的民间传说是这么说的，巴塔耶也把这当作性愉悦与死亡结合的印证。[43]克努德·洛马·约根森[②]提醒我们，萨德侯爵的《瑞斯丁娜》(Justine)中的绞刑充满性欲。约根森还向我们描述了一起臭名昭著的案件，发生在萨德这本书出版的同一年，案件在伦敦受审。根据一个名叫苏

[①] 舒尔兹和霍夫曼（Schultes and Hofmann）指的是理查德·伊文斯·舒尔兹（Richard Evans Schultes，1915—2001）和艾伯特·霍夫曼（Albert Hofmann，1906—2008）。舒尔兹对美洲原住民在宗教与医疗上使用精神性植物有非常深入的研究，鉴于在民族植物学领域贡献卓著，他被视为现代民族植物学之父。霍夫曼是一位瑞士化学家，以 LSD 之父著称，并著有《LSD，我的问题孩子》，描述自己发现 LSD 的经历。二者共同出版了一本著作，名为《神的植物：它们的神圣、治疗和致幻力量》。

[②] 克努德·洛马·约根森（Knud Romer Jørgensen，1960—   ），丹麦作家、演员，以《录他妈的影》《白痴》等作品知名。

珊娜·希尔的妓女的报告，她是一位作曲家的助手，那位名叫弗朗茨·科茨瓦拉（Frantz Kotzwara）的作曲家是欧洲当时最伟大的低音提琴演奏家之一，他为了追求性愉悦把自己吊了起来，结果死于非命。[44]

受绞刑的人悬挂在绳子的末端，浑身抽搐，达到高潮——这种场景经常出现在巴勒斯的作品当中，其中包括《裸体午餐》（*Naked Lunch*）和《红夜之城》（*Cities of the Red Night*）。在《红夜之城》一书中，当他们的船停泊在丹吉尔港时，凯利杀死了舵手，被判处绞刑。但是，一些海盗出现了，他们割断绳子，把凯利抬下来，救活了他。巴勒斯写道："海盗们相信，如果一个男人连上了绞刑架都能起死回生，那他一定能给他们的事业带来好运，还能保护他们不受那种命运的摆布。"[45]

海盗们往凯利脖子上的套索印记抹了些红墨水，以确保他们的魔法肉眼可见。凯利宣称，他在绞刑架上了解到死亡的奥秘，因此被赋予了战无不胜的剑术，还拥有了强大的性能力，没有男人或女人可以抵抗他的魅力。当问及绞刑的感觉时，凯利回答道：

> 刚开始，由于身体的重量，我感到一阵剧痛。我还感到灵魂在一阵奇怪的骚动中暴烈地向上推进。当灵魂抵达我的头部时，我看到一道耀眼的光，就像一道闪光从我眼底冒了出来。之后我就失去了所有痛感。但当我被抬下来之后，随着血液和灵魂的回归，那种被穿透的刺痛让我体会到了一种无法描述的痛苦，那一刻，我希望那些把我抬下来的人最好也被绞死。

事实上，这些话出自《差点被绞死的史密斯》（"Half-Hanged Smith"）。史密斯是一个退伍士兵，1705 年他因盗窃被判绞刑。巴勒斯在丹尼尔·P. 曼尼克斯①的《刑罚的历史》（The History of Torture）一书中找到了这些内容。[46] 鉴于他的从军记录，上头发布了一道缓刑令，史密斯在被行刑开始 15 分钟后被放了下来。当时，有极少的死囚很侥幸，会因拧断脖子而立即死亡。相反，大多数时候犯人被吊在绳子末端起舞，慢慢窒息而死（绳子之后可能会被截成一小段一小段以高价卖出）。因此，当绳子被切断时，史密斯还活着。从那一刻起，他成了"差点被绞死的史密斯"。史密斯此后的职业生涯充满奇迹，他不断因盗窃被逮捕，又总是能够挣脱牢笼。一次，起诉人甚至在审判过程中暴毙身亡。面对这个差点被绞死的人，法律失去了所有的约束力。

同时，在巴勒斯笔下的红夜之城，上吊已然成了夜店的一个娱乐项目，这让我们再次联想到卡通和暴力之间的神秘关系。以名为"双重绞刑架"（the Double Gallows）的酒吧为例，那里每晚上演一场绞刑秀，尤其每逢暴露狂星期五，时尚的客人们会盛装打扮，以出人意料的方式出现在这个美妙的夜晚。巴勒斯写道，有些男人会穿着绿色的女装从地板上一跃而起，"像曼德拉草那样嘶叫"。还有些人会从镜子里冒出来，脖子上绕着绳子，"绞索小贩则绕着客人们转悠"，让客人们感受绞索的质量。有些丝制绞索

---

① 丹尼尔·P. 曼尼克斯（Daniel P. Mannix，1911—1997），出生于美国费城，从业甚广，包括作家、记者、摄影师、魔术师和驯兽师，代表作之一为《濒死之人》。

"五彩缤纷，麻绳绞索会用罕见的软膏浸润软化，金属套索闪耀着温柔的蓝色火焰，皮制套索则由嗅猎犬的皮革制成"。整场秀的明星由一个红色的恶魔牵引，进入秀场。那是一个叫作惠特尼的假人，他站立着，脖子上套着绳索，下体近乎全硬，瞳孔缩得极小。"台子倒了下去，他被吊在那儿，开始射精，眼中闪过一道光芒。"

"'暴露狂！暴露狂！'客人们举起双臂蠕动起来……心醉神迷。"[47]

套索在千钧一发之际被割断。在我看来，这相当于某种国家行刑的曼德拉草魔法情结。没错，我就想用这种方式称呼该情结，尽管这个词又长又拗口，但要理解这件事情，本身就困难重重。我认为，贯穿巴勒斯所有作品的魔力，并非源自上吊本身，而是来自国家行刑。后者的魔力后来被转移到了其他领域，上吊体现的正是其中一个"阴暗面"。同样的魔法也凝聚在绞刑架小人的身上，巴勒斯借题发挥，以此释放那些他熟悉而亲昵的东西：色彩、气味，以及一连串神秘荒诞的记忆。它们在时空中前后穿梭，成为超越历史的无意识。

譬如，年轻英俊的斯特罗布船长于1702年因海盗行为被判绞刑，行刑地就在巴拿马城的法院跟前。他的脸上浮现出一种不同寻常的微笑，身体四周出现了一圈黄绿色的光晕。酷日炎炎，一支突袭小分队把他从绞刑架上救了下来，喂他鸦片。醒来时，他一阵悸动，阳具勃起。他知道自己身在何方：距离巴拿马城南部约64千米（40英里）处。"他能够看到低低的海岸线布满红树林沼泽，周边是停滞的海水，还缀有数个入海口和几道鲨鱼鳍。"[48]

斯特罗布船长上了绞刑架；斯特罗布船长起死回生。他在沼泽地中醒来，发现自己并没有进入天堂，周围是一片第三世界的热带沼泽地。在那个上帝已死的无首世界中，任何事情都有可能发生。他醒来时身体完好无损。更有甚者，他在鸦片的作用下漂浮着、悸动着、勃起着。阿瑟法尔。

记住，巴勒斯曾写过："海盗们相信，如果一个男人连上了绞刑架都能起死回生，那他一定能给他们的事业带来好运，还能保护他们不受那种命运的摆布。"

那么，现在问题来了：这种从国家的利爪下夺回的神秘力量是什么？尼采谴责警察采取罪犯的骗术去逮捕那些罪犯。在尼采眼中，这使警察比罪犯更为邪恶。司法谋杀难道因此变得比其他类型的谋杀更为神秘？它不但杀人、消灭肉身，似乎还会向这个世界释放出一种能量。

斯特罗布船长是绞刑架小人吗？

拉内对基督教寓言一直以来都异常敏锐。他告诉我们，基督徒要像耶稣一样："耶稣被人毒害，在睡梦中死去，但又像神奇的根茎一样从亚当的大地中破土而出，重获新生。那些想要摆脱亚当的毒害和麻木不仁的基督徒，也要像耶稣那样手捧一枝曼德拉草。"[49] 拉内想让我们把耶稣的伤体看作一具为救赎而准备的躯体，仿佛根据某种法律，如此剧烈的疼痛必然会得到补偿。因为剧痛使对立面和谐相融，最终达到一种超验的偿还。然而，我们不也同样能够据理力争,将耶稣的力量归于罗马作为宗主国对死刑的使用吗?我们不也能说,泰伯恩煤炭搬运工人墨菲身上发现的能力、18世纪伦敦那些拂过病孩的刚死之手,以及热内和巴勒斯呈现的那些事物,所有这些所作所为不都是从绞刑台下冒出来的绞刑架小人——而非耶稣——的神奇表现吗?绞刑架小人也就是我们神秘的曼德拉草,它以致幻效果、妖娆淫荡和秘密力量出名,证明了国家行刑的美妙过程是一种宗教的奠基性时刻,在国家每一次实施绞刑时都会重现。绞刑架小人与国家的魔力不相上下。

在此基础上,我们还要补充一点。这个可怕的论点就是,启蒙运动表达了人对自然的统治,但这种表达矫枉过正,使自然以一种史前魔法的身份在法制框架下得以回归。[50] 这种史前性给我们敲响了警钟,因为没有什么比死刑更能体现现代性的史前特征,也没有什么比死刑更有力地反映了启蒙运动这种著名的辩证法。正因如此,我们也找不到比绞刑架下更适合曼德拉草生长的地点了。在当时社会的用语习惯中,绞刑架就相当于自然界中的"上吊树",而曼德拉草也在这种语境中被比作一个社会化的人,也就是绞刑架小人。

曼德拉草萌发自被司法谋杀的犯人留下的种子,其矛盾之处也出奇显著——有毒、催眠、淫荡——总而言之就是乌烟瘴气(miasmatic)。该词源于古希腊语 μίασμα,意为"被污染的",指的是一种具有相当危险性、能够传染的精神状态,比如萦绕着谋杀者尸体的那层瘴气。[51] 在国家把生命夺走的那一刻,曼德拉草是生命延续的证据；当套索收紧时，摆脱死亡的正是生命——如果你愿意换种说法，那就是过剩；死亡创造的是生命——那是一种变态的、神奇的、突然逆转的生命，只有国家暴力才能创造出这种生命。如果我们沿袭惯例，认为只有国家才能垄断合法使用暴力的权力，那么我们是否也能同样宣称，从绞刑架下破土而出的曼德拉草恰恰体现了那种暴力和法律所仰仗威权的神秘基础呢？

后　记

自1969年以来，我多次拜访哥伦比亚，但从未听说过瓶花裁切。直到埃查瓦里亚的艺术作品出现，我才开始反思这种习以为常的现象。埃查瓦里亚援引一本1978年出版的书籍，该书讨论的是1948—1964年暴力时期发生在托利马地区的屠杀事件。尽管书中只涉及托利马一个地区，伤亡人数就已经惨不忍睹了。[52]为了确保读者能够理解不同的肢解方式，该书用了整整11页的人体图解进行展示。那些图解乍一看很像儿童绘制的鸡蛋炒香肠图，实则是为了确保公开展示与临床经验的分离。我猜想那些负责验尸报告的警察或其他人可能也有类似的图解，而那些图确实让我感到心神不安。正如卡通与暴力之间那种令人警觉和烦躁的关系，成年人对儿童人体绘画的借用与警察和尸检之间是否也是一种相似的、令人不安的重合呢？还是说，之所以这些形式像幽灵般挥之不去，是因为它们与现实相距甚远，在临床上的使用亦然——如此清晰，距离真实相差甚远，但又看似如此逼真？这些图解中的人体轮廓没有丝毫生气，只有一种空虚感，但无论是之前的肢解还是卡通都未曾给人这种感觉。此处，自然界的艺术和自然艺术融汇碰撞，"砰"的一下，最终坍缩在了一起。

托马斯·霍布斯为我们揭示了一个同样的谜题。他宣称暴力起先是一种自然状态，后来经由那个著名的契约成为国家的本质。当我审视穆蒂斯的作品，看到那些花从自然界的艺术转变为自然艺术时，我也在用自己的方式重新回顾霍布斯所说的转变。霍布斯的契约论是一部虚构作品，这种虚构从未以他所说的方式发生。不过，所有事件的出现仿佛都串通一气，就像契约真的发生过一样，但事实上正是写下法律的那杆笔导致了法治的悬停（我读罗尔斯得到的启发）。正是出于这个原因，我们不会把契约论叫作虚构作品，而称其为一种必要的虚构，但说到底，它仍属于伟大的艺术领域。因此，我们不妨诚实地说，国家或许能够被称为人类最伟大的发明或最伟大的制度，但它也可以被称为伟大的艺术。当自然界的艺术和自然艺术融汇碰撞时，当它们对个人构成永恒的暴力威胁时，正是这种伟大艺术诞生的时刻。

那么，死刑是什么？它难道不是肢解法则的范例吗？在对暴力的批判中，瓦尔特·本雅明认为死刑是国家"奠基性暴力"（founding violence）的重演。事实上，他这篇文章的标题 *Kritik der Gewalt*（《论暴力批判》）既是对暴力的批判，也是对权威的批判。*Gewalt* 这个词使两种意思坍缩成了一种不稳定的混合体，就像穆蒂斯/埃查瓦里亚这个混合体一样。换言之，我们可以把这种奠基性暴力想象成一种实实在在的人类冲突，这在霍布斯时代就已经十分常见，其中包括反对国王引发的流血暴力。不过，我们也能用一种更贴切的方式来思考"奠基性暴力"，那就是把暴力当作自然界艺术和自然艺术的不稳定混合体，继而变成权威。如此一来，威力如何变成权利的谜题也随之得以解决。这种混合体或许并不坚固，但它无疑是一项非凡的成就。

在我看来，这就是埃查瓦里亚之花的意义，也是查克·琼斯认为展现动物的人性要比展现人的人性更容易的原因。

鸣　谢

我由衷感谢以下这些朋友及同事。斯蒂夫·博莱特（Steve Poellet）在知识上的探查能力令人惊叹。戴维·高登（David Gordon）为我查看了整篇《作者导言》。马克·泰勒（Mark Taylor）邀请我为他的《宗教中的批判性术语》（Critical Terms in Religion）一书写"越界"这一词条。克拉拉·雅诺（Clara Llano）于1992年陪我在波哥大共同阅读了托马斯·萨帕塔的诗歌，当时观众多得吓人，现场还临时断电。维琪·德·格拉齐亚邀请我参与她在罗格斯大学组织的研讨会，我在那里写出了《太阳只求付出不求回报》。汤姆·米歇尔（Tom Mitchell）和《批判探索》（Critical Inquiry）期刊对《沙滩（幻想）》和《花语》投注了极大的热情。策展人罗莎·佩拉（Rosa Pera）和艺术家费德里科·古兹曼（Federico Guzmán）邀请我于2001年参与了他们在巴塞罗那安东尼·塔皮埃斯基金会（Antoni Tapies Foundation）举办的以"革命性植物"为主题的会议，在那里我写下了《花语》的初稿，还遇到了安荷·拉比纳尔（Anxo Rabinal），他将我带到圣地亚哥－德孔波斯特拉之外的灯塔，那也出现在我的《沙滩（幻想）》一文中。波哥大艺术家胡安·马纽尔·埃查瓦里亚为我提供了《瓶花裁切》的图像，我们就这件作品进行了对话。巴塞罗那的玛丽·克瑞恩（Mary Crane）为我安排了前往包港本雅明之墓的行程。巴塞罗那的哈维·胡尔塔多（Xavi Hurtado）在很多方面都十分照顾我，他还告诉了我那些吹过墓地的风的名字。悉尼科技大学的斯蒂芬·梅琦（Stephen Muecke）对游牧民族很有研究，对小说批评也颇有见解，我基于包港之旅的文章正是在他的安排下得到了第一次展示机会。斯蒂芬·帕斯彻（Stephen Pascher）在艺术和艺术史上为我提供了不少建议。克里斯·兰平（Chris Lamping［此书中也称为 Christopher Lamping］）在曼德拉草和 18 世纪英国绞刑方面的知识十分渊博。劳瑞·莫纳汉（Laurie Monahan）有关马松和《阿瑟法尔》的作品给予我不少启发。亚当·艾什弗斯（Adam Ashforth）和慕菲特家族（Mfete family）在索韦托热情招待了我。我十分感谢夏文岗学院（Shawangunks School）的支持，它坐落于纽约上州新帕尔茨和九曲潭之间第 87 号州际公路第 18 号出口处，涵盖艺术、哲学、无政府主义和神秘主义研究，荣誉成员包括卡罗利·史尼曼（Carolee Schneemann）、彼得·兰博·威尔逊（Peter Lamborn Wilson）、戴维·列维－斯特劳斯（David Levi-Strauss）和南希·戈德林（Nancy Goldring）。芝加哥大学出版社的伊丽莎白·布朗彻·戴森（Elizabeth Branch Dyson）静静地发挥她的天赋，将这本书作为一件艺术品带到了世上。芝加哥大学出版社的戴维·布伦特（David Brent）几十年如一日地为我提供建议，并对我保持信心。我感激露西·肯农（Lucy Kenyon）带给我的爱、笑声和她对学术写作的怀疑精神。最后，我要感谢我在这世上最好的老友克里夫·布赫里奇，他住在悉尼，为本书绘制了悉尼港的简图，目的就在于至少从纸面上保存我们孩提时代如此享受的海港生活遗迹。

注　释

作者导言

[1]　Michael Taussig, *My Cocaine Museum* (Chicago: University of Chicago Press, 2004).

[2]　Michael Taussig, *The Nervous System* (New York: Routledge, 1992).

第一章　本雅明之墓：世俗启迪

[1]　Gershom Scholem, *Walter Benjamin: The Story of a Friendship*, translated by Harry Zohn (Philadelphia: Jewish Publication Society, 1981 [1975]), 226.

[2]　Scholem, *Walter Benjamin*, 226.

[3]　Walter Benjamin, "Theses on the Philosophy of History," in *Illuminations*, edited and with an introduction by Hannah Arendt, translated by Harry Zohn (New York: Schocken, 1968), 255.

[4]　包港的本雅明博物馆。

[5]　Ingrid and Konrad Scheurmann, eds., *For Walter Benjamin* (Bonn: AsKI, 1993), 140.

[6] Lisa Fittko, *Escape through the Pyrenees*, translated by David Koblick (1985; Evanston, IL: Northwestern University Press, 1991), 11.

[7] Fittko, *Escape*, 108.

[8] Hans Sahl, "Benjamin in the Internment Camp," in *On Walter Benjamin: Critical Essays and Recollections*, edited by Gary Smith (Cambridge, MA: MIT Press, 1988), 350—351.

[9] Sahl, "Benjamin in the Internment Camp," 349, 351.

[10] Fittko, *Escape*, 113, 114.

[11] Varian Fry, *Surrender on Demand* (New York: Random House, 1945), 31.

[12] Arthur Koestler, in his book *Scum of the Earth*, with commentary in Momme Brodersen, *Walter Benjamin: A Biography*, translated by Malcolm R. Green and Ingrida Ligers (1990; London and New York: Verso, 1996), 258, 309—310. 蒙梅·布罗德森 (Momme Brodersen) 的作品内容丰富，清楚地提供了许多有意思的信息。

[13] Fry, *Surrender on Demand*, 16.

[14] Jean Selz, "Benjamin in Ibiza," in *On Walter Benjamin: Critical Essays and Recollections*, edited by Gary Smith, 第 352—366 页 (Cambridge, MA: MIT Press, 1988), 照片见第 356 页。又见 Brodersen, *Walter Benjamin*, 196; and Vicente Valero, *Experiencia y pobreza: Walter Benjamin en Ibiza, 1932—1933* (Barcelona: Ediciones Peninsula, 2001), 照片见第 128—129 页。这些照片尤为珍贵，它们标注了照片里每个人的身份。

[15] Valero, *Experiencia y pobreza*, 第 19 张照片介于第 128—129 页。

[16] Walter Benjamin, "In the Sun," in *Walter Benjamin: Selected Writings*, edited by Michael W. Jennings (Cambridge, MA: Harvard University Press, 1927—1934), 2: 662.

[17] Benjamin, "Spain, 1932," in *Walter Benjamin: Selected Writings*, edited by Michael W. Jennings (Cambridge, MA: Harvard University

Press, 1927—1934), 2: 648.

[18] Benjamin, "Spain, 1932," 2: 651.

[19] Theodor W. Adorno, "A Portrait of Walter Benjamin," 227—242 in *Prisms*, translated by Samuel and Shierry Weber (1967; Cambridge, MA: MIT Press, 1986), 240.

[20] Walter Benjamin, "A Berlin Chronicle," in *Reflections*, edited and with an introduction by Peter Demetz (New York: Schocken, 1978), 25—26.

[21] Jane Mayer, "Outsourcing Torture: The Secret History of America's 'Extraordinary Rendition' Program," *New Yorker*, February 14 and 21, 2005, 106—123.

[22] Benjamin, "Theses on the Philosophy of History," 253—264, theses, 255.

[23] Adorno, "Portrait of Walter Benjamin," 233.

[24] Ibid.

[25] Fittko, *Escape*, 101.

[26] Ibid., 110.

[27] Ibid., 127.

[28] Benjamin, "Spain, 1932."

第二章 构建美洲

[1] Walter Benjamin, "The Storyteller: Reflections on the Works of Nikolai Leskov," in *Illuminations*, edited and with an introduction by Hannah Arendt, translated by Harry Zohn (New York: Schocken, 1968), 83—109.

[2] 西班牙语原文是:"Esto existía pero estaba en privado, pero cuando ya Colón vino, entonces ya pasó a la historia, ya esto no quedó en

privado; esto ya pasó a la historia. Eso mismo viene haciendo Miguel; sacando unas cosas que están en privado para llevarlcs a la historia. Esto era lo que yo quería decir de Colon."

[3] 千日战争（The War of One Thousand Days），发生于1899—1902年的哥伦比亚内战。

[4] 楚拉维塔们（Chulavitas）是保守党雇佣的非正规军暗杀团队。Chulavita这个词原来指的是哥伦比亚博亚卡省的一个街坊（vereda），许多暗杀人士最初都来自那个地区。"最可怕的那些人来自沃阿维塔和楚拉维塔，因此楚拉维塔这个臭名昭著的街区的名字也就成了那帮人的代名词。"这句话出自 Eduardo Franco Isaza in his memoir, *Las guerrillas del llano, 2nd ed.* (Bogotá: Librería Mundial, 1959), 2。记录者的笔记显示，他的报道人记录楚拉维塔们肯定不是黑人，他们通常都来自纳里尼奥省的高地，是受雇佣的"印第安人"或"混血儿"。他们在那片地区被称作鸟儿（pajaros），且一直以来被看作雇佣杀手（sicarios）的前身。如今，那些雇佣杀手经常受雇于卡利和麦德林的贩毒集团（以及其他利益集团）。资料援引 Dario Betancourt and Martha L. García, *Matones y cuadrilleros: Origen y evolución de la violencia en el occidente colombiano, 1946—1965* (Bogotá: Tercer Mundo, 1990), 20—22。

[5] 戈麦斯作为哥伦比亚保守党总统，以威权主义和残酷无情臭名昭著。鉴于他在暴力时期的所作所为，戈麦斯最终被流放到了西班牙。

[6] John Willett, "The Case of Kipling," in *Brecht in Context: Comparative Approaches* (London and New York: Methuen, 1984), 44—58.

[7] Ibid., 50.

[8] Georges Bataille, *The Accursed Share*, translated by Robert Hurley, 3 vols. (New York: Zone, 1988).

[9] Friedrich Nietzsche, *The Use and Abuse of History*, translated by Adrian Collins (Indianapolis: Bobbs Merrill, 1981), 7.

[10] 1918年的政府人口普查显示，当时特哈达港整个市区的日工不超过655人，地主不超过1077人。城镇的数量就更少了。同一份普查报告还注明当年邻近的五个市区人口总共为32963人，它们分别是卡洛托市、桑坦德市、特哈达港市、科林托市和米兰达市。

[11] Homer, *The Odyssey*, translated Robert Fitzgerald (Garden City and New York: Doubleday Anchor, 1963), 497.

[12] Walter Benjamin, "On Some Motifs in Baudelaire," in *Illuminations*, edited and with an introduction by Hannah Arendt, translated by Harry Zohn (New York: Schocken, 1968), 147—200, see 194.

[13] Nietzsche, *Use and Abuse of History*, 40.

[14] Ibid., 40.

[15] Hayden White, *Metahistory: The Historical Imagination in Nineteenth-Century Europe* (Baltimore: Johns Hopkins University Press, 1973), 4.

[16] Sigmund Freud, *Beyond the Pleasure Principle*, in *The Standard Edition of the Complete Psychological Works of Sigmund Freud*, edited and translated by James Strachey, vol. 18 (London: Hogarth, 1968), 19.

[17] Francesco Balilla Pratella, "Futurist Music: Technical Manifesto," in *Futurist Performance*, edited by Michael Kirby and Victoria Nes Kirby (New York: PAJ Publications, 1971), 160—165.

[18] Charles Baudelaire, "To Arsene Hcussaye," *Paris Spleen*, translated by Louise Varese (New York: New Directions, 1970), ix–x.

[19] Benjamin, "On Some Motifs in Baudelaire," 194.

[20] Alfredo Molano, *Los años del tropel: Relatos de la violencia* (Bogotá: Fondo Editorial CEREC, 1985).

[21] Sigmund Freud, "Remembering, Repeating and Working Through,"

in *The Standard Edition of the Complete Psychological Works of Sigmund Freud*, edited and translated by James Strachey, vol. 12 (London: Hogarth, 1958), 154.

[22] Walter Benjamin, "Theses on the Philosophy of History," in *Illuminations*, edited and with an introduction by Hannah Arendt, translate by Harry Zohn (New York: Schocken, 1969), 253—264, quotation on 261.

第三章　太阳只求付出不求回报

[1] 本文最初写于1993年3月。当时，罗格斯大学历史分析中心的维多利亚·德·格拉齐亚（Victoria de Grazia）负责组织中心每周的研讨会，我受邀担任一学期的资深研究员（fellow），本文即为"从历史视角看消费者文化"这一研讨会而写。感谢维多利亚·德·格拉齐亚在学术上的理解和中心的支持，没有他们就没有这篇文章。我对所有研讨会成员深表感激，他们主要是历史学家，令研讨会充满生气和活力。其中，我尤其感谢吉姆·列文斯通（Jim Livingston）和艾琳·戴蒙德（Elin Diamond）对本文的点评和兴趣。

[2] Walter Benjamin, "Some Motifs in Baudelaire," in *Charles Baudelaire: A Lyric Poet in the Era of High Capitalism* (London: New Left Books, 1973), 107—154, quotation on 113.

[3] Georges Bataille, "The Notion of Expenditure," in *Visions of Excess: Selected Writings, 1927—1939*, edited by Alan Stoekel (Minneapolis: University of Minnesota Press, 1985), 116—129, quotation on 118 (first published in *La Critique Saddle* 7 [January 1933]).

[4] Georges Bataille, *The Accursed Share*, translated by Robert Hurley (New York: Zone Books, 1988; first published; Paris, Éditions de

Minuit, 1967), vol. 1.

[5] 更多详细介绍及书目信息请参详：Michael Taussig, *The Devil and Commodity Fetishism in South America* (Chapel Hill: University of North Carolina Press, 1980)。

[6] Benjamin, "Some Motifs in Baudelaire," 141.

[7] Walter Benjamin, "Theoretics of Knowledge, Theory of Progress," in *The Philosophical Forum* 15 (fall-winter 1983—1984): 1—40, quotation on 6 (Convolut N in *Das Passagen Werk*, Frankfurt am Main: Suhrkamp, 1982, Band 2, 571—611).

[8] 可与杰弗里·梅赫曼（Jeffrey Mehlman）的近作比较，详情参见 *Walter Benjamin for Children: An Essay on His Radio Years* (Chicago: University of Chicago Press, 1993), 28—30。梅赫曼促使我们注意到本雅明在儿童电台故事中提到的 1755 年里斯本地震——本雅明不赞同旧式理论，该理论认为地球燃烧的内核带来的压力导致了地震，本雅明倾向地表迁移理论，那种理论则认为地壳板块永远都处于不稳定状态，从而导致了压力。

[9] Benjamin, "Theses on the Philosophy of History," in *Illuminations*, edited and with an introduction by Hannah Arendt, translate by Harry Zohn (New York: Schocken, 1968), 253—264, at 255.

[10] Benjamin, "Theses," 263.

[11] Bataille, *Consumption*, vol. 1 *of The Accursed Share*, 21.

[12] 1992 年时，一升百草枯价值 5000 比索（约 6 美元），这一升除草剂可覆盖约 6000 平方米（1.5 英亩）土地，人工需两天播撒，人工费约 6000 比索。相比之下，同样面积的一片土地如果用弯刀除草，则需要 20 天，人工费约 6 万比索。

[13] Benjamin, "Some Motifs in Baudelaire," 139—140.

[14] Michael Taussig, "Coming Home: Ritual and Labor Migration in a

Colombian Town" (Working Paper Series, 30, Centre for Developing Area Studies, McGill University, Montreal, 1982).

[15] Michael Taussig, *The Magic of the State* (New York: Routledge, 1992).

[16] Michael Taussig, *Shamanism, Colonialism, and the Wild Man: A Study in Terror and Healing* (Chicago: University of Chicago Press, 1987).

[17] 本文大部分都在南非的索韦托写成。非常感谢慕非特家族和亚当·艾什弗斯的热情好客。

[18] 见本文开头的脚注。

[19] Bataille, *Nietzsche and Communism*, in *Sovereignty*, vol. 3 of *The Accursed Share*, 365—371, quotation on 367. Friedrich Nietzsche, *Twilight of the Idols (or How to Philosophise with a Hammer)*, translated by R. J. Hollingdale (Middlesex: Penguin, 1990), 86.

[20] 引自 Friedrich Nietzsche, *The Gay Science*, translated with commentary by Walter Kaufmann (New York: Vintage, 1974), 275。就"永恒回归"这一概念，巴塔耶于1937年也就是他的早年曾如此写道："尼采的生命具有撕裂的特征，他为人类存在而进行了扣人心弦的斗争，在所有对这些特色的戏剧性呈现中，'永恒回归'的想法显然是最难以理解的。"这段话出自"Nietzsche and the Fascists," in *Visions of Excess*, edited by Alan Stoekel (Minnesota: University of Minnesota Press, 1985), 182—196, quotation on 191。

[21] Bataille, "The Notion of Expenditure," 118.

[22] Bataille, in *Consumption*, vol. 1 of *The Accursed Share*, 106.

[23] Bataille, *Consumption*, 9.

[24] 就"经济"而言，我心中所想的当然是现代资本主义经济，"经济"一词不仅代表商品、价格、生产、分配和交换，而且还代表了一种莱昂内尔·罗宾斯（Lionel Robbins）所说的理性思考的全局方式。罗宾斯把经济学定义为一门将稀缺资源合理分摊

至其他目的的科学——因此，这种定义不仅关乎效率，也关乎理性。巴塔耶的理论也同样引人入胜，因为他也创造了一种全局性的定义，将经济学定义为一种逻辑，只不过用罗宾斯等人的语言来说，巴塔耶所说的逻辑关乎目的，而非手段或资源。因此，这种逻辑也与资本主义工具理性思维中的手段和目的完全背道而驰。我们也能在这里看到消费科学所开辟的激进的可能性，这种科学才确实体现了消费本身的真义。

[25] Bataille, in *Sovereignty*, vol. 3 of *The Accursed Share*, 209.

[26] 参见 Michael Taussig, "The Genesis of Capitalism amongst a South American Peasantry: Devil's Labor and the Baptism of Money," *Comparative Studies in Society and History* 19, no. 2 (1977): 130—155。又参见 Marc Edelman, "Landlords and the Devil: Class, Ethnic, and Gender Dimensions of Central American Peasant Narratives," *Cultural Anthropology* 9, no. 1 (1994): 58—93；以及 Taussig, *Devil and Commodity Fetishism*。使用价值和交换价值的术语可以追溯至亚里士多德在《论政治》中有关经济学（oeconomia）的讨论。在此基础上，马克思将其与黑格尔哲学的基本观点相结合，黑格尔探讨了逻辑和历史问题，关注的是实在的特定个例如何与普世性两相呼应（比如金钱和现代国家）。

[27] Marcel Mauss, *The Gift: Forms and Functions of Exchange in Archaic Societies* (New York: Norton, 1967; first published as *Essai sur le don, forme archaique de l'echange*, Paris, 1925).

[28] Claude Lévi-Strauss, *The Elementary Structures of Kinship* (Boston; Beacon, 1969).

[29] Derrida has expounded on this with great verve and insight in his *Counterfeit Money* (Chicago: University of Chicago Press, 1992).

[30] Mauss, *The Gift*. 1.

[31] 参见 Bataille, Sovereignty, vol. 3 of The Accursed Share, 347。在这方面，莫斯在《礼物》一文的结尾提出了两个有趣的观点。一，他指出，除了中世纪的欧洲，他所有与礼物相关的例子都来自由对称"片段"构成的社会，在那些社会中，"即使是最有影响力的个人也比我们要更不正经、更不贪婪也更不那么自私；至少从外表来看，他们要更加慷慨大方，更愿意付出，曾经如此，如今亦然（第 79 页）。"二，莫斯将"夸张的慷慨"与那些社会中和平的脆弱性联系在一起，换言之，在随时会发生暴力的社会中，他把礼物看作某种永远都出于脆弱状态的和平的产物。在这两点的基础上，莫斯吸取教训，认为现代欧洲社会中就算不需要社会主义，社会主义的存在也是自然的。他所说的社会主义是礼物"通过财富得以累积，又在互相尊重和慷慨互惠中得到再分配，而那些品质都能通过教育获得（第 81 页）。"这让我们联想到卡尔·波兰尼（Karl Polanyi）从人类学角度阐述了互惠、再分配和市场这三种基本经济形势的区别，尤其是波兰尼将社会主义与再分配等同的理论（他的模型正是来自特罗布里恩群岛的酋邦！）。更多例子请参见 Karl Polanyi, The Great Transformation: The Political and Economic Origins of Our Time (Boston: Beacon Press, 1944), chap. 4；又参见 Marshall Sahlins 在 Stone Age Economics (Chicago: Aldine-Atherton, 1972) 中对礼物和战争的描述。正如莫斯和波兰尼，巴塔耶也认为世界经济秩序关键问题的解决之道在于要求资本主义国家"用一种理性的态度来思考礼物的作用"（出自 Sovereignty, vol. 3 of Accursed Share, 429）。

[32] 涉及政治压迫的这部分强烈体现在巴塔耶写于 20 世纪 30 年代后期的文章中，那些有关尼采的文章发表并重印在《过度的视野》中。参见 Bataille, Nietzsche and Communism, in Sovereignty, vol. 3 of The Accursed Share, 365—371, quotation on 367. Friedrich Nietzsche,

Twilight of the Idols (or How to Philosophise with a Hammer), translated by R. J. Hollingdale (Middlesex: Penguin, 1990), 86。

[33] Georges Bataille, *The Impossible* (1962, first published as *The Hatred of Poetry*).

[34] "过多性"(too-muchness)这个概念来自诺曼·O. 布朗名为《1990年的狄俄尼索斯》一文,参见 *Apocalypse and/or Metamorphoses* (Berkeley: University of California Press, 1990), 179—200, quotation on 183。

[35] Bataille, *The History of Eroticism*, vol. 2 of *The Accursed Share*, 94.

[36] G. W. F. Hegel, *Phenomenology of Mind* (New York: Harper & Row, 1967), 93; Alexandre Kojève, *Introduction to the Reading of Hegel: Lectures on the Phenomenology of Spirit*, assembled by Raymond Queneau, edited by Allan Bloom (Ithaca: Cornell University Press, 1969)

[37] Bataille, *The History of Eroticism*, vol. 2 *of Accursed Share*, 101.

[38] Nietzsche, *The Gay Science*, no. 125, "The madman," 181.

[39] Nietzsche, *The Gay Science*, no. 342, "Incipit Tragoedia," 275 (end of book 4, introduction to the concept of "the eternal return").

[40] Roger Caillois, "Mimicry and Legendary Psychaesthenia," October 31 (winter 1984): 17—32, quotation on 30 (originally published in Paris as "Mimetisme et psychasthenie legendaire," in Minotaure 7 [1935]). 若需阅读对凯卢瓦的全方位讨论,请参见 Taussig, *Mimesis and Alterity: A Particular History of the Senses* (New York: Routledge, 1993)。

[41] Nietzsche, *Twilight of the Idols*, 84.

[42] 尼采在《偶像的黄昏》第 87 节中以及他其他作品中主张,自古以来,模仿都是一件权力武器,其重要性与思考和文化构建出来的现实本身不相上下。而且,他将模仿分为两种:一种是

狄俄尼索斯式的，也就是酒神式的；另一种则涉及算计、假装、自控和欺骗。因此就出现了一个令人着迷的问题：这两种形式的模仿如何在历史中互相勾连，这种勾连对于我们理解礼物与资本主义的关系又有什么意义？如今，我们可以把这个问题看作对 20 世纪社会理论做出最大贡献的导引之一，也就是马克斯·霍克海默和西奥多·阿多诺在《启蒙辩证法》中提出的理论（New York: Continuum, 1987）。至于魔鬼的身份，尼采对此反应迅捷：基督教将罪恶从狄俄尼索斯身上抽离殆尽。这一点请参见 The Anti-Christ, 123—199, at 129, in Twilight of the Idols and The Anti-Christ (Harmondsworth, Middlesex: Penguin, 1990)。

[43] Nietzsche, "The madman," in The Gay Science, 182.

第四章 沙滩（幻想）

[1] Sigmund Freud to Wilhelm Fliess, 2 May 1897, in The Complete Letters of Sigmund Freud to Wilhelm Fliess, 1897—1904, translated and edited by Jeffrey Moussaieff Masson (Cambridge, MA: Belknap, 1985), 239.

[2] William S. Burroughs, "The Literary Techniques of Lady Sutton-Smith," Times Literary Supplement, 6 Aug. 1964, 682.

[3] Charles Olson, Call Me Ishmael (San Francisco: City Light Books, 1947).

[4] 阿伦·塞库拉（Allan Sekula）在他《鱼的故事》（Fish Story）一书中对该主题做了原创性探索，颇有洞见。《鱼的故事》是一本巡回展览册，共 240 页，包括文本和照片（Dusseldorf: Richter, 1995）。塞库拉的电报式文风简洁、富有反思性，配上他的摄影，会让人联想到约翰·伯格（John Berger）与摄影师让·摩尔（Jean Mohr）的合作作品。塞库拉的散文具有广泛的马克思主义

色彩，他将政治与艺术、历史交织在一起，体现了商业和浪漫的美妙结合，也就是海洋和航行船只的混合。（多谢汤姆·米歇尔和安东尼·高木勒向我推荐这件作品，以及感谢麦克·瓦兹在旧金山暴雨如注之时为我送书。）

[5] James Joyce, *Ulysses*, annotated student's edition, with an introduction and notes by Declan Kiberd (London: Penguin, 1992), quotations on 3, 1, 4.

[6] Joyce, *Ulysses*, 55, 56, 57.

[7] Ibid., 57.

[8] Ibid., 58.

[9] Ibid., 62.

[10] Ibid., 64.

[11] Quoted in Walter Benjamin, "N [Theoretics of Knowledge; Theory of Progress]," *Philosophical Forum* 15 (fall–winter 1983): quotations on 12.

[12] Theodor W. Adorno, "A Portrait of Walter Benjamin," *Prisms*, translated by Samuel and Shierry Weber (Cambridge, MA: MIT Press, 1981), 233.

[13] Olson, *Call Me Ishmael*, 13.

[14] Benjamin, "The Storyteller: Reflections on the Works of Nikolai Leskov," in *Illuminations*, edited and with an introduction by Hannah Arendt, translated by Harry Zohn (New York: Schocken, 1969), 87. B. Traven, *The Death Ship* (New York: Alfred Knopf, 1934).

[15] André Breton, *Mad Love*, translated by Mary Ann Caws (1937; Lincoln: University of Nebraska Press, 1987), 19.

[16] Benjamin, "N," 10.

[17] Klaus Theweleit, *Male Fantasies*, translated by Stephen Conway, Erica Carter, and Chris Turner, 2 vols. (Minneapolis: University of Minnesota Press, 1987–1989), 1: xviii–xix.

[18] See Hakim Bey, *T. A. Z.: The Temporary Autonomous Zone, Ontological Anarchy, Poetic Terrorism* (New York: Autonomedia, 1985). See also Peter Lamborn Wilson [Hakim Bey], *Pirate Utopias: Moorish Corsairs and European Renegadoes* (New York: Autonomedia, 1995).

[19] William S. Burroughs, *Cities of the Red Night* (New York: Holt, Rinehart, and Winston, 1981), 332.

[20] 西尔维娅·普拉斯的父亲是德国人，生于波兰走廊的格拉博，是一位昆虫学教授。参见 Anne Stevenson, *Bitter Fame: A Life of Sylvia Plath* (Boston: Houghton Mifflin, 1989), 4—5.

[21] Ted Hughes, "Dream Life," *Birthday Letters* (New York: Farrar, Straus, Giroux, 1998), 141.

[22] Sylvia Plath, "Daddy," *Ariel* (New York: Harper & Row, 1966), 49.

[23] Ibid., 49—50.

[24] See Peter Linebaugh, "'All the Atlantic Mountains Shook,'" *Journal of Canadian Labour Studies* 10 (fall 1982): 87—121.

[25] "我已将目光聚焦在船只上，那些船在欧洲、美洲和非洲之间来回移动，而加勒比地区则是组织这项事业的中心标志，也是我的起点。"（参见 Paul Gilroy, *The Black Atlantic: Modernity and Double Consciousness* [Cambridge, MA: Harvard University Press, 1993], 4.）这使吉尔罗伊免于陷入民族主义和基于民族身份的分析模式，而去关注"根茎式的分形结构，也就是跨文化、国际性的形成过程，我把这称为黑色大西洋（第 4 页）"。

[26] Jones, *The Formative Years and the Great Discoveries, 1856—1900*, vol. 1 of *The Life and Work of Sigmund Freud* (New York: Basic Books, 1953), 331. 你也能在弗洛伊德和弗莱斯（Fliess）医生的通信中发现大量此类意大利语参考条目。

[27] W. H. Auden and Elizabeth Mayer, introduction to J. W. Goethe, *Italian*

Journey, 1786—1788, translated by W. H. Auden and Elizabeth Mayer (San Francisco: North Point Press, 1962), xvii.

[28] Karl Marx, "The So-Called Primitive Accumulation," *Capital: A Critique of Political Economy*, translated by Samuel Moore and Edward Aveling, edited by Friedrich Engels, 3 vols. (New York: International Publishers, 1967), 1: 755—756.

[29] Goethe, *Italian Journey*, 82.

[30] Richard Sennett, *Flesh and Stone: The Body and the City in Western Civilization* (New York: W. W. Norton, 1994), 223.

[31] 参见 Sennett, *Flesh and Stone,* 以及 Jan Morris, *The Venetian Empire: A Sea Voyage* (New York: Harcourt Brace Jovanovich, 1980), 148。

[32] Thomas Mann, *Death in Venice*, 201.

[33] Mann, *Death in Venice*, 263.

[34] Michael Taussig, *The Nervous System* (New York: Routledge, 1992).

[35] Friedrich Nietzsche, *The Gay Science*, translated with commentary by Walter Kaufmann (New York: Vintage, 1974), 247—248.

[36] Nietzsche, *The Gay Science*, 248, n. 38.

[37] Nietzsche, *On the Genealogy of Morality and Other Writings*, translated by Carol Diethe, edited by Keith Ansell-Pearson (Cambridge: Cambridge University Press, 1994), 61, 70.

[38] Sylvia Plath, *The Journals of Sylvia Plath*, edited by Ted Hughes and Frances McCul-lough (New York: Dial Press, 1982), 182.

[39] Ibid.

第五章 体内性、信仰和怀疑：另一种魔法理论

[1] Marcel Mauss, "Les techniques du corps," lecture 17 May, 1934, translated by Ben Brewster as "Body Techniques," in Marcel Mauss,

Sociology and Psychology (London: Routledge, 1979), 95—123.

[2] Laurie Goodstein and Juan Forero, "Robertson Suggests U. S. Kill Venezuela's Leader," *New York Times*, 24 August, 2005, A10.

[3] Leo Steinberg, *The Sexuality of Christ in Renaissance Art and in Modern Oblivion* (1983; Chicago: University of Chicago Press, 1996).

[4] Edward Burnett Tylor, *Primitive Culture* (New York, 1871).

[5] E. Lucas Bridges, *Uttermost Part of the Earth* (London: Hodder and Stoughton, 1951), 406.

[6] Ibid., 262。请注意，布里吉斯会说奥纳语（塞尔克南是本地自称），当他将当地发音描述为喉音时，还是有一定根据的。术恩（*Joon*）指的是萨满或本地医生。

[7] Ibid., 263.

[8] Ibid., 264. 请注意，在古辛德超过千页的塞尔克南民族志中（基于1918年至1924年四次田野调查），其中记录了1919年时的一个故事。布里吉斯的兄弟吉勒莫宣称，如果一群医师能够用魔法杀死他的狗，他就给他们送礼。那群医师拒绝了那次邀请，因为他们相信魔法对白人和他们的狗都不起作用。参见 Martin Gusinde, *Los Selk'nam*, vol. 1 of *Los indios del Tierra del Fuego*, translated by Werner Hoffman (Buenos Aires: Centro Argentina de Etnología Americano, 1982), 698—699。

[9] Gusinde, *Los Selk'nam*, 18.

[10] Bridges, *Uttermost Part of the Earth*, 285.

[11] Ibid., 286.

[12] Ibid.

[13] Franz Kafka, "Cares of a Family Man."

[14] Friedrich Nietzsche, *The Birth of Tragedy*, translated with commentary by Walter Kaufmann (New York: Vintage, 1968), 23. Max Horkheimer

and Theodor W. Adorno, *Dialectic of Enlightenment*, translated by John Cumming (New York: Continuum, 1969), 3—43.

[15] Friedrich Nietzsche, *The Gay Science*, translated with commentary by Walter Kaufmann (New York: Vintage, 1974), 37. See also Michael Taussig, "Why the Nervous System?" in *The Nervous System* (New York: Routledge, 1992), 1—10.

[16] 若要了解 18 世纪西伯利亚地区探险及其对萨满教这一概念传播的重要性，请参见 Gloria Flaherty, *Shamanism and the Eighteenth Century* (Princeton: Princeton University Press, 1992)。这些词都是混合的绝佳例证，体现出文化和历史的恶作剧性质。譬如，"图腾信仰"（Totemism）一词最初吸引欧洲人的注意力，还要归功于 18 世纪末期北美边陲的一个卖威士忌酒的皮毛商人，20 世纪经过认证的人类学家将其专业化，把它作为全球普遍存在的制度。人类学家认为，部落会认同一种特定的植物或动物族群，或认定其他类似闪电的自然现象。之后，克洛德·列维-斯特劳斯很容易就将这个概念拆开，根据他自己的目的重新包装，表明他"文化就像语言"的论点。不过，正如本文所示，故事没有就这样结束。

[17] Waldemar Bogoras, *The Chukchee*, edited by Franz Boas, American Museum of Natural History, Memoirs, 11 (1904—1909; New York: New York: Johnson, 1969), 433—467.

[18] Bogoras, *Chukchee*, 447.

[19] Ibid.

[20] Franz Boas, "Religion of the Kwakiutal Indians," in *Kwakiutal Ethnography*, edited by Helen Codere (Chicago: University of Chicago Press, 1966), 121.

[21] Irving Goldman, *The Mouth of Heaven* (New York: John Wiley,

1975), 102.

[22] Stanley Walens, *Feasting with Cannibals: An Essay on Kwakiutl Cosmology* (Princeton: Princeton University Press, 1981), 24—25.

[23] Walens, *Feasting with Cannibals*, 7.

[24] Ibid., 9.

[25] Goldman, *Mouth of Heaven*, vii.

[26] Hunt, "I Desired to Learn the Ways of the Shaman," in Franz Boas, *The Religion of the Kwakiutal Indians*, part 2, *Translations* (New York: Columbia University Press, 1930), 1—41.

[27] Claude Lévi-Strauss, "The Sorcerer and His Magic," in *Structural Anthropology* (Garden City, NY.: Doubleday, 1967), 161—180.

[28] Boas, "Religion of the Kwakiutal Indians," 121.

[29] 这里没有足够的空间展开分析，但我们必须注意到，亨特的民族志模式对解读瓜求图文化造成了很大的困扰，这正是因为亨特和博厄斯之间的关系没有得到分析。为什么亨特要写作？他如何看待他的人物？博厄斯给了他什么指示？亨特向一个白人透露萨满教秘密时到底在想什么？博厄斯怎么能以他自己的名义出版一本百分百都是亨特写作的书？只有当我们更好地理解二者之间的关系时，我们才能理解被审视文化中的微妙之处。

[30] 我是从玛丽·路易斯·普拉特（Mary Louise Pratt）那里学到了跨文化自我民族志（intercultural autoethnography）这个术语。

[31] Goldman, *Mouth of Heaven*, 86—87.

[32] Hunt, "I Desired to Learn the Ways of the Shaman," 5.

[33] Ibid.

[34] Ibid., 31.

[35] Ibid., 30.

[36] Ibid., 31—32.

[37] 这种演说让我忍不住想要推翻米歇尔·福柯有关越界和忏悔的关键差别。在福柯看来,师傅—学徒系统传授的身体性知识是一种前现代的性爱艺术(ars erotica),而忏悔则是现代西方性向的一部分。此处的忏悔相当于只有把秘密说出来才能继续保持秘密!但也是这第二种所谓"现代"模式,与瓜求图萨满教简直贴合得天衣无缝!参见 Michel Foucault, *The History of Sexuality*, vol. 1, *An Introduction*, translated by Robert Hurley (New York: Vintage, 1980)。

[38] Hunt, "I Desired to Learn the Ways of the Shaman," 32.

[39] 在他首本专著中,博厄斯将这条双头蛇唏唏乌尔(Sisiul)描述为最重要的神话妖怪之一,祖先得到了唏唏乌尔的帮助,由此变成了部落的首领。谁要是吃下、触碰或看到蛇妖,他们的关节就会脱臼,脑袋朝后转,最终的结局就是死亡。但对那些拥有超自然助力的人来说,它就可能带来权力。参见 Franz Boas, *The Social Organization and the Secret Societies of the Kwakiutal Indians* (Washington, D. C.: United States National Museum Report, 1895), 371—372。

[40] Hunt, "I Desired to Learn the Ways of the Shaman," 35.

[41] Walens, *Feasting with Cannibals*, 24.

[42] Ibid., 25. 克洛德·列维-斯特劳斯在他有关魔法的两篇名作中均忽视了这种本地人的理解方式,这显然是一个错误。其中一篇是《符号的效力》,与巴拿马的圣布拉斯群岛上的库那萨满教有关,另一篇是《巫师及其魔法》,大部分讨论的是乔治·亨特于1925年的萨满经历,也就我在本文中讨论的内容。在库那族的案例中,列维-斯特劳斯认定病人能够理解用特殊萨满语言唱出来的治疗歌曲——但这个假设站不住脚,因为民族志显示普通的库那人并不理解那种语言,而且歌曲并不是为病人而

唱，而是为了精灵而唱，通过歌词提供沃伦斯所说的那种模拟场景，瓜求图萨满也会在表演中做同样的事。列维-斯特劳斯怎么会在这两篇文章中犯这样的错误？这令人好奇，但同样令人好奇的错误也出现在他其他作品中，他在那些作品中用符号（一种智识上的理解）替代了模拟（一种通过共情获得身体上的知识）。

[43] Hunt, "I Desired to Learn the Ways of the Shaman," 27—28.

[44] Walens, *Feasting with Cannibals*, 25.

[45] Ibid.

[46] Ibid., 24.

[47] Ibid., 25; Boas, *Social Society*, 433—434.

[48] Joseph Masco, "'It's a Strict Law which Bids Us Dance': Cosmologies, Colonialism, Death and Ritual Authority in the Kwakwaka'wakw Potlatch, 1849 to 1922," *Comparative Studies in Society and History* (1995): 55—56.

[49] "Talk about the Great Shaman of the Nak! waxdax Called Fool," in Franz Boas, *The Religion of the Kwakiutal Indians*, part 2, *Translations* (New York: Columbia University Press, 1930), 41ff.

[50] Hunt, "I Desired to Learn the Ways of the Shaman," 41.

[51] Walens, *Feasting with Cannibals*, 26.

[52] 戈德曼在《天堂之口》中从博厄斯1895年的报告中发现了53对人类-动物的对应物，但在柯蒂斯的作品中，他宣称有63对。参见 Edward S. Curtis, *The North American Indian*, vol. 10 (New York: Johnson reprint, 1915)。

[53] Hunt, "I Desired to Learn the Ways of the Shaman," 172.

[54] Goldman, *Mouth of Heaven*, 102.

[55] Hunt, "I Desired to Learn the Ways of the Shaman," 4.

[56] Goldman, *Mouth of Heaven*, 102.

[57] E. E. Evans-Pritchard, *Witchcraft, Oracles, and Magic among the Azande* (Oxford: Clarendon Press, 1937), 193.

[58] Clifford Geertz, "Slide Show: Evans Pritchard's African Transparencies," *Raritan* 3, no. 2 (fall 1983): 62—80.

[59] 在这点上，伊凡-普理查与弗朗克·汉密尔顿·库氏（Frank Hamilton Cushing）很不一样。库氏的做法是通过说大话和招摇撞骗，迫使他自己成为祖尼族弓屋（Bow Lodge of the Zuni, 弓是祖尼人的圣物）的圣职人员。参见 "My Adventures in Zuni," in *Zuni: Selected Writings of Frank Hamilton Cushing*, edited by Jesse Green (Lincoln: University of Nebraska Press, 1979), 99—101。

[60] Evans-Pritchard, *Witchcraft, Oracles, and Magic,* 152.

[61] Nietzsche, *Gay Science*, 38.

[62] Evans-Pritchard, *Witchcraft, Oracles, and Magic*, 151 (emphasis added).

[63] Ibid., 186.

[64] Ibid., 230.

[65] Ibid., 231.

[66] Ibid.

[67] Ibid., (emphasis added).

[68] Ibid., 191—192.

[69] 此处，医生（leech）是一个古英语词，指的是一个民间治疗师。伊凡-普理查还使用了其他与 leech 类似的词语，例如令人着迷（ensorcell）和恶棍（knave）等，营造出一种神秘氛围，无意中暗示着非洲医药在进化发展的过程中所经历的一个阶段，而英国社会早已超越了这个阶段。或许，作者在写作时意非在此，但这种含义仍旧令人惋惜。

[70] Evans-Pritchard, *Witchcraft, Oracles, and Magic*, 232—233.

[71] 我在文中没有分析巫医与巫师合谋的骗局，他们会事先做好交易，巫师引发疾病，巫医治疗疾病，然后分赃治疗赚取的费用（参见 Evans-Pritchard, *Witchcraft, Oracles, and Magic*, 191—193）。此处，对巫医魔法的怀疑与对巫师能力的信仰两相平衡，人们相信巫师能够通过神秘的方式导致不幸、结束不幸，而那些方式源自巫师出生时体内自带的蔓蛊物质。这种解释还有其他亟待回答的问题。既然如此，为什么巫医还需要那么卖力地表演呢？为什么医生就不能更像一位律师或调停者？这种艺术有什么必要？新世界的原住民操持的治疗实践中（请允许我如此大胆地做出这种概论），答案显而易见：这种艺术是与精灵建立模拟模式的关键一步。我对非洲并不熟悉，因此不予评论，但我猜想新世界的这种观点在非洲也行得通。若然，那么我们对于理解理性和科学哲学就有了一条完全不同的途径，而英国人类学在巫术上的评论已受那些分析模式困扰已久。

[72] Evans-Pritchard, *Witchcraft, Oracles, and Magic*, 184.

[73] Ibid., 210—211.

[74] Ibid., 209.

[75] Ibid., 213—214.

[76] Maya Deren, *Divine Horsemen: The Living Gods of Haiti* (New Paltz, NY.: McPherson, 1983); Evans-Pritchard, *Witchcraft, Oracles, and Magic*, 154—182.

[77] Evans-Pritchard, *Witchcraft, Oracles, and Magic*, 162.

[78] Walter Benjamin, *The Paris Arcades*, Convolut o, "Prostitution and Gambling."

第六章 越界

[1] Sigmund Freud, *Totem and Taboo: Some Points of Agreement between*

the Mental Lives of Savages and Neurotics, vol. 13 of *The Standard Edition of the Complete Psychological Works of Sigmund Freud*, edited and translated by James Strachey (London: Hogarth, 1913), 20.

[2] Emile Durkheim, "The Negative Cult and Its Functions," in *The Elementary Forms of the Religious Life* (New York: Free Press, 1965).

[3] Mary Douglas, *Purity and Danger: An Analysis of the Concepts of Pollution and Taboo* (London: Routledge, 1966), 4.

[4] Henri Junod, *The Life of a South African Tribe*, 2 vols. (New Hyde Park, N. Y.: University Books, 1962).

[5] Victor Turner, "Betwixt and Between: The Liminal Period in Rites de Passage," in *The Forest of Symbols: Aspects of Ndembu Ritual* (Ithaca, N. Y.: Cornell University Press, 1966) ; Arnold van Gennep, *The Rites of Passage* (London: Routledge, 1960).

[6] E. E. Evans-Pritchard, "Some Collective Expressions of Obscenity in Africa," *Journal of the Royal Anthropological Institute* (1929): 59; and Roger Caillois, *L'Homme et le sacre* (Paris: Gallimard, 1950), translated by Meyer Barash as *Man and the Sacred* (Urbana: University of Illinois Press, 2001).

[7] Max Gluckman, "The Licence in Ritual," in *Custom and Conflict in Africa* (Oxford: Blackwell, 1960).

[8] Mikhail Bakhtin, *Rabelais and His World*, translated by Helene Iswolsky (Bloomington: University of Indiana Press, 1984).

[9] André Breton, *Mad Love*, translated by Mary Ann Caws (Lincoln: University of Nebraska Press, 1987).

[10] Walter Benjamin, "Surrealism," in *Reflections*, edited and with an introduction by Peter Demetz (New York: Schocken, 1978).

[11] Benjamin, "Surrealism," 178—179.

[12] William S. Burroughs, *Naked Lunch* (London: Calder, 1964).

[13] Georges Bataille, "Sacrificial Mutilation and the Severed Ear of Vincent van Gogh," in *Visions of Excess: Selected Writings, 1927—1939*, edited by Allan Stoekl, translated by Allan Stoekl with Carl R. Lovitt and Donald M. Leslie, Jr. (Minneapolis: University of Minnesota Press, 1985).

[14] Robert Lowie, *Primitive Religion* (New York: Liveright, 1948).

[15] George Catlin, *Letters and Notes on the Manners, Customs, and Conditions of the North American Indians*, 2 vols. (New York: Dover. 1973), 1: 173.

[16] Kenneth Read, *The High Valley* (New York: Scribners, 1965), 131.

[17] Read, *High Valley*, 133—134.

[18] Baldwin Spencer and F. J. Gillen, *The Native Tribes of Central Australia* (New York: Dover, 1968).

[19] Kees W. Bolle, "Secrecy in Religion," in *Secrecy in Religions*, edited by Kees W. Bolle (Leiden: Brill, 1987).

[20] Colin Turnbull, *The Forest People* (New York: Simon and Schuster, 1962).

[21] Joan Bamberger, "The Myth of Matriarchy: Why Men Rule in Primitive Society," in *Woman, Culture, and Society*, edited by Michelle Z. Rosaldo and Louise Lamphere (Stanford: Stanford University Press, 1974) ; Christopher Crocker, "Being and Essence: Totemic Representation among the Eastern Bororo," in *The Power of Symbols: Masks and Masquerade in the Americas*, edited by N. Ross Crumrine and Marjorie Halpin (Vancouver: University of British Columbia Press, 1983) ; Gillian Gillison, "Images of Nature in Gimi Thought," in *Nature, Culture, and Gender*, edited by Carol

P. MacCormack and Marilyn Strathern (Cambridge: Cambridge University Press, 1980) ; Ronald Berndt, *Excess and Restraint: Social Control among a New Guinea Mountain People* (Chicago: University of Chicago Press, 1962) ; Terence Hays, " 'Myths of Matriarchy' and the Sacred Flute Complex of the Papua New Guinea Highlands," in *Myths of Matriarchy Reconsidered*, edited by Deborah Gwertz, Oceania Monographs, 33 (Sydney: University of Sydney, 1988); and Thomas Gregor, *Anxious Pleasures: The Sexual Lives of an Amazonian People* (Chicago: University of Chicago Press, 1985).

[22] Martin Gusinde, *Los Indios de Tierra del Fuego*, vol. 1, *Los Selk'nam* (Buenos Aires: Centro Argentino de Etnología Américana, 1982).

[23] Elias Canetti, *Crowds and Power*, translated by Carol Stewart (New York: Farrar Straus Giroux, 1962), 290.

[24] Johannes Huizinga, *Howo Ludens: A Study of the Play-Element in Culture* (Boston: Beacon, 1955) ; and Georg Simmel, "Secrecy," in *The Sociology of Georg Simmel*, translated and edited by Kurt H. Wolff (New York: Free Press, 1950).

[25] Franz Boas, *Religion of the Kwakiutal Indians* [1930], in *Kwakiutal Ethnography*, edited by Helen Codere (Chicago: University of Chicago Press, 1966), 121.

[26] E. E. Evans-Pritchard, *Witchcraft, Oracles, and Magic among the Azand* (Oxford: Clarendon Press, 1937), 193.

[27] Read, *High Valley*, quotations on 126, 117.

[28] Turnbull, *Forest People*, 88.

[29] Michael Taussig, *Shamanism, Colonialism, and the Wild Man: A Study in Terror and Healing* (Chicago: University of Chicago Press, 1987).

[30] Georges Bataille, "The Notion of Expenditure," in *Visions of Excess:*

> *Selected Writings, 1927—1939*, edited by Allan Stoekl, translated by Allan Stoekl with Carl R. Lovitt and Donald M. Leslie, Jr. (Minneapolis: University of Minnesota Press, 1985).

[31] Georges Bataille, *The Accursed Share*, translated by Robert Hurley, 3 vols. (New York: Zone, 1988).

[32] Norman O. Brown, "Dionysus in 1990," in *Apocalypse and/or Metamorphoses* (Berkeley and Los Angeles: University of California Press, 1991).

[33] Bataille, *Accursed Share*, 1: 58.

[34] G. W. F. Hegel, preface to *Phenomenology of Spirit*, translated by A. V. Miller (Oxford: Oxford University Press, 1977), 19.

[35] Georges Bataille, "Hegel, Death, and Sacrifice," translated by Christopher Carsten, in *Yale French Studies* 78 (1990): 9—28.

[36] Friedrich Nietzsche, *The Gay Science*, translated by Walter Kaufmann (New York: Vintage, 1974), 181—182.

[37] Michel Foucault, "A Preface to Transgression," in *Language, Counter-Memory, Practice: Selected Essays and Interviews* (Ithaca, NY: Cornell University Press, 1977).

[38] Michel Foucault, "A Preface to Transgression," 44.

[39] Foucault, *History of Sexuality*, 35.

[40] Benjamin, "Surrealism," 189—190.

第七章 纽约警察局布鲁斯

[1] J. M. Coetzee, "The Vietnam Project," in *Dusklands* (Harmondsworth: Penguin Books, 1974), 1—49.

[2] Walter Benjamin, "Zur Kritik der Gewalt" [1920—1921], translated as "Critique of Violence," in *Reflections*, edited by Peter Demetz

(New York: Harcourt Brace Jovanovich, 1978), 277—301, quotation on 286—287.

[3] Benjamin, "Critique of Violence," 287.

[4] 本雅明写道，警察既免于制定法律的暴力形式，也免于奠定法律的暴力形式。

[5] Editorial, *New York Times*, 5 May 1994, A6.

[6] N. R. Kleinfield and James McKinley Jr., "Lives of Courage and Sacrifices, Corruption and Betrayals in Blue," *New York Times*, 25 April 1994, A64.

[7] Jean Genet, *The Thief's Journal* (Harmondsworth: Penguin, 1976), 157.

[8] Elias Canetti, *Crowds and Power*, translated by Carol Stewart (New York: Viking Press, 1962).

[9] Jeffrey Toobin, "Capone's Revenge," *New Yorker*, 23 May 1994, 46—59, quotation on 47.

[10] Toobin, "Capone's Revenge," 55.

[11] Ibid., 56.

[12] Robert Baum as cited by Joe Sexton, "Testilying," *New York Times*, 4 May 1994, A26.

[13] Sexton, "Testilying," A26.

[14] Ibid.

[15] Jane B. Freidson, letter to the editor, *New York Times*, 6 May 1994. Also see letter of rebuttal by H. Morgenthau of Freidson's allegation that police are not prosecuted for perjury, *New York Times*, 13 May 1994.

[16] Kleinfield and McKinley, "Lives of Courage," 64.

[17] Curt Gentry, *Edgar Hoover: The Man and the Secrets* (New York: Norton, 1991), 728.

[18] Sigmund Freud, "The Antithetical Meaning of Primal Words,"

in *The Standard Edition of the Complete Psychological Works of Sigmund Freud*, edited and translated by James Strachey, vol. 11 (London: Hogarth, 1957), 153—161.

[19] 若要了解乔治·巴塔耶对神圣、卑劣和权力的阐述，参见 "Attraction and Repulsion II" in *The College of Sociology (1937—1939)*, edited by Denis Hollier (Minneapolis: University of Minnesota Press, 1988), 113—124; 以及 Bataille, *The Accursed Share*, 2 vols. (New York: Zone Books, 1988, 1991)。又参见 Roger Caillois, "Power," in Hollier, *College of Sociology*, 125—136。最后这篇文章看似巴塔耶与凯卢瓦的合作成果。

[20] Sigmund Freud, *Totem and Taboo*, in *The Standard Edition of the Complete Psychological Works of Sigmund Freud*, edited and translated by James Strachey, vol. 13 (London: Hogarth, 1957), 1—161, quotations on 18, 22.

[21] Benjamin, "Critique of Violence," 287.

[22] 这里需要提到一位重要的思想家乔治·索雷尔（Georges Sorel）。在他首印于1915年的集大成之作《反思暴力》(*Reflections on Violence*) 中，索雷尔将"无产阶级罢工"和"政治罢工"分章撰写。索雷尔倾向于看到"全局"。他认为，从基督教末日神话的角度来看，暴力与罢工无异。本雅明从中受益匪浅，他有关暴力的哲学和宗教思考与索雷尔的观点十分相似。而且，在我看来，本雅明在超现实主义一文结尾处对"消极主义"的奇怪示意，似乎就建立在索雷尔的作品之上——那种消极主义充斥着本雅明对布朗基这一人物精彩的重绘（布朗基是法国社会主义者和政治活动家，曾担任巴黎公社议会主席）。

[23] Benjamin, "Critique of Violence," 286.

[24] Bataille, *Accursed Share*, 2: 95.

[25] Bataille, see note 19. Roger Caillois, "The Sociology of the Executioner," in *The College of Sociology (1937—1939),* edited by Denis Hollier (Minneapolis: University of Minnesota Press, 1988).

[26] Walter Benjamin, "Franz Kafka: On the Tenth Anniversary of His Death," in *Illuminations*, edited by Hannah Arendt (New York: Schocken, 1969), 111—140.

[27] Alexandre Kojève, *Introduction to the Reading of Hegel: Lectures on "The Phenomenology of Spirit,"* assembled by Raymond Queneau, edited by Allan Bloom (Ithaca: Cornell University Press, 1980), 7.

[28] Louis Althusser, *"Lenin and Philosophy," and Other Essays,* trans. Ben Brewster (New York: Monthly Review, 1971). 这本文集在发表之后十多年里被广泛阅读并引用的文章为《意识形态和意识形态国家机器》(第127—186页)。

[29] Nicos Poulantzas, *State, Power, Socialism*, translated by Patrick Camiller (New Left Books: London, 1978), 83.

第八章　花语

[1] 琼斯也用这句话作为书的开篇，参见 *Chuck Amuck: The Life and Times of an Animated Cartoonist* (New York: Farrar Straus Giroux, 1989), 13。

[2] Michael Herr, *Dispatches* (New York: Knopf, 1977), 46.

[3] Calvin Reid, "Juan Manuel Echavarria," *Bomb* 70 (winter 2000): 25.

[4] See Herr, *Dispatches*, 199.

[5] Editorial note to Walter Benjamin, "News about Flowers," translated by Michael Jennings, in Walter Benjamin, *Selected Writings*, trans. Rodney Livingstone et al., edited by Michael Jennings, Howard Eiland, and Gary Smith (Cambridge, MA: Belknap Press, 1994—

2003), 2: 157 n. 1. See also Hans-Christian Adam, *Karl Blossfeldt, 1865—1932* (Cologne: Taschen, 1999).

[6] "他们腐烂的船壳似乎更加诱人 / 那艘没有旗帜的船 / 哦,蓝色在天空流动,犹如天堂 / 狂风大作,风帆自由飞翔!/ 让风与天堂都滚蛋吧!但是,哦 / 甜美的圣母玛利亚,请让我们留下大海!"此诗出处参见 Bertolt Brecht, "Ballad of the Pirates," *Poems, 1913—1956,* translated by Edith Andersen et al., edited by John Willett and Ralph Manheim (New York: Meuthen, 1976), 18。

[7] 这种现象不光出现在基督教世界。在杰克·古迪的《鲜花的文化》(*The Culture of Flowers*)一书索引的第 459 页,葬礼是其中一条主要的索引条目。该条目之下有许多子类别,提到了"古埃及、古希腊、古罗马、阿桑特、儒家社会、当代欧洲、当代印度……[结尾是] 社会主义欧洲"。在古迪写到中国时,他提到"与死者沟通的仪式尤其需要鲜花"。相比欧亚大陆,非洲对鲜花则兴趣寥寥。但即便如此,他也注意到在阿桑特墓地中种植着红绿树叶的灌木。不过,基督教并没有全心全意支持鲜花在圣事中的使用。事实上,基督教对此持有一种明显的模糊态度。新教教会通常反对在仪式中使用鲜花,而且在很长的一段时间内,比如中世纪时期,教会整体上都禁止在神圣场合使用鲜花。然而,无论出于何种理由,这种模棱两可的态度是否暗示着鲜花适合死亡场合呢?

[8] Jean Genet, *Querelle*, translated by Anselm Hollo (1952; New York: Grove Press, 1974), 37.

[9] Herr, *Dispatches*, 43.

[10] See Richard Evans Schultes and Albert Hofmann, *Plants of the Gods: Their Sacred, Healing, and Hallucinogenic Powers* (Rochester, VT: Healing Arts Press, 1992).

[11] Hugo Rahner, *Greek Myths and Christian Mystery* (New York: Harper & Row, 1963), 258.

[12] 引用自 Frederick J. Simoons, *Plants of Life, Plants of Death* (Madison: University of Wisconsin Press, 1998), 101。我非常感谢哥伦比亚大学英语系的珍妮·戴维森（Jenny Davidson）为我提供这条书目，也感谢她对绞刑、曼德拉草和花语的点评。

[13] See Schultes and Hofmann, *Plants of the Gods*, 86—91; and Simoon, *Plants of Life*, 103.

[14] See C. J. S. Thompson, *The Mystic Mandrake* (1934; New Hyde Park, NY: University Books, 1968).

[15] Simoons, *Plants of Life*, 104; emphasis added.

[16] Quoted in Frederick Starr, "Notes upon the Mandrake," *American Antiquarian and Oriental Journal* 23 (July-Aug. 1901): 259—260.

[17] 无论伪造的是自然还是艺术，这种强力的生物似乎加重了形而上的两难困境。在早期现代欧洲，伪造曼德拉草卖大价钱都能引起人们的深切关注。

[18] *Handy Bible Encyclopedia*, in *The Holy Bible and International Bible Encyclopaedia and Concordance* (New York, 1940), s. v. "mandrake." See also Rahner, *Greek Myths and Christian Mystery*, 224—277.

[19] Rahner, *Greek Myths and Christian Mystery*, 258.

[20] Schultes and Hoffman, *Plants of the Gods*, 86.

[21] See Georges Bataille, "The Language of Flowers" (1929), in *Visions of Excess: Selected Writings, 1927—1939*, edited and with an introduction by Allan Stoekl, translated by Allan Stoekl with Carl R. Lovitt and Donald M. Leslie, Jr. (Minneapolis: University of Minnesota Press, 1985), 10—14.

[22] Goody, *Culture of Flowers*, 244, 234.

[23] Bataille, "The Language of Flowers," 14. 在这方面, 我还想到了彩虹。彩虹和鲜花一样, 都有神秘的五彩光辉, 并且都转瞬即逝。一旦被"采撷", 彩虹也会枯萎, 但不会变成废墟和尘土, 而是改变性质或变成一桶金子——就是变成那些遥不可及的东西。所以, 我们不难想象, 如果能写另一篇名为《虹语》的文章应当颇有趣味。

[24] 引自 Alastair Brotchie, introduction to *Encyclopaedia Acephalica*, edited by Georges Bataille (London: Atlas Press, 1995), 12。关于马松的作品极少, 劳瑞·莫纳汉对我帮助甚大, 参见 "Violence in Paradise: André Masson's Massacres," *Art History* 24 (Nov. 2001): 707—724, 以及 "'Printing Paradoxes': André Masson's Early Graphic Works," in André *Masson inside/outside Surrealism*, exhibition catalog (Toronto: Art Gallery of Ontario, 2001), 53—78。

[25] Brotchie, introduction, quotations on 15—16, 15.

[26] Brotchie, introduction, 12.

[27] Ibid., 14.

[28] Bataille, "The Language of Flowers," 13.

[29] 绞刑架小人 (little gallows man) 出自德语中的 *Galgenmannlein*。参见 Thompson, *Mystic Mandrake*, 166。据一位消息人士透露, 如果被绞死的女人口吐白沫, 那些白沫滴落在的地面也会长出绞刑架小人。感谢克里斯托弗·兰平为我提供这条信息, 并感谢他为我指出彼得·兰博在绞刑方面的文章(见下)。这是我唯一见过有关曼德拉草和被绞女性的书目。在我看来, 这个问题似乎围绕男性留下的种子而转。另一方面, 女性在这个绞刑架兼曼德拉草的主题中总与获得生殖能力有关。

[30] See Thomas Newton, *An Herbal for the Bible* (London, 1587), 10—12. 这是我对原文的转述, 也是在一定程度上转写或翻译这个

17 世纪文本中的古语。

[31] Newton, *An Herbal for the Bible*, 11.

[32] See Starr, "Notes upon the Mandrake," 262.

[33] See Marie Trevelyan, *Folk-Lore and Folk-Stories of Wales* (London: E. Stock, 1909), 92—93.

[34] See Starr, "Notes upon the Mandrake," 262.

[35] Thompson, *Mystic Mandrake*, 169.

[36] See Simoons, *Plants of Life*, 127.

[37] Genet, *Querelle*, 20.

[38] See V. A. C. Gatrell, *The Hanging Tree: Execution and the English People, 1770—1868* (Oxford: Oxford University Press, 1994).

[39] Quoted in Peter Linebaugh, "The Tyburn Riot against the Surgeons," in *Albion's Fatal Tree: Crime and Society in Eighteenth-Century England*, edited by Douglas Hay et al. (New York: Pantheon Books, 1975), 72.

[40] Quoted in Thomas W. Laqueur, "Crowds, Carnival, and the State in English Executions, 1604—1868," in *The First Modern Society: Essays in English History in Honour of Lawrence Stone*, edited by A. L. Beier, David Cannadine, and James M. Rosenheim (Cambridge: Cambridge University Press, 1989), 346.

[41] Linebaugh, "The Tyburn Riot," 110.

[42] Thomas Hardy, "The Withered Arm," in *Selected Short Stories and Poems*, edited by James Gibson (London: J. M. Dent, 1992), 44. 再次感谢哥伦比亚大学人类学系的克里斯托弗·兰平为我提供这条珍贵的信息。

[43] 在某些圈子里，这种上吊被称为自淫性窒息（asphyxophilia）。最迟从 17 世纪早期开始，上吊就在欧洲被当作一种医治勃起功能障碍和阳痿的疗法。根据一位法国精神病医师在 1856 年

的报告，在上吊致死的男性中，30%的人都有过勃起或射精现象。在一份1941年至1950年间的调查报告中，一位调查员发现在波士顿地区97起年轻人自杀案件中，其中27起都可能缘起于失败的自淫性窒息法。参见"The Autoerotic Asphyxiation Syndrome in Adolescent and Young Adult Males," found in 2002 at http://members.aol.com/bjo22038/。

[44] 参见 Knud Romer Joergensen, "Please Be Tender When You Cut Me Down," http://www.sexuality.org/l/fetish/aspydang.html。在1792年一份名为《上吊的艺术等……》匿名宣传册中，宣称一位名叫乔纳森·维尔德（Jonathan Wild）的人首先发现了这个现象。他在检查吊死者的口袋时发现"他们表现出了某些情绪和躁动，那些……证明所有生命必须经由死亡才能重生"。

[45] William S. Burroughs, *Cities of the Red Night* (New York: Holt, Rinehart, and Winston, 1981), 70.

[46] Daniel P. Mannix, *The History of Torture* (New York: Dell, 1964).

[47] Burroughs, *Cities of the Red Night*, quotations on 179, 180, 181.

[48] Ibid., 29.

[49] Rahner, *Greek Myths and Christian Mystery*, 259—260.

[50] See Max Horkheimer and T. W. Adorno, *Dialectic of Enlightenment*, translated by John Cumming (New York: Continuum, 1987).

[51] See Robert Parker, *Miasma: Pollution and Purification in Early Greek Religion* (Oxford: Clarendon Press, 1983), 3.

[52] See MaríaVictoria Uribe, *Matar, rematar y contramatar: Las masacres de la violencia en el Tolima, 1948—1964* (Bogotá: CINEP, 1990), 175.